U0899141

PRIVATE DIARY OF GENERAL PATTON

巴顿将军私人日记

[法] 鲍里斯·劳伦◎著

黄昱◎译

时代文艺出版社

图书在版编目（CIP）数据

巴顿将军私人日记 /（法）劳伦 著；黄昱 译. —长春：时代文艺出版社，2015.3（2017.8 重印）

ISBN 978-7-5387-4731-7

Ⅰ. ①巴… Ⅱ. ①劳… ②黄… Ⅲ. ①巴顿，G.S.（1885～1945）－日记 Ⅳ. ①K837.125.2

中国版本图书馆CIP数据核字（2014）第305874号

出 品 人　陈　琛
产品总监　郭力家
责任编辑　方　伟
装帧设计　孙　利
排版制作　李玉龙

巴顿将军私人日记

[法] 鲍里斯 · 劳伦 著　黄昱 译

出版发行 / 时代文艺出版社
地址 / 长春市泰来街1825号　时代文艺出版社　邮编 / 130011
总编办 / 0431-86012927　发行部 / 0431-86012957　北京开发部 / 010-63108163
网址 / www.shidaicn.com
印刷 / 三河市京兰印务有限公司
开本 / 710mm × 1000mm　1 / 16　字数 / 367千字　印张 / 26.75
版次 / 2015年3月第1版　印次 / 2017年8月第2次印刷　定价 / 68.00元

图书如有印装错误　请寄回印厂调换

前言

乔治·C·斯科特主演的电影《巴顿将军》在开头引用了巴顿的名言："战争的目的不是让你们为国捐躯，而是让那群混蛋为他们的国家捐躯。"这句话体现了这位传奇将军与众不同的性格特点。荣获八项奥斯卡奖，由弗兰克林·J·斯凡那导演的这部电影还原了巴顿直言不讳、情感丰富、时而偏激的形象。巴顿的领导能力、果敢以及他的军事成就一直被世人津津乐道。

在美国历史上，除麦克阿瑟之外就只有巴顿达到了被神话的高度。他的对手格尔德·冯·伦德施泰德元帅评价巴顿是"盟军最优秀的战士"。鲁道夫·冯·戈斯多夫上校评论道："巴顿指挥的美军在圣洛至阿夫朗什的突破展现了巴顿无与伦比的军事天赋。"

巴顿鲜明的特点体现在他耀眼的军事成就、一些让人感到不可思议的奇怪举动、多变的性格[①]、冲动、粗俗以及奇特的装束。他头戴擦得发亮的头盔，脚蹬马靴，身穿马裤，腰间别着花哨的象牙柄手枪。

心高气傲的巴顿对待手下极为严厉，更是无法容忍英国盟友对美军的微词。同样让他无法接受的是艾森豪威尔在西西里战役中给美军安排的次要地位，对此他毫不掩饰地表达了内心的不满。巴顿时而偏激的行为迫使他的上司

---

① 在历史学家马丁·布拉曼生看来，巴顿多变的性格源于一次从马上跌落致使其脑损伤所致。

和同僚不得不一次又一次地为其化解危机。在西西里，巴顿掌掴“装病”的士兵；1945 年，他甚至宣称要召集德军对苏联开战。

巴顿在战斗中打法多变，让对手难以琢磨。他热爱战斗，努力在战斗中展现出自己最好的一面：勇气、牺牲精神、才智、团结友爱、果断以及进攻精神。在他看来，只有这样才能体会胜利凯旋的喜悦。巴顿渴望战火，急切地盼望与敌人交战。①

他的行为确实如此，但他的内心世界并不能简单地归纳于此。巴顿其人远比他表现出的复杂得多。很多人自认为了解巴顿，但事实远非如此。通过他的笔记，我们可以更全面更清晰地看到他内心的世界；因为只有在笔记、日记、信件中，巴顿才是最真实的、未经装扮的。正如雅克·摩道尔对巴顿的评论：“他把最真实的自己完完全全地记录在笔下。”

就这样，我们可以在作风硬朗、行动果敢的巴顿身后看到脆弱、抑郁、胆怯的巴顿；桀骜不驯、极度自信以及极具进攻性的巴顿，在给妻子的信中让位于被自我怀疑折磨的、甚至在意见完全不一致时也忠诚于上级的巴顿。

在看似粗俗的外表下隐藏的是一个受过良好教育的巴顿。年轻时，巴顿就接受了系统的军事教育，沉浸在历史军事书籍中，从古罗马战争和拿破仑的战斗中学习军事策略和战术。在诺曼底，他借道英王威廉一世的战斗路线行军；在突破齐格菲防线时，他又参考了古罗马军团的战例。此外，他还引用拿破仑的演讲激起士兵内心的战斗欲望。

每次巴顿研究历史上的大型战役时，他都会坚信前世的自己曾经参加了这些战役。他信奉灵魂转世，同时又是坚定的基督徒，军人对他而言是一份神圣的职业。对历史的热爱并未妨碍巴顿对新式武器和战斗学说的钻研。

虽然巴顿对士兵要求严格，但他并不是人们想象中的那样独断专行；相反，他受到士兵的爱戴，他是部队团结的保障。巴顿的苛刻表现在对细节和士兵的穿戴举止要求上，他确信这是保证纪律的重要因素。虽然绰号“血胆将

---

① 道格拉斯·海格爵士的评论。

军”，但巴顿从未让士兵做无谓的牺牲。人们常说巴顿野心勃勃，以士兵的生命为代价达到自己的目的。事实上，巴顿指挥的部队是战斗中伤亡最小的部队之一，也是歼敌数最多的部队之一[①]。

纵观美军历史，巴顿在训练士兵方面体现出出类拔萃的指挥、领导和专业才能。经过训练，他收获了士兵的忠诚和高昂的战斗热情。美国著名评论家、画家威廉·亨利·莫尔丁对巴顿无限钦佩，他这样写道：“显然，这家伙疯了，他坚信自己生活在中世纪。”

为了从西点毕业，巴顿不得不刻苦学习，他在一年级表现平平。正是这位并不十分出众的学生详细对比了美国和法国军刀的使用，并将其传授给年轻军官们，还设计发明了美军1913式军刀。此外，在1918年他还向潘兴提交了一份划时代的报告，报告详细阐述了坦克的作战方法以及与飞机协同作战的理论。巴顿的另一项功绩便是在南加州创办沙漠训练中心，培训出了美军第一批坦克精英；1942年在突尼斯击败德国非洲军团的美军正是出自这个训练中心。

巴顿的战斗风格充满进攻性，但这并不表示他是一个莽夫。相反，每次进攻前他总会尽可能地搜集情报，再做出正确的判断。他制订的作战计划总是十分巧妙，并且能够做到时刻关注战场局势。

巴顿强调战斗中的突然性和部队的机动能力，这让他不止一次地创造了经典的战例。阿登战役中火速驰援巴斯托涅就很好地诠释了这一点。

显然，巴顿是一名出色的将军，一个机械化战争专家，拥有天生的领导才能；他所设计的奇装异服说明了他强烈的表现欲。战场上，巴顿策划了诺曼底的眼镜蛇行动，参加了阿登战役，既是运动战专家又是装甲战大师；战场之外，巴顿既深陷掌掴事件旋涡，又在战后苏联还是美国盟友的情况下发表了激烈的反共产主义言论。巴顿经历两次世界大战却在战后离奇地死于车祸。通过乔治·史密斯·巴顿的日记和信件，我们看见了一个“怪才”、一个天才、一颗彗星、一篇篇辛辣的评论。

---

① 巴顿领导的第3集团军的敌我伤亡比为10.8比1。

目录

第一部分　戎马一生的起点

第二部分　两战之间

第三部分　火炬行动

第四部分　哈士奇行动：攻占西西里

第五部分　巴顿归来

第六部分　从诺曼底到洛林

第一部分

戎马一生的起点

第一章　旧南方情节

巴顿将军——小乔治·史密斯·巴顿1885年11月11日出生于加利福尼亚州圣加布里埃尔。他的母亲露丝·威尔逊来自于加利福尼亚州的一个富裕家庭。家庭的主人、巴顿的外祖父——本杰明·威尔逊是一个成功的商人、大地主，早期以捕猎为生，后参与镇压加州印第安人，他是一个拓荒者、冒险家、不动产投机商。威尔逊的父亲是独立战争期间的一位英雄人物，也是第一任洛杉矶市长。

小乔治·史密斯·巴顿的父亲乔治·史密斯·巴顿曾经就读于弗吉尼亚军校，后成为一名律师、政客。巴顿家族有着历史悠久的军人传统，年轻时的巴顿为其从最早的第一代苏格兰移民的祖辈直至其父亲感到骄傲，尤其是他的祖父——美国南北战争时期的英雄。

就在葡萄园湖旁边外祖父的大庄园里，巴顿度过了他的大部分童年——无忧无虑的快乐时光。被宠爱于一个温馨的家庭中，巴顿在对祖辈的崇拜中长大。他的外祖父和联邦上校约翰·辛格尔顿·莫斯比[①]对他反复灌输要对贴在

---

① 极少有人像莫斯比一样在南北战争中被过度赞扬，他带领部队在北弗吉尼亚战斗。必须要指出他的“灰色幽灵”骑兵队在战后因为多部作品成为传奇。20世纪根据他的经历有一系列的作品被创作出来。事实上，莫斯比对“北方佬”后勤补给线的攻击从未改变弗吉尼亚的战争进程。

庄园墙上的画像上的祖辈们充满敬意，同时也一直引导他对军事和骑兵的热爱。他的父亲以一种纯粹的旧南方精神培养巴顿，使其成为一个弗吉尼亚绅士。

童年时的巴顿阅读了大量的书籍，这些书也将影响着他的未来：《圣经》、关于独立战争和南北战争方面的书、关于美西战争方面的书，后者描述了泰迪·罗斯福领导他的莽骑兵[①]的场景。由于他的父亲对历史、英雄人物以及战争方面的爱好，巴顿既热爱古典文学又热爱骑士文学。童年巴顿的书架上摆满了《伊利亚特》《奥德赛》以及作家沃尔特·斯科特的大量作品。

大部分时间，年轻的巴顿既是一个完美的骑士也是一个冒失的人。在学校，他的作业和文章显示出他对军事策略和军事活动的兴趣。事实上，年轻的巴顿在双重的思想下成长：弗吉尼亚地主思想与欧洲军事思想。从那时起，他的未来就被固定在了军事方面。巴顿最想成为像他的祖父乔治·史密斯·巴顿那样的人——南北战争时南部联邦军队将领，弗吉尼亚第22团团长，1864年9月在第三次温彻斯特战役中受伤阵亡[②]。另外只要一有机会，孩童时的巴顿就会用他已故的祖父[③]曾用过的马鞍和军刀将自己扮成一个士兵。年轻时的巴顿过着快乐的生活，多年后他写道："……那时的我应该是世界上最快乐的人，对此我深信不疑。"

尽管在阅读与写作方面表现不佳[④]，巴顿还是于1897年进入了帕萨迪纳附近的一所男子中学就读，在此期间他表现出对古英雄的极度崇拜，如：亚历山大大帝、汉尼拔、康斯坦丁大帝、古希腊军事政治家地米斯托克利、恺撒、拿破仑以及南北战争中的李将军。从那时起，他决定成为一个像他祖父以及古代

---

① 即第一志愿骑兵团，也被称为罗斯福的莽骑兵，以其指挥官西奥多·罗斯福（美国第26任总统）的姓名命名。

② 巴顿家族中不少于13人参加南北战争。其中，巴顿将军的叔伯父沃勒·T·巴顿丧生于盖茨堡之役。威尔逊家族也有类似的经历。

③ 由于祖父的原因以及巴顿与法国的渊源，巴顿经常被人称作"法国佬"。

④ 年轻时的巴顿可能患有"诵读困难症"。

军事家一样的将军。为了克服阅读写作方面的问题，在校期间的他十分努力，并且表现出了优秀的记忆力——可以记住历史书籍中的整个段落。以至于日后作为前线指挥官，他可以记住敌方的战斗力、人数、车辆、坦克、飞机及火炮数量。

年轻时的巴顿坚持阅读《圣经》，并且被信奉基督教的父母以一种纯粹的南北内战时南方传统的方式鼓励。这种宗教教育对于了解巴顿的性格是非常重要的因素。年幼时，姨妈安妮坚持给他读约翰·班杨的《天路历程》，书中强调了面对逆境时的修行和坚忍。这种对于宗教及上帝的热爱伴随着巴顿的一生[①]。1944 秋，他甚至给第 3 集团军的神甫授以铜星勋章，以表彰其祈求胜利的祷告。巴顿始终随身携带《圣经》，不论在战时还是和平时期都经常祷告。

年轻时的巴顿表现出明显的“白人、盎格鲁—撒克逊、新教徒”特质。才华横溢，衣着得体，受过良好的教育，时而刻板，这些都体现出他的旧南方传统和社会等级。巴顿对他的家庭有极高的评价，其家庭成员有着光辉的军事生涯并曾参与国家的创立。相反地，年轻时的巴顿缺乏自信，在参加西点军校入学考试前夕给未来妻子的信中写道：“我终于总结出通过一门考试最好的办法就是别去参加这门考试。”

---

① 巴顿一生经历过两次洗礼：第一次由天主教爱尔兰护士玛丽·丝凯丽出于对年幼的巴顿身体虚弱的担忧而秘密洗礼；第二次由其父母根据英国国教圣公会的宗教仪式洗礼。

第二章 “责任，荣誉，国家”①

正因为年轻的巴顿与军事生涯、家族传统紧密地联系在一起，并且坚信终有一日自己会成为一名将军，他的父亲决定让他进入著名的西点军校学习。由于担心考试失利，1902年他的父亲写信给当时的加州议员托马斯·巴德，但得到的是否定的回答②。这并未影响巴顿父亲的决心，之后他写信给弗吉尼亚军校总务主任。1903年，巴顿进入弗吉尼亚军校，毕业之后将以士官的身份成为一名军人。

9月初，小巴顿在父母、妹妹尼特和姨妈安妮的陪同下进入了“祖辈的母校”继承家族传统——他的父亲、祖父也都就读于弗吉尼亚军校。刚入军校，“老鼠”③就喜欢上了他的新环境。巴顿进步迅速，成为了其他学生的榜样。受其祖辈激励，巴顿自豪地穿上军装并在列队时表现出极度的热情。在校期间，巴顿表现强硬同时学习刻苦，并取得优异的成绩，这激发了他的雄心；当他的父亲通知他巴德议员为其安排了西点军校入学考试时，巴顿更是欢欣鼓舞。1904年2月，巴顿乘火车前往洛杉矶，在经历6天的旅程及1天休息之后参

---

① 西点军校校训。巴德的拒绝有两个原因：首先，巴德是共和党而巴顿的父亲是民主党。其次，南北战争期间巴德隶属于北部联邦军。

② 阿戈斯蒂诺·冯·哈苏，布雷斯林，《巴顿：追求命运》,2010，纳什维尔，托马斯·尼埃尔森出版社，P19。

③ 弗吉尼亚军校中对一年级新生的绰号。

加了令人生畏的考试，并在考试中成绩名列前茅。一个月之后，巴德通知他被录取了。巴顿的父亲对此欣喜若狂，同时巴顿也为西点军校的严格而略感担心。6 月，巴顿离开弗吉尼亚前往哈德逊河畔的著名军校——西点军校。

西点军校的生活与在弗吉尼亚军校完全不同。由于课程繁重，“下级生”[①]巴顿过着一种斯巴达式的生活：令人难以忍受的体能训练、装卸装备以及老生津津乐道的轮岗执勤。轮岗的环境极尽严酷，冬天冰雪覆盖夏天满是蚊虫。为此巴顿写道：“西点，这是战争。”

“下级生”在战术策略与军事训练上表现优异，但英语、数学、法语不及格。为此他不得不转入中等班，疑惑忧虑重新来袭。他这样写道：“有时我恐怕是可怜的幻想者中的一员……一个总是向往成功但从未成功的人；如果我确实如此，那么这不会比让我在十年前就离开这个世界仁慈，因为我无法想象还有什么比活着承认自己失败更不可接受的。”

由于成绩不佳巴顿不得不留级，但这并未使其灰心。他加倍努力像疯子一样学习，最终大部分科目成绩排名位于同期学员的前三分之一。在留级的这一年中，巴顿在体育方面表现优异，尤其是在他认为具有贵族气息的击剑这项运动上。1906 年他以出色的成绩进入二年级。

“二年级学生”——军校的第三年——终于赶上了之前落下的科目并且成绩优秀，甚至在策略方面取得同期第一名的成绩。这段时间巴顿的个性表现出了极强的纪律性，严肃而又盛气凌人，这一切使他与同学间的关系不睦。在此期间，巴顿的“野心”与日俱增。他的军事操练优秀，终日穿戴笔挺军装也令其免于诸多指责。1908 年 2 月巴顿成为军士长，每天早晨他都会如影随形地对其他同学宣读当日命令，监督其他同学的穿戴与条例遵守情况。上司们被这个“自以为是”的年轻人激怒，免去了他的军士长职务。巴顿在他的日记中写道：“为什么，我不知道，除非是因为我的灵魂中充满太多的军事使命感。我

① 西点军校对一年级新生的绰号。

确定只有我才能带领大家走出笔直的路线。”

二年级的巴顿成为了学生军官的典范：他总是衣装笔挺，为了追求完美，一天之内会换好几套衣服。很快他成了学校的焦点，西点校刊《榴弹炮》曾这样描述巴顿：“他站得笔直，他的眼神、步伐，甚至一个微小的动作都极具军人气质……。大家认为在他‘铠甲’之下是一颗善良的心。”事实上在刻板严肃的步伐下，巴顿隐藏了他的感性和脆弱。

在西点的第五年也是最后一年，巴顿获得了大丰收。在体育方面，他打破 200 米障碍赛记录并获得 110 米障碍赛第一名。射击上的完美表现使他获得“专家”称号，而且在击剑和马术上也表现优异。

然而，让巴顿感到恼火的是他在学校并不十分受欢迎。人们指责他过于形式主义、无法控制并且不分场合地向他人展示自己，表现鲁莽，野心勃勃，并且总是不厌其烦地对别人说他将会成为一名将军。在他的书《策略的要素》最后一页这样写道：“一个伟大的将军应具备：有策略的进攻、热爱战斗、性格刚强、锲而不舍的精神、承担责任、精力充沛和身体健康。乔治 · 巴顿，在校学生，西点军校，1909 年 4 月。”

在写下上述这段文字的 43 天之后，1909 年 6 月 11 日，他在 103 名学员中以第 49 名的成绩毕业。

第三章　一个军官和一个绅士

离开西点之后，巴顿决定加入骑兵。为此他在给未婚妻比阿特里丝·艾耶尔的信中写道："有两个原因让我想成为骑兵。首先，在战斗中像我这样的年轻军官会有更多的自主指挥权……其次，我认为影响未来战争走向的将会是骑兵。"1909 年，他服役于伊利诺伊州谢里登堡的第 15 骑兵团，愿望得以实现。当时，美军人数仅为 84971 人，其中有 4299 名军官。西奥多·罗斯福总统对军队有一个宏大的规划，但国会拒绝为此提供必要的资金。这意味着当时士兵的文化水平会比较低下。谢里登堡的生活十分艰苦而且单调，但就在这里，巴顿结识了一位重要的朋友——马歇尔上尉，并将其作为学习的榜样。巴顿感到无聊，他需要有更多的事情来做。有两件事情可以说明巴顿在谢里登堡的生活，在某种程度上这两件事被传为佳话。第一件事情，巴顿对一个没有将马匹拴紧在马厩里的士兵大发雷霆并当众责罚了他，这种极端的性格在若干年后差点断送了他的锦绣前程。第二件事情，巴顿骑着马检阅部队时，坐骑突然发狂将他掀下马，之后他奋力跃上马背但再次被掀下，反复几次之后，巴顿面部血流如注，但他仍然坚持完成展示训练，最后才去医院处理伤口！

马歇尔上尉决定将巴顿调往威斯康星州组织演习。为了更好地模拟实战，巴顿阅读了孙子、拿破仑和小毛奇的著作，并且阅读大量出版在英国、法国军事刊物上的文章以便熟悉军事方面的最新技术和动态。

1910年5月26日，巴顿与他爱慕多年的未婚妻比阿特里丝·艾耶尔结婚，这是一个来自波士顿富裕家庭的聪明姑娘[①]。第二天这对幸福的年轻人前往“旧欧洲”度蜜月。他们在普利茅斯下船，游玩了康沃尔郡和伦敦；之后到达法国巴黎并沿着英王威廉一世的足迹游览了诺曼底。34年之后，巴顿将带领他的第3集团军“重游”了这个风景如画的地方。

回到美国后，在驻地感到枯燥无聊的巴顿将大部分时间用来完善他的军事素养，并在军事刊物上发表多篇文章。1911年，巴顿被调动到第15骑兵团在华盛顿特区的迈尔堡驻地。在首都这个权力的中心工作将对他的军事职业生涯产生深远的影响[②]，他接触到了许多高级军官和一些有能量的政客。

由于在马术、马球、击剑方面表现突出，巴顿被选中代表军方参加在斯德哥尔摩举办的1912年奥林匹克运动会现代五项比赛[③]。巴顿乘船赴芬兰之后前往斯德哥尔摩，他的妻子比阿特里丝、姨妈安妮、妹妹尼特和父母随行。期间巴顿每天坚持锻炼，注意饮食并戒烟戒酒。

在比赛当中巴顿展示出了自己在体育和体能方面的卓越能力。击剑第三名，游泳第六名，马术第三名，越野跑第三名，但射击只获得第二十名！巴顿为此解释道，他的第二发子弹正好从第一发子弹在靶上打出的洞中穿了过去，但并没有被计入成绩！

最终，巴顿的总成绩仍然在所有43名选手中排名第五。

当他的家人在欧洲游玩时，巴顿在妻子比阿特里丝的陪伴下前往法国来到索缪尔军校提高骑术，并向一位剑术大师——欧洲刀剑比赛花剑冠军克莱瑞军士学习击剑技巧。这次军事学习使巴顿的个性更加具有贵族的传统气息。也许就是从那时起，巴顿被认为是永远的军人典范。

---

① 在波士顿北部阿瓦隆山区附近的家里举行的婚礼十分奢华，艾耶尔的父亲甚至租来火车接送亲朋好友。

② 在骑着马散步时，巴顿结识了战争部长亨利·刘易斯·史汀生，两人始终保持着长期牢固的友谊。在之后的“掌掴事件”中，史汀生拯救了巴顿。

③ 击剑、射击、游泳、马术、越野跑。

回到美国后，巴顿受战争部长史汀生、总参谋长伦纳德·伍德将军的邀请，展示他在瑞典以及师从克莱瑞的收获。伍德将军对巴顿印象尤其深刻，聘其为副手。

在法国受训的经历使巴顿成为美国军中第一位“武器大师”，并参考法国军刀设计出了M-1913式军刀。另外巴顿将他的制式手枪换成了两把左轮手枪，即两把六发子弹的柯尔特手枪。

通过个人的关系网，巴顿被分配到堪萨斯州的赖利堡骑兵学校，并于1914年完成第一期课程。

在骑技精进的同时，巴顿感到生活的单调，他渴望能够上战场体现自我的价值。机会很快就来了。1914年6月，奥地利大公弗朗索瓦·斐迪南在萨拉热窝被塞尔维亚青年刺杀。8月1日，一系列连锁反应爆发，随着各国间的结盟，欧洲陷入战争泥潭。巴顿视其为等待已久的机会。他向伍德申请去法国骑兵队中担任观察员，但美国恪守门罗主义决定采取中立政策。在给伍德的信中巴顿写道：“我希望可以请一年的假赴法参加真正的战斗。我认识几个法国军官，和一些法国步兵团也有联系，如果我愿意承担一切后果和费用的话，他们可以接纳我。去年当我认为法德间的战争不可避免时，我就在着手此事。

“如果我的申请可以被批准，我就可以开始准备接下来需要做的工作。另外，如果我陷入困境或是被俘入狱，我将不会向美国政府求救。

“由于我的家人无须靠我的收入维持生活，因此我仅需对自己负责。我请求您不要将我的申请看作是一时的冲动，多年来我一直在思考此问题。”

他的希望很快就落空了，国家战争部拒绝了他的申请。巴顿对此感到十分愤怒，批评总统威尔逊缺少勇气：“如果总统身上还有哪怕是和虱子体内一样少的热血，他也会立刻向德国宣战。”

但年轻暴躁的巴顿不必等待太久就会经历一次西式的“手枪决斗”——追捕危险的墨西哥革命者潘乔·维拉。

第四章 在罗比奥还债

1915 年，第 15 骑兵团被派往菲律宾驻守，通过游说在华盛顿有影响力的朋友，巴顿被分配到驻扎在离墨西哥边境不远的得克萨斯州布利斯堡第 8 骑兵团。在这里巴顿第一次结识了潘兴，后者任第 8 骑兵团指挥官。当时的墨西哥已经处在内战的边缘，革命军首领弗朗西斯科 · 潘乔 · 维拉经常袭击在墨西哥拥有土地的美国人。1916 年 3 月 9 日，潘乔 · 维拉带领 500 人的墨西哥军队突袭了新墨西哥州的哥伦布村庄，杀害了 17 名美国人，打伤 7 人。这是自 1812 年第二次独立战争以来，美国首次在本土被外国军队攻击。总统伍德罗 · 威尔逊命令潘兴[①]组建一支远征军讨伐潘乔 · 维拉及其部队。得到消息后巴顿立刻准备好一切打算随军出征，但他所在的部队得到的命令是原地驻扎。为此，巴顿多次向潘兴申请，最终他以参谋的身份跟随“黑桃杰克”出征。3 月 15 日，他们进入墨西哥。

潘兴的部队包括三个旅，每个旅约 4800 人，以及 8 架飞机。这样的人数对于地面大规模的围剿是不够的。美国人认为潘乔 · 维拉藏匿在墨西哥的奇瓦瓦州，那里的谢拉马德雷山脉与其中的峡谷将是绝佳的藏身地点。

---

① 最初的候选人是方斯顿将军，他因逮捕菲律宾叛军首领阿奎那多而出名。但因其与新闻界交往过甚而被排除于此次候选人名单之列。

3 月 15 日，两个分遣队向离出发地数公里外的科洛尼亚杜布兰集中[①]。潘兴派出两个团从巴维科拉的圣米格尔的东西两侧前往山谷搜索潘乔 · 维拉。期间，著名的骑兵第 7 团[②]在白天烈日当头、夜晚寒冷彻骨的环境下前行。但潘乔 · 维拉仍然没被捉住。

事实上，潘乔 · 维拉在格雷罗州附近的谢拉马德雷山脉一带活动，并被墨西哥军队追踪。3 月 29 日，第 7 骑兵团到达一个不知名的城市附近，与墨西哥革命武装交火，后者伤亡 30 人，美军伤 7 人。此前已经受伤的潘乔 · 维拉在美军骑兵到达的几个小时前已经乘火车撤走。之后，潘乔 · 维拉还曾数次刚好摆脱美军的抓捕，但美军持续地追击将给他的军队造成很大的损失，数名军官被击毙，潘乔 · 维拉的侍卫长卡德纳斯便是其中的一个，他就是巴顿的猎物。

卡德纳斯被当时年仅 30 岁、胆大心细的巴顿少尉追赶。3 月 14 日，巴顿和几名士兵在罗比奥购买马粮时，察觉潘乔 · 维拉军的二号人物就躲藏在不远处的一个农庄里，遂决定将其抓捕。在抓捕的过程中，有三个人从房子里出来试图逃跑，并与美军交火。枪战 15 分钟之后，他们全部被击毙。在此期间，其中的一个人——卡德纳斯假装投降，准备用藏着的枪射击巴顿未遂，却被巴顿击毙。

虽然获得了这次重大胜利，但潘乔 · 维拉仍没有被捉住；此时美国与墨西哥的关系也趋于缓和。6 月 21 日，美军与墨西哥军队在卡里萨尔爆发冲突。威尔逊总统为了避免爆发全面战争，决定终止追捕潘乔 · 维拉。然而美军仍决定继续在墨西哥驻扎，但未取得显著进展。1917 年 2 月 5 日，潘兴率军回国。此次军事行动共击毙潘乔 · 维拉的部队 203 人、击伤 108 人、俘虏 19 人。潘乔 · 维拉于 1923 年在不公开的情况下被处死。

---

① 在此次出征中，第 2 骑兵旅两天之内行军 197 公里，这是美国骑兵成建制的行军最长距离。

② 创立于 1866 年，因其见证乔治 · 阿姆斯特朗 · 卡斯特将军故世而闻名。

卡德纳斯被击毙的消息很快就传到了美国媒体的耳中，《纽约时报》甚至将其放在了头版。在墨西哥，巴顿被人称为“土匪杀手”，这是他首次被当作英雄看待，成为传奇。这次远征抓捕行动也使巴顿受到“黑桃杰克”潘兴的青睐，被提升为中尉，之后巴顿被分配到第 7 骑兵团。但和平年代的巴顿感到十分无聊，他梦想能够重回战场，真正地行动起来。欧洲的形势很快就让他再一次感受到硝烟的味道。

第五章　第一次世界大战：巴顿与第一坦克旅的训练

在第一次世界大战中，德国与巴顿首次交手。但这仅仅是第二次世界大战中这些可怕碰撞前的一道“开胃菜”，因为“年轻的中尉”在一战中仅在前线待了几天。

虽然 1915 年卢西塔尼亚号客轮被德军鱼雷击沉，使华盛顿与柏林的关系降至冰点。但战争刚开始时，没有任何因素促使美国加入协约国。然而两年之后，一条从柏林发往墨西哥城的电报使美国加入战争。电报邀请墨西哥加入同盟国，承诺在战后将得克萨斯州与新墨西哥州划入墨西哥。这条电报被英国情报部门破译并发往华盛顿。威尔逊总统最终决定参战。1917 年 4 月 1 日，美国国会投票通过，对德宣战。

5 月 16 日，潘兴将军被任命为美国远征军司令。巴顿是他第一位聘请的参谋，之前军衔刚被提升为上尉。他们于 5 月 28 日登上 SS 波罗的海号邮轮。但在部队集合时，美国人发现他们的部队运送能力还很有限。

在霞飞元帅、福煦和迪巴伊将军前往巴黎北站迎接之前，美国远征军已于 6 月 13 日在滨海布洛涅[①] 下船。

巴顿在指挥潘兴的保卫连期间过着平淡的生活，经常在路上闲逛或是去剧

① 法国北部北加来大区的一个港市。

院消磨时间。因为远离战场，这位年轻的军官感到无所事事，成天梦想着上前线去“打架”。深陷战争泥潭的欧洲却处于节日的氛围之下，这使巴顿感到异常的愤怒：“我认为这里的人们有太多的娱乐活动，应该命令军官外出的次数每周不得超过两次……我每天夜里 12 点才能睡觉，而这竟然是每天我能做的第一件事。”

无聊的巴顿只能靠长时间锻炼身体来打发时间。7 月 4 日，他参加了为庆祝美国独立日举行的军事游行队伍：“在协和广场和里沃利大街，妇女们时而冲进队伍，用胳膊挽着大兵，拥抱亲吻。我坐在自己的车里，在康斯坦丁大街的街角，观看着这一幕。”

9 月，巴顿动身前往设在肖蒙[①]的潘兴的新司令部。他觉得时间太过漫长，感到非常不满意。在巴顿看来参谋们的日常工作就是对文件分类，管理这些“废纸”。他写道：“除了战争一切都很好，这简直可笑至极。我们都希望真正开始战斗的时候可以有趣些。”

这段时间潘兴成立了一个“槽板”小组，研究英、法军队在前线的军事活动以及他们的军事装备。潘兴和巴顿都关注到一个新武器的实战效果—“带有装甲的车辆”[②]。事实上，美军早在 4 月就已派遣帕克观察法军对于坦克的使用情况。帕克的报告指出了两个关键性问题：第一，这种带有装甲的车辆一旦遇火极易燃烧；第二，在战斗中它们过于突前、缺少步兵的协同，容易成为敌人的目标。巴顿对这种武器的态度呢？他与大多数人一样，对此并不看好：“一个法国军官——狂热的坦克支持者，让我感到厌恶。他用了几个小时来讲述这些小玩具的故事和它们的价值，并希望靠这些玩具来赢得战争。这个法国人疯了，他的那些坦克毫无价值。”这就是日后成为机械化战争专家的他在当时产

① 法国东北部城市，香槟 - 阿登大区上马恩省首府。

② 英国和法国最早构想出这种用于突击的车辆。英国方面，丘吉尔委派一个小组研究斯温顿上校提出的设想：给部队配备带有履带和装甲的可以在任何地形上行驶的车辆，在敌人的火力下摧毁对方的防御工事。法国方面，由埃蒂安纳将军提出同样的构想。

生的令人震惊的想法。

最先对此观点持怀疑态度的是潘兴。他认为这种新式武器虽然谈不上神奇，但它在战争中是重要、有用的工具。为此，他决定组建坦克团。

虽然巴顿对坦克没有信心，但他将其视之为摆脱潘兴监管、改变当时生活状态的机会。他写信给潘兴申请调到即将组建的装甲部队，理由是他会说法语、认识在索米尔的法国军官以及在墨西哥的罗比奥突袭中有乘坐汽车进行攻击的经验。11 月 10 日，为了不让部下泄气，潘兴将巴顿调至位于皮卡第地区[①]尚普留的坦克训练营地，这也使巴顿成为美国历史上首个装甲指挥官。巴顿在给妻子的信中写道："我终于可以干些有意思的事了：玩坦克游戏！"在助手布雷恩中尉的陪同下，巴顿使用雷诺 FT-17 轻坦克进行练习，并发现这款坦克性能卓越。美国远征军随即建议华盛顿在美国本土建立雷诺 FT-17 生产线。巴顿开始学习驾驶坦克、炮射以及如何修理这个大家伙，并且同"法国坦克之父"埃蒂安纳讨论坦克的使用心得和作战策略。他在阿尔伯特待了数周，英军的坦克指挥所设在那里。在此期间巴顿还与英国坦克团参谋长富勒上校见了几次面，后者是装甲学说的倡导者之一。

1917 年 11 月底的康布雷战役打消了巴顿对坦克的最后一丝疑虑。英军为了进攻德国兴登堡防线首次集中了 400 多辆坦克参战。这些"怪兽"为步兵开路，甚至在敌人的战线上突进了 10 公里，让德军措手不及。但由于不少坦克出现了故障以及一些技术问题使坦克无法继续前进，这次胜利没能维持多长时间，通过几次反击，德军收复了失地。

虽然康布雷战役仍然造成了交战双方约 90000 人的伤亡，但坦克在战斗中展现了它的价值。在空军的协同掩护下坦克为步兵开路，表明这是一种可以改变战场格局的武器。在参观这场战役并且了解了坦克在其中的作用之后，巴顿像其他人一样将其视为制胜的法宝。

---

① 位于法国的北部，由埃纳、瓦兹和索姆三省组成。

此时的巴顿梦想着可以驾驶坦克参加战斗，他参观了雷诺生产坦克的工厂。之后，应潘兴的要求，巴顿开始编写关于坦克的作战方式及相关组织情况的报告。“黑桃杰克”对他的“小马驹”提交的报告感到震惊。巴顿在报告中详细阐述了坦克诞生的历史、对即将组建的装甲部队的建议、相关的战术思想以及训练培养坦克兵的方法。同时他还提出了自己的看法：如果坦克被用来掩护步兵，为步兵提供战场支持从而夺取防守方的阵地或要塞，那么坦克必须能够做到刺穿对方防线并且有效占领，突击敌人后方，不断前进直至将敌人彻底摧毁。这个观点使潘兴赞赏不已。1918 年 1 月 26 日，坦克部队正式成立。

巴顿决定在朗格勒①附近的布尔格②组建轻型坦克学校以培养美国未来的坦克兵，但很快遭到法国军方的拒绝。他只得寻求潘兴的帮助，潘兴遂前往巴黎与法国人商谈此事。接着又传来了一个坏消息：由于产能不足，美国人只能收到订单 400 辆中的 84 辆。2 月 1 日，训练正式开始，但此时还没有接收到预订的坦克。巴顿倾全力训练这些“明日的坦克之星”：清晨起床、跑步、早操、射击、地形课程、练习发报通讯、机械课程以及驾驶课程。每周七天都是这种地狱式的训练，他写道：“在足球赛场上缺少纪律会导致输球，战争中缺少纪律意味着死亡或是比战死还要糟糕的失败。德国佬之所以能幸存下来是因为他们守纪律。正因为纪律才使你们的努力和爱国精神不会变得徒劳虚幻。如果没有纪律，英雄主义是没有意义的，你们的死也只会轻于鸿毛。反之，我们将无往不胜。”

直到 3 月 23 日，美军才收到首批坦克。刚刚升为装甲指挥官的巴顿在进行了简单的操练之后给妻子写道：“我的坦克正卯足马力行进。看到这一幕我由衷地感到高兴，终于做了些事。虽然这些事不是很多，但比没有好。”③巴顿从各个方面训练这些坦克兵，将他们的耐力发挥至极限。

---

① 法国东北部市镇，隶属香槟-阿登大区上马恩省。

② 法国吉伦特省的一个市镇。

③ 马丁 · 布拉曼生，《巴顿笔记》，普隆出版社，巴黎，1975，P43。

4 月，巴顿开始设计训练步兵和坦克协同作战，并让部队在参谋官面前操练以展示效果。1918 年 4 月 28 日，第一轻坦营组建完毕，巴顿晋升中校。他给这支新部队的口号是“对他们狠一点”，这一口号后来也成为了巴顿的名言。

5 月，第一轻坦营得到补充，并被拆分为第 326 和第 327 坦克营，隶属于第 304 坦克旅，直接由巴顿指挥。之后，巴顿前往蒙迪迪耶①至努瓦永②前线。离前线几公里处，他终于呼吸到了弥漫着硝烟的空气，倾听着枪炮声响，激动地写道：“法国人太不可思议了，我与他们相处得不错。他们没有人说英语，但我们在一起很愉快，大家不停地开着玩笑。”5 月底，巴顿访问了一所法国坦克训练学校，这里的学员们刚刚与美国陆军一师即著名的“大红一师”举行完演习。他详细询问坦克兵，并收集整理他们的想法、所使用的战术以及对手的应对；之后对大红一师也做了同样的询问，以此来分析步兵和坦克的协同方法。

回到布尔格之后，巴顿记录下此次访问的所见所闻并将法国的装甲战斗学说翻译成英语。他制定出一套三角队形战术和一句简短的命令：“前进，再前进。”他设计了几种不同色调的图案用于伪装坦克，甚至设计了坦克兵的军服。之后，他开始研究如何使用坦克突破敌军阵地，并训练队员的夜战能力。同时巴顿还进修了朗格勒参谋学校的课程。巴顿忙碌地四处行动。对此，他的上级，负责圣那泽尔美国海军基地的罗肯巴克上校对巴顿的赞美溢于言表，他称赞巴顿守纪律、拥有完美的指挥风格、精力充沛、有效率、勤快。他写道：“他十分有才华，完全能够指挥一个坦克旅。”

巴顿像疯子一样工作，但也忙里偷闲游览一些古迹并沉浸于自己的故事之中。在一次散步时，巴顿第一次有一种似曾相识的感觉，他在给母亲的信中写道：“我在思考为何当时的我没有在此驻足，当我再次踏上这条古罗马大

---

① 法国皮卡第大区索姆省的一个市镇。

② 法国皮卡第大区瓦兹省的一个市镇。

道时，我看见了一个熟悉的旧剧院，也许我当时正带领一队士兵在这条路上行军。我还看见了一座因当时的我发动突击而坍塌的中世纪城堡。当时的我们，现在的我们，将来的我们……”这就是巴顿——一个虔诚的基督教徒奇怪的想法。他相信灵魂转世的说法，坚信自己曾经跟随英王威廉一世、拿破仑战斗，并认为自己是古罗马百夫长朗基奴斯转世[①]。

---

① 百夫长朗基奴斯为了证实耶稣是否真的死了，用了一支长枪刺入耶稣身体，这根枪因为是用来证实耶稣是否死去并染有耶稣鲜血，便成为宗教圣物即朗基努斯之枪，后世有人称它为命运之枪。

第六章　战火洗礼：圣米耶勒战役与“默兹-阿尔贡”攻势

8月20日，当巴顿正在郎格勒的学校上课时，勤务兵递给他一封电报，内容如下：“交装甲指挥官……整备部队随时出发。”潘兴和法国总参谋长福煦元帅准备发起一场战役，进攻默兹省的圣米耶勒突出部，德军在那里有一个楔形防御阵线，协约国对其发动的数次攻击都以失败告终。德军在此处的军事控制严重影响了协约国向北部凡尔登方向的补给。

协约国方面计划投入美军50万人、法军11万人以及3个独立装甲部队，它们分别是：三个配备英制马克V型重坦的美军坦克营、一个配备雷诺轻坦的法国坦克团以及巴顿指挥的第304坦克旅。福煦和潘兴计划从三个方向攻击德军的突出部：先从西面发起攻击；接着从南北两个方向同时攻击德军楔形防线的侧翼。战役的目的是夺取突出部，将德军赶至楔形防线的东部。战役发起时间定于9月12日。

为了熟悉地形，巴顿利用备战时间考察了预定战斗区域，并且仔细研究了布尔格参谋部的作战地图。8月29日，他将所有的分析都写在备忘录上并交给潘兴。备忘录上的新战法显示了巴顿完美的战术思想：坦克与飞机协同作战。他写道：“反坦克炮是对坦克的最大威胁，尤其当这些炮位于坦克侧翼时。因此在坦克行动的每个阶段，应先让飞机确定敌方反坦克炮的地点。侦察兵通过无线电向炮兵通知反坦克炮的具体位置或是直接用烟幕弹标明反坦克炮的位置，最后炮兵开炮清除这些威胁。”[①] 事实上，巴顿提出的是一套未来战争的理论。潘兴否定了这套战术，也许是因为在那个时代这么做太繁琐。[②]

第二件让巴顿沮丧的事，是潘兴命令第 304 坦克旅与第 1 第 42 步兵师以两个而非四个纵队前进，队形不要被打散。然而，战斗中当大红一师与装甲部队被打散时，第 42 师没有一点与坦克协同作战的经验。巴顿大怒，他冲到第 42 师司令部质问他们是否进行过协同训练哪怕是学过一丁点基本的入门知识。但第 42 师根本没有人搭理这个强硬的年轻军官，师参谋长傲慢地把巴顿打发回“自己的窝”。这位师参谋长就是第 84 步兵旅旅长道格拉斯 · 麦克阿瑟。

1918 年 9 月 11 日，发起攻击的前夕，巴顿召集手下的坦克兵给他们鼓气，说道：“从战术的角度看，这次任务十分简单。……记住，你们要在布满铁丝网的地面上开辟一条道路，并保护步兵，因此千万不要离他们太远。在步兵前面的距离不要超过一公里，更不能排在步兵后面。任何一辆坦克都不能落到敌人手里。如果你发现在敌阵地里落单了，那就射击。如果炮不能用了，那就握着手枪用履带把敌人压碎。”

9 月 12 日凌晨，美法炮兵开始猛烈的弹幕射击。几小时的持续炮击后，巴顿带领坦克部队协同步兵投入战斗。清晨的浓雾使部队难以完全按照预定计划作战。他决定带领部队继续向前，并穿过了几个被德军轰炸过的废墟般的小镇。大量被炮弹掀翻的泥土堆在他们四周。巴顿写道：“德国人轰炸了圣博桑[③]，这使人高兴不起来。”之后，他朝埃塞方向前进。在那里，坦克部队和第 42 步兵师遇到了麻烦，大雨使道路变得泥泞不堪，而且他们缺少炮兵的支援。巴顿在埃塞碰到了麦克阿瑟，他记录到：“我刚和他碰见，前进弹幕射击

① 雅尼 · 卡达利,《巴顿传》，佩林出版社，巴黎，2011，P64。

② 在当时很难建立起装甲部队与其他部队间的有效通讯。直到 1930 年德国通讯部队的一位军官海因茨 · 古德里安推广无线电，这个问题才得以解决。

③ 法国默尔特 - 摩泽尔省的一个市镇。

就朝我们这个方向来了。我估计当时我们俩都只有一个想法：那就是找个地方避一避，但无论如何不能让对方看出来……我们就在那站着交谈，但都不关心对方说了什么，因为两个人都无法不去想那些从天而降的炮弹……"

巴顿带着五辆坦克继续前进，其中有两辆陷入泥潭动弹不得。带着剩下的三辆坦克，巴顿和第84步兵旅冒着德军的炮火朝帕纳前进。之后又有两辆抛锚，巴顿下车登上最后一辆坦克鼓励开始惊慌失措的驾驶员继续前进。在枪林弹雨中，巴顿挥舞着他的两把柯尔特手枪射击。被这种攻击吓住了，一些德国士兵开始投降。但年轻的装甲指挥官并不满足于此，他想要继续向北突击，于是下达命令向博内瓦福尔方向前进。他写道："我坐在坦克顶上离开镇子，两腿搭在左侧。突然我注意到对面一侧的油漆已经开始脱落，还能听见机关枪的枪响……我跳下车找到一个弹坑。"[①] 事实上，当时巴顿遭到了德军机枪的伏击，他一个人在一个并不是很深的弹坑里躲着。此时巴顿面临两种选择：要么跳出弹坑回头寻找部队，但有可能被自己人"误伤"；要么一直待在坑里，但迟早会被德军打死。为了不坐以待毙，他决定以Z字路线往己方跑，并且敌人一开枪就扑倒在地。找到几辆增援的坦克后，巴顿决定再次发起攻击彻底摧毁德军的这个防御点。下午3、4点钟，博内已被美军占领，巴顿为他俘获4门野战炮和16挺机枪而感到骄傲。然而汽油补给发生了困难使他们无法继续前进。

虽然德军在战役发起前决定撤走部分部队并收缩防线，但潘兴的远征军仍获得了此次战役的胜利，夺取并控制了圣米耶勒突出部。对此巴顿有很清醒的认识，他写道："由于敌人的抵抗比较微弱，在这次行动中坦克的价值并未完全体现出来。"[②]

但巴顿仍然为他的坦克兵感到骄傲。战斗中他的士兵始终保持高昂的士

---

① 马丁·布拉曼生，《巴顿笔记》，普隆出版社，巴黎，1975，P47。

② 哈里·耶德，《巴顿加油》，顶点出版社，明尼阿波利斯，2011，P29。

气，损失也很小。这次胜利是毋庸置疑的，同时坦克也展现出在现代化战争中所拥有的一席之地。大红一师师长萨默罗尔在给巴顿的信中写道：“在困难的条件下，在极度恶劣的环境中，在泥浆里，坦克的雷霆攻击让人记忆犹新……将军们都认为坦克挽救了许多美国士兵的生命并为获得战争的胜利做出了巨大贡献。”巴顿在未来的日子里对这段评论始终铭记于心并始终以保护着士兵们的生命安全为己任。潘兴也向这个年轻的中校表示祝贺，表彰其勇敢地坚持在前线指挥战斗。最后罗肯巴克也写道：“行驶在步兵的前面，你不仅救了他们的命而且始终高举红黄蓝战旗[①]，并在兴登堡战线给敌人毁灭性的打击。”[②]带领部队在前线战斗时，巴顿确信由于自己的榜样作用，他的部队也展现出了英雄气概。

这次战斗也让巴顿的对手有机会评价他。德国圣米耶勒战区指挥官纪尧姆王储以一种轻蔑的语气评价美军及巴顿在战争中的作用仅仅是抓破了德军的皮肤：“美军的攻击表明他们的准备工作很糟糕，也根本不理解战争的艺术。士兵们成排的密集冲锋被我们的机枪牢牢地钉在地上。对我军而言完全没有未知的危险，虽然他们的坦克部队击穿了我军薄弱的防线——每 20 米只有一个士兵的防线——从背后对我们发起攻击。美国人的重炮和超重炮的数量多到让人难以想象，他们火炮射击的密度和强度都超过了凡尔登和索姆河战役。”

协约国并没有满足于圣米耶勒战役的战果。事实上美国和法国准备在凡尔登北部发起一轮新的进攻，彻底摧毁德军并迫使德国停战，这就是著名的“默兹 - 阿尔贡攻势”。

战斗计划集中 50 万兵力，2800 门火炮，400 辆坦克，850 架飞机[③]。巴顿的第 304 坦克旅也被编入其中。在等待发起进攻的这段时间里，闲不下来的巴顿穿了件法国军装前往德军前线熟悉地形并制订详细作战计划。他在阿尔贡森

① 红、蓝是美国国旗的颜色，黄色是美国骑兵传统的颜色。

② 罗肯巴克也严厉斥责巴顿脱离战斗岗位，驾驶坦克随心所欲地四处乱撞。

③ 此时的美国远征军已拥有 130 万人。

林与谢皮森林之间找到了一块理想的坦克突击地点，并解决了圣米耶勒战役中遇到的三个问题：油料补给、故障、通讯。[①]

为避免在混战中坦克缺油抛锚，巴顿在坦克后部安装了储油罐！但这么做也极其危险，一颗子弹就足以使引擎爆炸、把驾驶员烧成焦炭。在应对故障方面，巴顿为装甲部队配备了移动维修设备，尽可能地让每辆坦克都成为“移动的战斗工厂”。最后，为了解决通讯问题，他叫人在沃屈瓦附近安装了一个先进的指挥装置——一个连接指挥官和炮兵的无线电系统。他甚至给士兵配备了信鸽来保证战斗时前线的信息通畅。[②]

9 月 25 日 23 时，炮兵的弹幕射击拉开了战斗序幕。接着，巴顿率领他的坦克部队投入战斗，但清晨的浓雾使巴顿无法确认部队是否在按照预定路线前进。他决定离开战斗观察岗位，带领一些士兵和军官冲向前线，但这么做违反了罗肯巴克的命令。战斗情形不太乐观：坦克陷在烂泥里，一部分士兵畏惧德军的炮火开始向后撤退。

巴顿勇敢到近乎鲁莽地跳下车，手里拿着锹命令士兵们一起挖开阻挡坦克前进的泥堆。一个士兵拒绝执行命令，巴顿抡起铁锹往他的头上拍去。没有人再敢提出异议，大家冒着枪林弹雨开始疯狂地挖。很快，有 5 辆坦克从泥坑里开了出来朝德军扑去。受到这种世界末日氛围的感染，巴顿徒步发起冲锋，嘴里大声呼喊着他的士兵。这种榜样作用激起了其他士兵心中的英雄主义。

受巴顿的感召，这些士兵终于爬上一座小山。但立刻，敌人的机枪弹如雨下，巴顿和士兵们赶紧趴到地上。就像他在日后写到的，在这场屠杀中，年轻的中校又一次看见前世的自己在英勇战斗：他一分为二，其中的一个巴顿乘着云飞到德军上空看见另一个巴顿躺在地上战死了，就像家族里的祖辈们光荣地战死在战场上一样。对巴顿而言，这个情节即将以正常的结局回到现实，他叫

---

① 圣米耶勒战役期间，有 13 辆坦克因汽油用完而抛锚，3 辆出现故障问题。

② 菲利普 · 里夏多，《巴顿，美国的古德里安》，顶点出版社，明尼阿波利斯，2011 年，P26。

喊着召集士兵并带头发起冲锋。跟随他一起冲锋的6名士兵有5人已经倒下，只剩乔·安杰洛跟在他身边。突然，巴顿的大腿中弹，多亏安杰洛帮他止血才保住性命。他们俩躲在一个弹坑里，最终被救出。

由于受伤的缘故，巴顿被送至医院。在去医院之前，他要求先将自己送往35师司令部递交报告。之后，他很快被转移到靠近第戎[①]的后方。罗肯巴克在得知巴顿的部队战斗经历后，将其军衔升至上校。报纸报道了这次战斗，将巴顿描述为一个真正的英雄。12月18日，巴顿回到布尔格，给他的父亲写道："我一直害怕自己是个懦夫，现在我开始确信自己并非如此。我们的教育一直在灌输死亡的可怕，这是错的。这并非说明我向往死亡，而是我并不畏惧死亡，它不会妨碍我尽到应尽的责任。"

几个星期后，德国要求停战，并于11月11日在雷通代签署停战协议。这一天是巴顿33岁的生日。

巴顿因在法国的战斗表现获得"杰出服役十字勋章"，因在坦克学校的教学贡献获得"服役优异勋章"。

1919年2月，潘兴命令巴顿带领他的坦克旅前往马赛回国。

① 法国东部城市，勃艮第大区首府。

第二部分

两战之间

第七章　艰难回归

从法国出发经过一场但丁式的回国旅程后，巴顿到达纽约。迎接他的是妻子比阿特里丝，当然还有一大群记者。他们早早地赶到这里，准备采访这位英雄、了解他的战斗经历。上校巴顿又一次成为各大报纸的头条。

作为第 304 坦克旅旅长，巴顿来到华盛顿汇报部队的战斗过程。面对着一群“门外汉”，巴顿详细介绍了坦克这种新式武器及其相应的作战学说，就机械化战争侃侃而谈，并提出扩编装甲部队的想法，同时申请继续担任装甲指挥官。但战争已经结束，政府希望回归“正常状态”。国防预算不断缩减，军队也将恢复到和平年代的规模。美国计划用两年的时间，将部队从 1918 年时的 450 万人逐步缩减至 14 万。巴顿、艾森豪威尔、麦克阿瑟、马歇尔等都被降到次要位置。国会最大限度地削弱军队的影响力，美国逐渐回到了孤立主义。如同其他在战争中得到晋升的军官一样，上校巴顿被降至上尉。虽然巴顿很快又被提升为少校并一度在华府担任参谋，但他仍感觉沮丧也担心这会令他的岳父失望。

巴顿以少校军衔被派往一个专门的委员会负责研究坦克的潜在作用。在此期间，巴顿结识了一位武器设计师 J · 沃尔特 · 克里斯蒂。后者曾就职于美国陆军武器部门，此时在新泽西州一家生产汽车和坦克的公司任职。他设计发明了克里斯蒂 M-1919 型履带坦克，时速为 13 公里 / 小时，能跨越两米宽的战壕。巴顿在坦克上安装了同轴旋转机枪。但由于财政预算削减，克里斯蒂的方案被搁置[①]。当时的军费为3亿9千万美金，而划拨给坦克的资金是25万。

之后，巴顿被分配到马里兰州的米德堡。在那里，他的家人精心地陪伴着他。巴顿一家住在供士兵和其亲属居住的一间十分宽敞的兵营里，姨妈安妮负责做饭并照顾他的两个女儿。此时的巴顿过着极其舒适的生活：豪车、马房、马球比赛、与有钱的朋友一起去打猎或是出海。

巴顿一家之所以在米德堡过着舒适的生活，其中一部分原因是比阿特里丝与他们的邻居玛米·热瓦纳·艾森豪威尔保持着良好的关系。两位女士的丈夫对坦克看法一致，他们都将其视为战争艺术的革命。[②]很快他们就建立起亲密的友谊，在未来的岁月里甚至是在二战中发生的一些政治事件里，这种友谊都不曾中断。然而，他们在很多方面又截然相反。巴顿性格冲动、时而偏激、傲慢，十分富有，经历过炼狱般的一战欧洲战场；艾森豪威尔谨慎、圆滑、温和，为了西点军校学费不得不努力工作，因在宾夕法尼亚州管理柯尔特坦克训练营而未能赴法参加一战。

出于对坦克相同的认知，巴顿和艾森豪威尔开始研究它的机械组成，并将引擎发展到极致。然而让他们失望的是除了几辆雷诺FT-17的仿制品M-1917，能够供他们研究的只有型号为“自由”的马克VIII型重坦，行驶速度极慢。以这种重型坦克为基础编写相关的作战学说几乎是不可能的。

1920年，美国国会投票通过国家防卫法案，法案对军队预算再次大幅度削减。用于坦克的预算只有少得可怜的8万美元！对巴顿和艾森豪威尔而言这不啻于当头一棒。装甲部队被解散，坦克也被分配到各个步兵部队中。两位军官为挽救坦克部队，开始大量发表文章并组织演练，尽可能地争取预算津贴。为此他们申辩道：在欧洲，英国、德国在这方面已经走在前列，他们组建了完

① 有可能巴顿为克里斯蒂的研究提供了很大一笔资金支持。

② 另一个共同的爱好使两位军人的关系更加密切：私自酿酒。当时在美国这是被绝对禁止的。

全独立的装甲部队。但他们的努力收效甚微，相反，他们被警告要遵守纪律。艾森豪威尔似乎妥协了，但巴顿却没有放弃，他在其他军官面前像以往一样继续口无遮拦地说道："以美国现有的主流观点来看，我在这里向你们大胆地介绍一个坦克兵对坦克的看法，应被视为异端被判有罪。这些主流观点认为士兵是所有行业里最不合格的，士兵们多年的艰苦训练完全不能与律师、医生、牧师所拥有的知识相提并论。"

巴顿沮丧地离开了第 304 坦克旅，同时他也对国家、军队在未来政策上的不确定深感忧虑。在给妹妹的信中他写道："国家和部队正处在混乱之中，并且看不到任何改变的迹象。我们就像是置身于行驶在风景美丽的游船上，突然听见前方瀑布声响，显然瀑布很快就要将大家吞没，但所有的人都宁愿相信那只是风吹树叶的声音。我们正在否认历史教训，即使是经验最丰富的政客也已失去理智，自欺欺人地活在幻想中。"

回到弗吉尼亚的迈尔堡，巴顿像以前一样又一次对和平年代的碌碌无为而烦恼。他在一些军事杂志上发表了多篇文章。在训练士兵时巴顿再次强调荣誉感："武器可以改变战争走向，但最终决定战争胜负的是人。士兵的精神状态是取得战争胜利的关键。"为了振奋士兵的精神状态，他每次对部队训话时都会引经据典："作为部队军官，我们不仅仅是历史最悠久职业的一员，又是古代神话中的那些英雄、那些半人半神在现代社会的代表。在骑士时代，领主因为彬彬有礼、举止高贵而受到的敬佩，与他们因为勇敢和对死亡的蔑视受到的敬佩一样多。他们的庄重和仁慈产生了'绅士'一词。'请绅士一些'这句话的含义就是尊重他人的权利。作为军人，我们应该不知疲倦地、无畏地、主动地尽我们的义务。当遇到不利的情况，指挥官应该一马当先并重新集合他的部队。当遇到恐慌时，他应该表现出无比坚定的决心甚至是杀身成仁。如果部队不得不撤退，那么指挥官不应再苟活下去，因为没有什么比一个指挥官苟延残喘地活着向别人解释失败的原因更加悲哀了。"

1923 年底，巴顿离开迈尔堡前往赖利堡负责管理当地的一所骑兵学校。

期间，他的妻子比阿特里丝生了一个男婴，乔治·史密斯·巴顿四世。这个孩子的降生就像是清晨的一道曙光，使巴顿暂时忘却了美国陆军的悲惨现状，也避免了他陷于消沉之中。

1924 年，巴顿来到堪萨斯州的莱文沃思堡，进入美国陆军指挥和参谋学院深造。在那里他继续进行一些学术研究并且刻苦学习以期取得好的成绩，最终在 300 名学员中以第 25 名的成绩毕业。

因成绩优异，他被派往波士顿的总参谋部兵团任职，那里离他的家很近。但巴顿并不想成为一个参谋。他不是一个“抄写员”，他是一名战士。

1925 年，巴顿以参谋官的身份被调至夏威夷檀香山基地，负责人事（G-1）和情报（G-2）工作。他不喜欢这个被遗弃在太平洋上的小岛，更不欣赏他的直接上司史密斯将军。在一些报告中，他毫不隐晦地公开批评这位将军，并绕过规定程序直接将这些报告寄往华盛顿。[①]

业余时间里，他阅读研究军事文章，在时间、天气允许的情况下和当地的上流社会打马球。在训练部队（G-3）时，他又表现得一丝不苟、兢兢业业。

他和艾森豪威尔一直互通信件保持友谊。当艾森豪威尔在美国陆军指挥和参谋学院学习时，巴顿提供了很大的帮助。1925 年“艾克”[②]顺利毕业，巴顿认为这全多亏了他的帮助！在檀香山基地的这段日子里，巴顿结实了一位在未来的军事生涯中、在二战中发挥重要作用的朋友：奥马尔·布莱德利。

---

① 然而，史密斯并未对此怀恨在心。在巴顿的档案中他写道：“一个极具才华的军人，战争年代不可缺少、和平年代让人无法忍受、无法管理的军人。”

② 艾森豪威尔的昵称。

第八章　怀疑和沮丧

1927 年，父亲的去世使巴顿极度消沉。1928 年，由于上级对他的表现十分不满，巴顿被解除职务。为了摆脱这种不尽如人意的状态，他准备全身心投入工作。1929 年，巴顿赴骑兵办公室工作，之后进入华盛顿的美国陆军战争学院学习（同年，巴顿母亲去世，华尔街股票崩盘），并于 1932 年在 248 名学员中以第 25 名的成绩毕业。

1932 年，巴顿任迈尔堡第 3 骑兵团指挥官。由于与华盛顿近在咫尺，巴顿在重建旧关系网的同时也在建立新的关系网，他每天游弋于军、政、商界之中。在他的朋友圈中，巴顿喜忧参半地遇到了两个“老相识”——艾森豪威尔和麦克阿瑟。艾森豪威尔现任美国陆军部长特别助理。巴顿与他保持着良好的私人关系，也许是因为“艾克”是一位文职军官，更确切地说他与巴顿不构成竞争关系。

相反，巴顿与麦克阿瑟的关系就要复杂许多。两个欧洲战场“强势的军官”碰撞出耀眼的火花。他们因为性格、作风十分相似，也互相敬佩对方，但这两位高傲的将军最终陷入激烈的竞争中。

就这样，三位前途无量的军人在华盛顿——这个美国政治、军事中心相遇了。1932 年夏，他们被组织在一起负责一项任务。事后巴顿表示这是他经历过的最令人不愉快的工作。

1929年10月24日，也就是著名的黑色星期四，美国股票暴跌。从那时起，美国陷入“大萧条”。伴随着工业生产急剧萎缩的是失业率的激增：1930年失业率9%，1933年达到24%！愤怒在人群中不断蔓延，大批破产的农民离开他们赖以生活的土地前往西部①，“饥饿游行”的人数也在不断增加。1930年3月，超过3万人在纽约游行。1932年春，17000名老兵在华盛顿游行，他们要求美国政府立刻支付计划在1945年才支付的薪金（抚恤金进军事件）。1932年7月，这些老兵带着妻儿又一次在华盛顿组织游行，并搭起简易帐篷，决定一直待在那里，直到政府给出令人满意的解决方案。然而，一个游行者被警察打死使事件激化，游行者的语气变得十分强硬。胡佛总统决定派警察和军队驱散示威者并拆除他们的临时营地。就这样，艾森豪威尔、麦克阿瑟和巴顿相遇，他们被派去恢复秩序。“艾克”为了保护麦克阿瑟阻止他去执行这项任务。他说：“我告诉过那个狗娘养的别去那里，那不是参谋长该去的地方。”然而，这是徒劳的。道格拉斯·麦克阿瑟决定“冲向那群示威者”。

7月28日，第12步兵团和巴顿的第3骑兵团开始驱散游行示威者。在骑兵发起冲锋后，步兵用刺刀和催泪瓦斯驱散人群。胡佛总统最终下令停止行动，但麦克阿瑟认为这些示威者受共产主义影响，拒绝执行胡佛的命令。最终，55名老兵受伤，135人被逮捕，3人被枪杀！胡佛意识到他将在下一期总统竞选中失败。的确，罗斯福于1933年出任美国第31任总统。就巴顿而言，他讨厌执行这个“肮脏的任务”，但同时也认为阻止这场游行是他应尽的责任。值得一提的是，被驱散的一名示威者正是当年在一战中救过巴顿的乔·安杰洛。媒体得到这个消息后，尖锐地批评巴顿竟然对曾经的救命恩人发起冲锋。

1934年3月，巴顿晋升中校。巴顿之所以始终关注新技术和军事策略方面的论文，是因为他一直在思考一系列的国际动态，并认为他所参加的一战并

① 著名的多罗西亚·兰格的照片“流浪的母亲”反应了当时人们悲惨的困境。

非人们口中所说的最后一次战争。鉴于此，他密切注视着 1930 年上半年亚洲发生的军事行动，远远地观察着日本军事实力的上升。

另外，巴顿也在注视着欧洲尤其是德国。虽然在 1920 至 1933 年间，受凡尔登条约限制，德军规模仅为 96000 名士兵、4000 名军官，但 1933 年 1 月希特勒上台后，在冯 · 塞克特将军的领导下，德国国防军重新秘密启动了参谋部和培养训练参谋人员的战争学院。机械化战争和坦克战专家古德里安组织了数场机械化车辆演习和步炮协同演习。巴顿很清楚“第三帝国”正在追赶落下的距离，并即将超过一战中的战胜国。虽然在 1934 年 5 月巴顿参加了几场机械化骑兵部队的演习，但这并未使他安心。德国人也在观察美国在机械化和坦克训练方面的发展。基于德国驻华盛顿军事专员于 1934 年 5 月发往柏林的报告，德国人很自信。报告中写道：“截至 1934 年 1 月 1 日，美军共有 8309 辆卡车，其中 5894 辆是一战时生产的，有 596 辆的车龄至少是 5 年……除了 12 辆最近几年生产的坦克，其他坦克都是一战时的产物。这些车辆已经全部过时，面对配备了现代化武器的军队时，这些车辆完全没有价值。”

1935 年，巴顿再次被分配到夏威夷，以参谋的身份负责情报工作。这使他感到苦涩，因为 50 岁的他完全不确定是否还有机会指挥军事行动。乘船来到这个被人遗弃的岛上让他沮丧，他一心只想去战斗去冒险。巴顿开始酗酒并发生了几场婚外情。[①] 他的性格越来越多变，他的下属以及一起与他打马球的人都感觉到了他的暴躁。

尽管如此，巴顿还是努力工作。他注意到太平洋和日本正在发生变化：后者抛出“大东亚共荣圈”理论[②]，这将直接与美国展开竞争。这套理论强调在中国和太平洋地区的英、法、荷殖民地扩张，这些地区拥有丰富的同时又是日

---

① 巴顿与他的侄女简 · 戈登有暧昧关系。简 · 戈登和巴顿的二女儿露丝 · 埃伦关系亲密。

② 这套理论诞生于日本 20 世纪 30 年代，并取代了之前的“东亚新秩序”和“满蒙生命线”理论（1931）。这套理论和纳粹的“生存空间”理论相似，由日本外相松冈洋介在 1940 年 8 月 1 日首次提出。

本严重缺少的资源。与此同时巴顿展现出优秀的战略头脑，他设想了日军攻击珍珠港的场景，这比“耻辱日”早了6年。在他的设想中：“日本不宣而战，秘密派出远征舰队，趁着夜色一直航行到离瓦胡岛300公里的海域。舰队的外围由停泊在珍珠港附近的潜艇警戒。优秀的海军飞行员驾驶攻击机和轰炸机从航母上起飞，用炸弹和毒气攻击珍珠港的机场、潜艇基地和停泊在水面上的舰艇。”

为此，巴顿设计了一套完美的防御系统，用以保护夏威夷和珍珠港海军基地：增加高射炮、反鱼雷网和海岸重炮台数量，扩大空中巡逻范围，为减少间谍活动软禁岛上的日本人和日侨。然而美国海军方面并不认同这个陆军军官所提出的设想和建议，将巴顿的报告束之高阁。

在夏威夷工作两年后，巴顿终于被调回美国大陆。先是在洛杉矶，后去了马萨诸塞州，最后回到他在“绿草地”的家。这段时间，巴顿意志消沉。在一次赛马时，他的腿受伤严重，被送往医院急救。他因此患上静脉炎，险些丧命。为此，他恢复了六个月，差点退役。期间，他的脾气越来越暴躁，专横地对待身边的人。医生推荐他去赖利堡骑兵学校任教。对巴顿而言，这是个好建议，因为他将在那里找到生活的乐趣，并逐渐恢复健康。

1938年夏，巴顿晋升上校，被派往得克萨斯州的克拉克堡指挥第5骑兵团。在那里，他又一次遇到了乔伊斯。事实上，他们是在1934年当巴顿在迈尔堡服役时认识的。在克拉克堡服役期间，巴顿全身心地训练，指挥着他的部队。在模拟作战时，他给士兵布置苛刻的任务，展示着战斗进攻时敏锐的观察力、一连串的攻击行动、迂回包抄、进攻敌人侧翼。在克拉克堡，他如鱼得水，生活愉快。乔伊斯在他离开时写道：“在战斗时，他指挥得力，英勇无畏。”

12月，美国陆军骑兵总司令赫尔委派巴顿前往阿灵顿的迈尔堡。当时，那里的财政情况十分糟糕，温赖特上校已无力负担迈尔堡的开支。按赫尔的设想，巴顿作为美国军中最富有的军官，他将会为接替温赖特提供大笔资金。就这样，巴顿来到迈尔堡，指挥第 3 骑兵团。除了训练士兵、给华盛顿的高级军官家庭和大众展示骑兵队之外，巴顿潜心阅读德国军官的文章，这些军官在二战中将扮演重要角色。埃尔温 · 隆美尔、瓦尔特 · 瓦利蒙特、海因茨 · 古德里安、路德维希 · 冯 · 埃曼斯贝格，他们重新思考战争的艺术，提出了一套全新的理论：大规模的机械化作战，摩托化步兵和坦克的协同作战。美国人也通过他们在柏林的军事专员和情报部门了解这些德军将领。巴顿完全被这些文章吸引，他也意识到他的观点与德国人的想法十分相似。在阅读了古德里安的文章后，巴顿写道："战斗时间越短士兵的死亡就越少，因此士兵的信任和热情也就会越高。为了尽快结束战斗，坦克应快速推进，但不能仓促……对广大战线的不同地点发起攻击可以分散敌人的火力。机动部队应该被大规模集群投入战斗，应该尝试完成对手认为不可能完成的任务，敢于面对未知。"

越来越紧张的欧洲局势使巴顿感觉到战争即将到来。慕尼黑协议签署不久后，他给艾森豪威尔写道："我一直认为欧洲的局势只不过是暴风雨前暂时的宁静。"

第九章 备战

当第三帝国在波兰发起闪电战时，美军的规模还小得可怜：1939 年，三军人数仅为 16 万人，其中军官 12000 人，世界排名第 16 位，在罗马尼亚和墨西哥之后。武器装备老旧，坦克数量仅为 469 辆且已过时！作为美国装甲训练和军队现代化方面的卡珊德拉[①]，巴顿痛苦地发现美军和在波兰战场凯旋的德军之间的差距。当然，他不是唯一一个注意到这种差距的人。巴顿即将再次遇到一位真正的战略家即乔治 · C · 马歇尔（1880—1959）[②]，他凭借着在后勤和管理方面的杰出贡献使美军成为了可怕的战争机器。

巴顿最早与马歇尔相识应该是在一战时的法国朗格勒。1938 年，马歇尔以美国陆军参谋长的身份也被分配到迈尔堡。他本应住在供参谋长住宿的地方，但当时那里正在翻修。巴顿殷勤地招待了马歇尔，给他提供住处，并不遗余力地让马歇尔一家感到舒适。他不知道的是，其实马歇尔早就十分了解巴顿的能力。事实上，马歇尔精心地列出了一批当时最有能力的军官。在那份名单上，巴顿排名十分靠前，与艾森豪威尔、布莱德利排在一起。巴顿与马歇尔相

---

① 卡珊德拉在神话中突出的形象是一名不被听信的女先知。

② 在一战时马歇尔跟随潘兴赴法参战。在“默兹-阿尔贡”攻势中，他负责协调后勤补给。按丘吉尔的话说，他是“胜利的组织者”。二战中，他制定了美国的总战略方针：为了夺取太平洋战争的胜利，沿夏威夷至澳大利亚一线防守，以及著名的“德国优先”论，即优先保证对德战争的全面胜利。

处得十分融洽，他们对欧洲战场和美国陆军悲惨的现状有相同的看法：坦克迅速地结束了波兰战争；美国迟早都会加入到这场大战中去；应该尽快行动起来。而在当时，美国还没有举行过大型的军事演习，用以检测战术、人员以及坦克装备。马歇尔即将于1940年5月，调往路易斯安那。在此之前，他准备通过几场演习检查巴顿能否胜任第三军观察员一职，艾森豪威尔和布莱德利也参加了演习。演习的目的有三个：1. 与第1骑兵师即著名的“骑一师”对比，模仿德军进攻波兰时的战术和遇到的困难，检验坦克部队在复杂地形上的作战能力；2. 在没有步兵、骑兵和炮兵协同的情况下，突出装甲部队独立作战的重要性；3. 与骑兵对比，展现坦克的优势。

1940年开始的演习是坦克的一次巨大胜利。骑兵部队完全跟不上坦克的速度，毫无还手之力。巴顿在他的日记中写道：“面对坦克，骑兵师的军官们相信他们可以按照司令部的作战意图执行战斗。他们满足于研究地图，之后通过电话下达命令，沉醉于1918年的静态战争中。他们失败了，缺少进攻性。因为他们并没有真正地指挥士兵作战：命令传达到部队的时间太迟，以至于命令刚下达到基层就已经失效。指挥官应该亲临一线，观察、思考、做决定！”这就是骑兵出身的巴顿在日记中反映出的现实主义。同一时间，在西欧，隆美尔[①]和古德里安的装甲师穿过默兹河[②]后发挥坦克的高速机动能力，实现了曼施坦因设想的“镰刀闪击战”。

在展现出坦克的真正价值之后，精通部队机械化的美第7骑兵团团长阿德纳·查非准将和巴顿及其他几位高级将领向马歇尔提交了一份组建独立装甲部队的报告。马歇尔经过仔细研究之后批准了这份报告。

1940年7月10日开始组建装甲部队，参谋部位于肯塔基州的诺克斯堡。7月15日，第1装甲师正式建立。巴顿被任命为第2坦克旅旅长，隶属于

---

① 巴顿对隆美尔非常感兴趣，并收集了大量隆美尔的信息。后者任第7装甲师师长，即著名的“魔鬼之师”。

② 发源于法国香槟-阿登大区上马恩省，流经比利时，最终在荷兰注入北海，全长925公里。

司令部设在佐治亚州本宁堡的第2坦克师。[①]他兴奋地给特里·德·拉·梅萨·艾伦写道:“我们都升官啦，现在需要的就是来一场潇洒的战斗……”

在本宁堡，巴顿终于得到了梦寐以求的东西，但很快他又失望了。坦克的数量少于原计划的380辆，兵员储备几乎为零，士兵数量勉强达到1000人而非原计划的5500人。事实上，第2装甲师还停留在纸面上，还有很长的路要走，但美国有着巨大的优势：全世界汽车产量第一大国，大量的美国人有丰富的驾驶经验。正是这种“工业文化”使美国可以较为轻松地建立起机械化和摩托化部队。[②]

巴顿开始训练来自国民警卫队的士兵，在他看来这些小子都是一群新手、菜鸟。坦克旅混杂着巴顿喜爱的“黄头发、蓝眼睛、为战争而生”的南方佬和北方佬。他使用士兵们喜爱的粗俗的语言向他们反复灌输责任意识和牺牲意识。巴顿不但严格要求士兵，也严格要求自己，不论士兵们去哪里，吃饭、睡觉或是练习，巴顿总是和他们形影不离。他让士兵们适应了寒冷、下雨和泥浆。在他的严格训练下，士兵热情高涨，围绕在巴顿周围。

九月初，巴顿得知艾森豪威尔刚刚从菲律宾调回美国，目前在华盛顿的刘易斯堡任步兵中校。他十分器重艾克，认为艾克对坦克有着敏锐的判断力。巴顿写信给艾森豪威尔邀请他加入第2装甲师，艾森豪威尔也将其视为一个与老朋友合作的机会。

艾森豪威尔致巴顿，1940年9月17日

亲爱的乔治，十分感谢你的来信。你的建议让我大吃一惊，如果能在坦克部队和你再次见面，那实在是太好了，更让人高兴的是能和你再次合作……

---

① 即著名的“车轮上的地狱”。

② 以克莱斯勒公司为例，它组织工人生产坦克，卖给美国陆军。

无论如何，只要有机会，不论分配给我什么职位，我都会全力以赴。

致艾森豪威尔，1940 年 10 月 1 日

几乎可以肯定，我将担任两个装甲师中一个师的师长。视坦克的生产速度，部队应该在 1 月或 2 月组建完毕。如果是这样，我希望你能来，要么任参谋长要么任某个团的团长，我个人更倾向于前者。请告诉我你更喜欢哪个职位。我们怎么合作不重要，重要的是我们都能找到自己的职位。

如果在这期间你能找到更好的机会，那么就抓住它，因为我不能百分之百确定我说的事。当然我很希望我们可以在同一支部队共事。目前，我的旅没有什么太好的职位给你。不过如果你想来，我可以立刻去申请……

希望我们可以在这个漫长、血腥的战争中并肩战斗。[①]

10 月 2 日，巴顿晋升准将。11 月 1 日，斯科特卸任第 2 装甲师师长，前往第 1 装甲师司令部就职，巴顿被任命为第 2 装甲师师长。

致艾森豪威尔，1940 年 11 月 1 日

如果我是你，我现在就立刻申请调往装甲部队。

如果你提出申请，一定要说你只能在装甲部队任职。

如果你有关系，那么赶紧用上，因为竞争很激烈。

---

① 由于十分满意巴顿在第 2 装甲旅的表现，马歇尔准备晋升巴顿为准将。尽管严格保密，巴顿还是在 9 月 29 日得知此消息。虽然巴顿此时还是旅长，但他认为他将被提升为第 2 装甲师师长。

一接手第2装甲师，巴顿就倾尽全力使其成为精锐部队。地狱式的训练内容包括：部队检阅，坦克驾驶训练，射击训练，战术模拟。1940年11月，战争部长史汀生在本宁堡检阅了第2装甲师，他感受强烈，并写道："这个师取得的进步令人吃惊。这完全归功于两个人，他们在前几个月里，先后任第2师师长。第一个是斯科特，他目前已经调至另一支部队；第二个是巴顿，乔治·巴顿。"

除了使士兵成为战士，巴顿还决心给他的部队设计独特的军装：绿色的军装上斜着裁剪出白色的扣孔，并用橄榄球帽代替头盔。由于服装过于奇特，陆军方面很快就否决了它的设计。由于部队的奇装异服、第2装甲师的声望以及他本人特点鲜明的语言，巴顿很快就声名大噪，并得到了一个特别的绰号：开始时是"血腥大脑"，后被报纸表述成"血腥暴力"。

除了设计军装，巴顿还高调地举行了一场大规模的部队行军训练。1940年12月12日，数千名士兵和车辆从本宁堡出发，前往佛罗里达州的巴拿马城。他邀请记者跟随部队做持续报道。这次规模宏大的军事行动效果非常理想，全美上下都在谈论第2装甲师和它的师长乔治·巴顿。巴顿利用这次行军训练检测他的坦克兵，并模拟在城市或宽阔战场的坦克作战。他乘坐轰炸机观察部队，以找出坦克在实战中避免被飞机扫射和轰炸的有效部署。另外，他还驾驶轻型飞机观察演习，设想在实战中用这种飞机进行军事侦察。巴顿还将斯图尔特的南方骑兵队的侦察手段运用到他的部队中。斯图尔特是美国内战中南方军的著名将领。

从1941年1月起，美军的规模迅速扩大。从20世纪20年代年代的15万人增加到了当时的150万人，装甲部队全部换装新式坦克：斯图尔特M3轻坦和李M3中坦。1941年4月4日，战争部正式任命巴顿为第2装甲师师长；10日，罗斯福总统晋升巴顿为少将。

致威廉·L·威尔士夫人，加州圣马力诺，1941 年 5 月 15 日

亲爱的苏西婶婶，我所取得的成功都要归功于多年来您给我的教导。得知您在上议院的影响力后，我相信您会竭尽全力地帮我再获得一颗星成为中将。

这次成功之后，我相信您还会继续帮助我，那时是为了四星。

在正式指挥第 2 装甲师后，巴顿甚至设计了军旗并命人制作。他十分关心他的部队、他的士兵，就好像这些是他的私人财产一样。他模仿拿破仑演讲时的语言对士兵发表讲话，并对克里滕伯格和师参谋长斯科特吐露心声。

巴顿写给克里滕伯格，1941 年 6 月 2 日

亲爱的科里，在这里给你附上我对第 2 师的讲话稿……你很可能是为数不多的拥有丰富历史知识的人。你可以看出来这份讲话稿的开头原封不动地套用了拿破仑在 1796 年春对意大利作战时的演讲……请看我的批注，我一直在想：坦克部队在作战时，应该像杀一只鹌鹑而非杀水牛一样击败敌人。

这封信部分反映了巴顿的战术风格。以速度和火力进行迂回迫近，之后开始猛烈的正面打击。对巴顿而言，最大的对手并非对方的装甲师，因为平时的训练使他们不畏惧对手的装甲部队。很快，巴顿就可以展示他的战术思想了。陆军高层决定在田纳西州、路易斯安那州和加利福尼亚州进行三场大规模的军事演习。这是巴顿面对“真正的敌人”指挥部队的机会，也是他展示个人能力的机会。他不知道马歇尔和艾森豪威尔将通过演习考察他。

首场演习在田纳西州进行，巴顿用十分通俗的语言讲解他的战术迫近：“牵住敌人的鼻子，踢他们的睾丸！”换种说法就是：火力压制住敌人让他们不能动，同时迂回到敌人后方。第 2 装甲师编入第 7 军。巴顿决定不按规则和命令行动，他让部队穿过行军用的二号公路。结果第2装甲师仅用了三个小时就完成了原计划需要一天的演习。演习观察员写道："巴顿既没有用步兵也没有用炮兵清除反坦克炮。"很多人对巴顿的做法感到恼火，但斯科特却十分钦佩。他写道："在我所接触过的像他这一级别的60多个军官中，他可以排第五名。在决策时他精力充沛、有能力、思路敏捷；在执行时，他雷厉风行。"巴顿显示出闪电战并非德军特有。

9月，在路易斯安那州举行了第二场演习。演习中，第2装甲师和第1装甲师合并组成第1装甲军，和第7军一起隶属于第1集团军。对手是克鲁格指挥的第3集团军。克鲁格曾任装甲部队参谋长，现任参谋长为德怀特·艾森豪威尔。战斗开始前，巴顿对他的部队说道："如果你们每一个人都可以以身作则，把演习看作是一场真正的战斗，那么第2装甲师将战无不胜。"

演习第一阶段，巴顿表现不佳。克鲁格的进攻非常犀利，他试图摧毁巴顿左翼的防守部队。另外，巴顿也未能有效地使用步兵与炮兵配合坦克进攻，导致损失过大。

第二阶段，当克鲁格开始攻击敌人右翼时，巴顿消失了！他放弃阵地，去不远处的一个加油站加油，并自掏腰包付了油钱。显然，他没有忘记圣米耶勒的教训。巴顿并非头脑发热，他让侦察兵和步兵乘坐卡车，而坦克部队通过大范围的迂回从南攻击敌人的一个小镇什里夫波特。最终演习结束，双方平手。负责此次演习的马克奈尔将军[①]给巴顿的评分为"良"。但巴顿的对手认为：离开指定作战区域并且长距离转移部队，这违反了演习规则。第3集团军的军官们更是怒不可遏。但马歇尔、艾森豪威尔甚至克鲁格都认为巴顿展现出了丰富的想象力和快速的反应力，并认为他以远见者和胜利者的高度超出了演习。

---

① 莱斯利·马克奈尔是美国陆军最具有影响力但又最不为人知的将军之一。美国陆军的组织者，1942年3月成为美国陆军集团军群司令。一个真正的"头脑发热的人"，他经常身赴前线，为了监督进展情况和检验他的理论。1944年7月25日，在诺曼底死于己方的飞机误炸。

11 月，加利福尼亚，最后一场演习。参战的一方为第 1 集团军（下辖 8 个步兵师和 3 个军），另一方为第 4 集团军（下辖第 31、34 步兵师，第 4 摩步师，和第 1、2 装甲师）。演习的目的是检测兵力较少的装甲混编部队面对大量的步兵部队时的情况。

由于部队行进迅速且顺利，巴顿成功地包围了对手并迫使对方投降。就像路易斯安那的演习一样，一切都发展得很快。一个记者评论道："如果这是一场真正的战斗的话，巴顿不是在攻击敌人，而是彻底消灭他们。"马歇尔特地从华盛顿赶来，他完全被巴顿的第 2 装甲师震惊了。

三场演习表明巴顿的第 2 装甲师战斗力很高，他们将带来一场"潇洒而又血腥的战争"。1941 年底，巴顿终于得到了他梦寐以求的再次上前线的机会。

第十章 珍珠港：巨人的觉醒

1941 年是巴顿收获尊重和光荣的一年，也是第二次世界大战的转折点，它挽救了欧洲。由于对盟友意大利在利比亚战场的表现失望至极，希特勒派部队赴北非作战：即隆美尔指挥的德意志非洲军团。德意联军一度将英军赶至利比亚的图普鲁克。

5 月，希特勒对南斯拉夫、希腊、特里克岛发动突袭。6 月 22 日，德国对苏联发动巴巴罗萨计划，掀起一场钢铁风暴。虽然在对苏作战初期，德军取得了一系列战术层面的胜利，但仍被拖入战争泥潭，尤其在斯摩棱斯克（1941 年 7 月—9 月）。巴巴罗萨计划彻底失败，希特勒在战略上完全陷入绝境。12 月，苏联红军在莫斯科发起反击，借着严寒将疲惫不堪的德军向西逼退几公里。

还是在 12 月，战争局势使美国加快了脚步。12 月 7 日，日本帝国海军偷袭珍珠港使美国震怒。这次不宣而战也让巴顿震惊。之后，罗斯福总统发表了著名的演说，并将 12 月 7 日定为“国耻日”。国会也紧随罗斯福投票通过对日宣战，太阳帝国使巨人觉醒。考虑到在未来的几个月内美国没有能力进行两线作战同时希望保持战场主动权，12 月 11 日，希特勒对华盛顿宣战。1941 年 12 月 22 日至 1942 年 1 月 14 日，在华盛顿举行美英首脑“阿卡迪亚会议”。在马歇尔的影响下，罗斯福和丘吉尔达成一致，优先确保对德作战的胜利。

对日对德宣战让一心梦想着在战争舞台上指挥战斗的巴顿充满希望。他对老上级也是老朋友潘兴吐露心扉。

致潘兴，1942年1月13日

除非发生什么意外，否则我将很快接管第1装甲军。它应该下辖两个装甲师和一个摩步师。很显然这是一个吸引人的职位，我真想赶快找到一个地方去打一仗……

武器的装备速度很快，而且质量也很好。我相信我们的部队在全军尤其是在装甲部队中有很高的声誉。当然，在军官中还是有很多的枯枝。然而……有很多60岁的人比40岁还要年轻，因此我认为应该延长他们的服役期。

1942年1月15日，巴顿被任命为第1装甲军军长，军司令部设在本宁堡。巴顿希望他的老朋友艾森豪威尔能加入进来。

致艾森豪威尔，战争计划处，作战部

亲爱的艾克……在你即将完成作战计划的时候，我认为你应该考虑一下加入某个军成为一名师长……

另外，还要感谢你对第2装甲师高度地赞扬。我也由衷地认为这支部队和你一样，已经准备好了去战斗，无论何时何地。

巴顿已经等不急了，他对战争部参谋秘书帕克说道："看来，我的晋升无足轻重，我只有头衔但没有任务。"除了训练他的坦克兵外，巴顿还必须与那些一心想爆料大新闻的记者周旋。1942年2月10日，他写信给《生活杂志》的主编爱德华·K·汤普森，内容如下：

十分感谢贵刊多年来对我的关注以及对我正面的宣传。但我强烈希望您不要刊登菲尔德先生写的这篇报道以及这封信，理由如下：

首先，我认为文章中关于我的形象并不准确。读者很可能因为这篇文章认为我是这个世界上最亵渎神灵的、粗俗不堪的人。因为我在50年里所说的粗话被断章取义地压缩在了短短几页纸中。

我也坚决不赞成任何对我从祖辈那里继承的遗产的暗讽，因为我不认为那样做有任何意义。

最后，一个军官未来的职业生涯并非取决于大众的观点，我亦是如此。虽然我之前的仕途较为顺利，并且多亏了德弗斯将军让我可以指挥一个师，但我的未来取决于上司和对手对我的看法。另外，夸张的或者不合时宜的报道会对军人的职业前景产生负面影响。因为人们通常会认为这是当事人利用媒体进行的自我宣传。但您和我都明白事实并非如此。

我知道贵刊花费了大量的时间和金钱来搜集整理与这篇报道相关的信息。因此我很清楚我的要求使您很为难。但我要指出，当菲尔德先生来采访我的时候，我已经很明确地告诉他：请他不要发表这篇文章，并且除非在我同意的情况下贵刊不会报道任何与之有关的新闻，我才接受采访。在此，我不得不恳切地重申我的观点：这篇新闻不会对我有任何的帮助，反而会彻底毁灭我的职业生涯，也将使我之前三十多年的努力化为乌有。

如果接下来我能指挥部队，并在战争中获胜，也许人们会对我的生平感兴趣。那时，菲尔德先生的这篇文章中被删除的内容才会有价值。为此，我再次阅读了原稿，除了大量的粗话，剩下的都与我的经济状况以及某个晚会上疯狂的举动有关。[①]这个故事以及文中的许多其他内容都只是部队中的谣传，强加在我身上的谣传，而事实上跟我毫无关系。

巴顿将这封信抄送给德弗斯，文章最终没有发表。有两个原因可以解释巴顿和德弗斯对此事的态度。首先，他们对这篇文章感到愤怒；其次，尽可能地低调会对日后的工作有好处，也就是说尽可能地让德军无法搜集到关于自己的资料，使对手不了解自己，对日后对德作战有好处。尤其是从 20 世纪 30 年代起，德国驻华盛顿军事特派员开始大量搜集关于美国军官的剪报。其中，著名的有库特 · 冯 · 蒂佩尔斯基希事件，后者仔细地研究了巴顿。[②]

由于希望能尽快上战场，巴顿再次给帕克写信，申请将他的装甲部队派往北非，与“沙漠之狐”交手：“我非常想和元帅隆美尔交手，目前还没有人可以打败他；如果我成功了，那将是巨大的荣耀，我坚信能击败他。我这么说并非是自吹自擂，而是我认为所有与他交过手的人，没有一个是发自内心真正渴望打仗的。而我，我认为第 1 军会像撒旦一样去战斗。”

在得知好友奥马尔 · 布莱德利——第 82 步兵师指挥官——可能会被派往欧洲或太平洋参战后，巴顿愈加不安。他写信给“艾克”希望艾森豪威尔可以帮他，派他去欧洲作战。

致参谋长奥马尔 · 布莱德利，第 28 师克莱本营，路易斯安那州，1942 年 2 月 18 日

亲爱的奥马尔……我想要告诉你，我在本宁堡和你一起工作时，

---

① 巴顿经常行为过激。文中所指疯狂的举动很有可能是臆造的，但巴顿仍然因此陷入尴尬的处境。在一次晚会上，巴顿要求乐队立刻演奏“星条旗永不落”，停止演奏另一首他认为“该死的音乐”。

② 巴顿和蒂佩尔斯基希于 1944 年 11 月在洛林交手。

你是我遇见的最热情最具合作精神的人。

致艾森豪威尔，1942年2月20日

亲爱的艾克，与华盛顿其他的人相比，与你交谈是最令我愉快的。其原因有两个：首先，你是我交往时间最长的朋友之一；其次，你的镇定和你的能力让我对未来充满信心。我很高兴你能谋得目前这个职位（战争作战处处长，在某种程度上是马歇尔的副手），我也相信由于你的努力，我们可以打败这群狗杂种，就这么称呼他们，我会把他们干掉！你忠实的巴顿。

致艾森豪威尔，1942年2月25日

我可以毫不费力地给你指出之前谈到的那些狗杂种。唯一的问题就是我无法让你处在一个可以有效行动起来的职位上。

巴顿为何如此的急切？也许仅仅是因为他发现自己老了，生怕错过带兵打仗的机会。他对战争秘书处处长马林·克雷格写道："就我个人而言，我认为那些经历过战争、受过伤的老兵比新兵有价值得多。新兵的热情还没有经过磨炼。显然，我们是少数这样想的人……"

就在巴顿梦想着领兵打仗的时候，马歇尔给他布置了另外一个任务。仔细观察了隆美尔在北非沙漠的战斗后，美国陆军总参谋长马歇尔命令巴顿寻找一块场地，用以训练坦克兵在沙漠环境下作战。巴顿写信给一位在战争秘书处工作的朋友："我刚刚被指派去建立并领导一个沙漠环境下的训练营……如果你能把手中所有的资料以及关于沙漠地区的作战信息发给我，那就太好了；即使是最微不足道的细节，我也会十分感兴趣。我想复制北非沙漠气候……请原谅这封信中令人乏味的文笔。我们下次见面时再去润色吧。"

第十一章　沙漠训练中心

北非的战事迫使马歇尔尽快投入部队协助英军作战。从1942年1月起，隆美尔把英第8集团军一路赶到了图普鲁克。显然，北非战场如果失利，对同盟国而言不啻于一场灾难。马歇尔于是命令巴顿尽快找到一块可用于训练装甲部队在沙漠环境下作战的场地。

巴顿考察了加利福尼亚、内华达和亚利桑那三州。之后，在助手的陪同下，他又骑马实地考察了一大片内陆沙漠。三天后，巴顿决定在莫哈维沙漠的帝王谷建立训练营。这是一块十分理想的场地，用来考验装甲兵和他们的武器装备：昼夜温差极大、白天几乎50摄氏度而夜晚气温极低、沙尘暴来势凶猛且突然、大量的毒蛇和岩石、缺少水源。自然环境几乎与北非一模一样。士兵们将其称为“小利比亚”。

致德弗斯，1942年3月13日

这块地方用于训练实在太完美了。它不仅地理环境、自然气候像利比亚，而且也是我知道的唯一一块可以无拘无束尽情地模拟战火纷飞的地方……

致参谋长阿尔万·G·吉勒姆，第2装甲师，波尔克营，路易斯安那

州，1942 年 3 月 17 日

训练场地是我所见过最理想的……我们先派军官下星期去那里，然后我希望部队至少是部分部队下月中旬过去。也许是我过于乐观了，但不管怎样，我都会尽力确保上述的任务进度。所有士兵和军官都睡在帐篷里。厨房、厕所、教堂和商店是比较棘手的问题，最近的火车站离沙漠有三十多公里的路程，训练场周围有三个取水点，面积也足够容纳整个训练部队……你当时提醒我这项工作非常重要，现在看来完全正确。我也会尽最大的努力确保成功。

致德弗斯，1942 年 4 月 11 日

最后一批部队昨天到达，第一批步兵部队也已经在今天清晨 5 点到了这里。虽然所有的人都灰尘满面而且场面有些混乱，但总体而言进展明显。

下星期，会举行第一场沙漠行军……是时候开始了。我只负责分配水和食物以及给每个人评分。就这样，我们准备在沙漠中凭借美国人的创造力“做一顿大餐”。

巴顿尽可能地让训练严格、残酷。士兵们生活在帐篷里，没有电也没有水！每天 5 点起床，白天在烈日下训练，夜间巴顿亲自检查部队。训练场的每个地方都留有巴顿的足迹。他开着吉普车跟在士兵后面检查演习情况，每支部队逐一视察，纠正他们的战术错误，用喇叭大声地下命令……晚上，他不定时突击检查哨兵的警备情况，并利用检查的间歇时间记录下自己对战术和战略的思考。虽然士兵们将这种训练戏谑为生活在“被上帝遗忘的地方”，但所有的人都与日夜陪伴在他们身边的巴顿①建立起深厚的感情。

---

① 训练营的司令部设在附近的印第奥，但巴顿更喜欢和士兵们待在一起。

艾森豪威尔致巴顿，1942 年 4 月 4 日

最终，我应该会离开这个苦刑犯似的工作（离开华盛顿），这样我就可以去你那待上一段时间。在此之前，你应该会有足够的时间让自己变成这场该死的战争中的“黑桃杰克”。[①]

致艾森豪威尔，1942 年 4 月 13 日

我也十分期待我们见面。

虽然我完全理解你要离开目前工作岗位的原因，但我个人认为对国家而言将是一个巨大的损失。尽管如此，从我个人自私的角度考虑，我十分希望你能加入我们部队一起成为“黑桃杰克”。

为了证明我在这里的训练卓有成效，我准备明天，也就是我到这里的第五天进行首次军事演习。我不能让人说我在这里毫无进展。

致约翰·B·墨菲上校，1942 年 4 月 24 日

目前，我们这里共有四支队伍，我准备和其中的一支在野外过夜。这也就是说，虽然我们到这里只有 15 天而且只有一些临时的设施，但明天中午前，所有的部队必须至少完成一次行军。

致帕克，未署名时间

当真正开始作战时，我希望您能记得我曾经在这里指挥部队进行演习。抛开那些虚伪的谦虚，我认为至少在相当一段时间内我带领这些部队取得了长足的进步，在我们的军官中甚至于在全世界范围内，还没有人和我一样做了那么多。

---

① 人们在第一次世界大战期间给潘兴起的绰号。

致马克奈尔，1942年5月2日

所有的人不论是平民还是士兵，都认为我们如果能赢得战争那是由于武器先进。但我并不认同，我认为赢得战争是靠我们的一腔热血，靠我们的牺牲和勇气。如果想有更多的战士，那就应该最大限度地发挥我们的战斗精神。为了能英勇地战死沙场——这将是大多数士兵的宿命——我们应该不仅对国家对自己感到自豪，也应该对所在的部队感到由衷的骄傲……

罗马人特点鲜明，高卢人亦是如此。然而在中世纪大融合时期，这些习俗逐渐消失。华威被查理三世击败源于他未能辨别士兵的服饰。当古斯塔夫·阿道夫进行军事改革时，他做的第一件事就是给每支部队配备不同颜色的服装，好让士兵们知道黄色是蒙哥马利的部队，绿色是赫本的部队，等等。拿破仑建立青年近卫军时，给士兵配备了统一的有别于其他部队的服装，为了从一开始就培养士兵的部队荣誉感。我不再更多地赘述其他的例子来耽误您宝贵的时间了，但亲爱的将军，我强烈认为这直接关系到我们能否最终取得胜利。

致马林·克雷格，1942年5月11日

在这里我过着激动人心的生活，每次战术训练都能够按照之前预想的进行。部队到这里23天了，我们做了13次大型演习训练，有几次训练在沙漠里持续进行两个晚上……

目前碰到的最大的问题是部分青年军官没有足够的经验导致缺乏信心。我想这种现象在部队里应该十分普遍，我认为最好的办法是强迫他们不停地训练，决不能让他们放任自流。

是时候上阵杀敌了。我知道如果真到那一天，您会尽最大的努力派我上战场。为了保持状态和隆美尔交手，我每天都坚持打猎，打一两只兔子，如果运气好的话，能在80步以外打死一只，但更多的时

候我会伪装起来。

致克拉克·罗宾逊，纽约，1942年5月16日

非常感谢你给我寄来的简报。没有你，我就不可能知道我在别人眼中的形象。

6月21日，巴顿在帝王谷训练部队时，接到一个紧急命令，让他去华盛顿和马歇尔会面。北非战局的突然恶化使后者忧心忡忡。

摆在马歇尔面前的是近一段时间一连串的失败。5月，隆美尔对里奇率领的英第8集团军发动大规模进攻，并于6月占领图普鲁克，通往埃及内陆的大门已被打开。当时，丘吉尔在华盛顿正与罗斯福商谈下一步的战略行动。应该说1942年的6月是盟军最糟糕的月份之一：东线，为夺取高加索地区的油田，希特勒再次展开行动，准备在6月开始实施蓝色计划。1942年5月，哈尔科夫战役，苏联红军惨败。忧心忡忡的斯大林要求同盟国立刻开辟欧洲第二战场，但未得到回应。北非，隆美尔一路高歌猛进，部队前进至阿拉曼一线。面对糟糕的局势，奥金莱克接替里奇指挥英第8集团军。罗斯福建议丘吉尔派一个装甲师前往阿拉曼。艾森豪威尔着手制订作战计划并准备派巴顿指挥英军在阿拉曼的装甲部队。[①] 巴顿确信他会被派往国外参战。看到艾森豪威尔和克拉克动身前往欧洲，巴顿备感煎熬。他不无苦涩地给一个朋友写道："从外面流传的消息来看，克拉克和艾森豪威尔将会是最高指挥官了。"按马歇尔的要求，巴顿制订了一份作战计划，但没有考虑到后勤补给的限制。他建议往北非派遣两个装甲师，并由他本人指挥。在申请被马歇尔否决之后，巴顿打电话给艾森豪威尔和马歇尔再次提出同样的请求。由于对巴顿的举动彻底失去耐心，马歇尔把他打发回了莫哈维

---

① 自6月24日起，艾森豪威尔任美国欧洲战区总司令，同年7月7日晋升中将，成为巴顿的上级。

沙漠。最终，美国没有往阿拉曼前线派遣任何部队，但给英国提供了300辆坦克和一批数目可观的大炮。巴顿感到心灰意冷，但帕克对他指出其实他并未远离战争。巴顿给帕克回信道："很高兴能收到你的来信，也很高兴得知我并未失去机会。如果有一天这个问题再次被提出，你可以告诉所有的人，不论结局如何，我都自愿接受任何命令，在任何时间，前往任何地点作战。"

美国提供给英第8集团军的武器装备并未起到太大作用。1942年7月1日，德国非洲装甲兵团发起进攻，企图攻破阿拉曼防线，但以失败告终。之后，大型的正面进攻转化为断断续续的小规模拉锯战。奥金莱克发起数次反攻均告失败。之后，蒙哥马利接替奥金莱克任英第8集团军司令。

蒙哥马利改变了英军的作战方式。之前桑德赫斯特的那个"爱打架"的学生变得小心谨慎。他要等第8集团军战斗力最强时再发起进攻。因为他知道隆美尔无法得到梦寐以求的增援。现在，轮到蒙哥马利"坐庄"了。

在华盛顿，战争准备工作正在加速，美国准备派部队赴北非作战。德弗斯通知巴顿一支远征装甲部队即将组建，而后者可能被任命为指挥官。7月14日，焦急、兴奋的巴顿写信给德弗斯："在收到你的信之前，我还不知道要派装甲部队越洋作战的消息。十分感谢你选择我，你可以对我放心。"

7月20日，在伦敦筹备北非登陆计划即火炬行动的艾森豪威尔写信给巴顿，通知他做好准备离开美国。在信的末尾，艾森豪威尔对巴顿在前一封信中祝贺他晋升中将一事表示感谢："……你我都知道你早就该再加一颗星了。祝一切顺利。"几天后，帕克通知巴顿，马克奈尔让他担任即将出发的装甲部队指挥官。7月30日，巴顿给留在印第奥的妻子写道："亲爱的比阿特里丝，我刚刚接到命令要前往华盛顿，他们准备派我去海外作战。我可能要离开两三个星期，但我在离开美国去参战之前会回来一次。我爱你。"①

① 蒙哥马利能够掌握德军的意图，应归功于英国政府在伦敦布莱切利园的密码破解工作。布莱切利园所收集到的军事情报一概被代号为：Ultra。Ultra使蒙哥马利在阿拉穆·哈尔发战役和阿拉曼战役中获胜。

第三部分

火炬行动

第十二章　作战筹备

1942年7月30日，巴顿被召至华盛顿，与总统罗斯福和马歇尔会面。一个月前，丘吉尔说服罗斯福对维希政府控制下的北非实施突袭。因为当时无论是人员准备还是登陆作战，直接在欧洲开辟第二战场时机还不成熟，选择登陆北非的时间恰到好处。隆美尔的部队集中在西线阿拉曼，美英军队有机会从后方（东线）发起攻击。但问题是没有人知道维希政府会做何反应，美国希望它能保持中立。登陆行动在正式命名为“火炬”前，被称作“体操”。

盟军计划在三个地点实施登陆：卡萨布兰卡、阿尔及尔和奥兰。东线和中线的美英部队从英国出发，巴顿指挥的西线美军直接从美国拔锚起航。另有一个参谋部（战前参谋部）设在华盛顿。一到华盛顿，巴顿就开始着手制订复杂的行动计划。部队预定于9月或10月出发，11月发起登陆作战。由于准备工作千头万绪，马歇尔把巴顿派往伦敦和艾森豪威尔共同制订计划。巴顿利用这段时间写下几篇日记。

8月5日

昨晚6点，我被告知要前往伦敦。今天上午乘坐一架大型的四引擎飞机离开华盛顿……机上所有的人都是军人，大家一直在聊着关于钓鱼、打猎的话题。一切都很正常。

1942年8月6日，巴顿到达伦敦。呈现在他面前的是一个充满硝烟的城市：到处都是被轰炸过的痕迹，灯火管制、警报、缺吃少穿、食物定量配给是当时市民生活的状况。一到伦敦，巴顿就参加了好几场同盟国军事会议。会议期间，他碰到了丘吉尔，但对后者印象不佳。另外，巴顿认为许多美军军官尤其是他的朋友艾森豪威尔，表现出“过分的亲英立场”，这使他十分不快。

8月11日

这里很多军官包括艾克和“英国佬”过于友好……我绝对不会这样。

致比阿特里丝，1942年8月11日

在这里他们给我配了一辆车，这种情况不多见。我的司机是二等兵，凯（萨默斯比），一位年轻的女士，她的父亲是位中将。不得不承认，每次她下车给我开门都使我感到局促不安……这里有很多女性在防空司令部和飞艇部队工作。

伦敦看起来就像是一座死城，除了军车，路上几乎看不见其他汽车，出租车少得可怜，路上没什么行人，夜晚没有任何灯火。前天晚上，我和艾克一起吃晚饭，凌晨一点离开。路上连一辆出租车都找不到，不得不步行回去。要不是路上碰到警察把我们带回来，也许我们得一路走回去。

我们都认为之所以在英国碰不到一个漂亮姑娘，那是因为她们都死于战争了……剩下的都是一些丑陋的矮胖子……

我买了一双30块钱的鞋，实在没有其他可以买到的东西了。咖啡是合成的，所有的人都饿着肚子。唯一有点营养的就是玉米糊，就着两小块劣质黄油和一点点糖，每块黄油的大小和国内用25美分买到的黄油差不多。

因此，每天早上10点他们才到办公室，而且周末的时间很长……

人们很尊重我，把我当成未来的英雄看待。英国年长的军官和年轻的似乎有些矛盾。这里的军官大多跟我年龄相仿，但保养得不好。虽然没什么吃的，他们还是要花两个小时吃午饭。威士忌是稀释过的，啤酒简直就是水。

到伦敦的第一天，巴顿就遇到了使他十分恼火的事。他虽然对英国人十分客气，但无法容忍克拉克指派他当艾森豪威尔的副手。他写道："这让我感觉不痛快，有可能会变得更糟。"事实上，巴顿有些嫉妒克拉克。后者八年前还是西点军校的学生，1941年已经升为中校，1942年超过巴顿成为中将！这个年轻人的升迁速度非常之快，巴顿担心一旦艾森豪威尔有什么事，克拉克将成为他的上司。

8月17日

事情开始逐渐清晰，我也掌握了一些有趣的消息。看来我得回一趟华盛顿，也许就是明天。前几天在克拉克那儿和他喝了几杯。虽然他比我想象中的好，但我并不总是信任他。艾克变得有些自大、狂妄。

8月21日，巴顿回到华盛顿。火炬行动的方案也几乎制订完毕，巴顿完善了西线行动的几个细节。他尤其详细地与负责西线空中任务的指挥官詹姆斯·杜立特进行了交谈。巴顿吃惊于所有关于人员和装备方面的要求都得到了满足。对此，杜立特解释道："人们决不会拒绝吃最后一餐的人的请求。"

之后，巴顿收到了关于中东局势的报告。他向为他提供各种消息的斯科特写道："你不知道收到你的来信以及信中的消息让我多么欢欣鼓舞。这是我见过的最好的军事文件，我由衷地这么认为。目前，我应该考虑一下在我们登陆时敌人可能发起的攻击。开始时这使我感到忧虑，但我最终认为我军的战斗力和我一贯的运气，我认为西线的行动会大获全胜。就我个人而言，虽然谈不上确信，但我十分有信心在准备周密的情况下，我们会获胜，尽管任务看起来完全不可能。不管怎么说，战争本身就是要尝试各种不可能。如果你与上帝同在的话，那就为我祈祷吧。”

9月24日

计划已经彻底完成并获得通过，我现在感觉十分平静和安宁。如果敌人做了该做的事或者我们犯了哪怕一点点错误，都会造成不可估量的后果。但我始终认为我们会获胜。

巴顿认为在整个西线行动中会有诸多不确定因素，并将此想法告诉艾森豪威尔。但他还是向后者保证道：“生或死，我们无法把握。但在出发时，我将抱着必胜的信念，并将此想法传递给每一个人。”

火炬行动的目的是把隆美尔和他的非洲装甲兵团赶出北非。蒙哥马利的部队正在东线阿拉曼集结，准备发起进攻向西推进，而即将登陆的美英联军从西线向东推进，与蒙哥马利形成夹击之势。三路部队从摩洛哥和阿尔及利亚向突尼斯进发，同时蒙哥马利在阿拉曼发起攻击，最终彻底消灭北非的德意联军。巴顿的西线特遣队从弗吉尼亚上船，在卡萨布兰卡的利奥泰港和萨菲港登陆。登陆日期定于1942年11月8日。[①]

一切都准备就绪，巴顿却忧心忡忡。他担心登陆时的天气以及法军可能发起的抵抗。

---

① 火炬行动包含一个代号为“旗杆行动”的政治外交活动。10月21日，克拉克抵达阿尔及利亚的舍尔沙勒，与阿尔及尔地区法军最高指挥官马斯特会面，后者是法军中的亲盟军派。会面的目的有两个：在登陆时获得法军的支持；让吉罗担任法军驻北非地区的最高指挥官

9月28日

让我担心的是，克拉克没有带来任何有价值的消息。他似乎更注重自己的仕途而非夺取胜利。我每次看见他都浑身不舒服……

海军对于我们成功登陆卡萨布兰卡一事感到极度悲观。至于我，我认为没问题。

10月初，巴顿前往西点军校看望儿子。之后，他登上负责指挥西线舰队海军上将休伊特的奥古斯塔号军舰，参加马里兰州的所罗门群岛登陆演习。演习并不理想，巴顿写道："海军定的时间表有很大问题，出发时间整整迟了40分钟。我们只能像以前一样，希望下次能好点。"

如果说巴顿只是不喜欢海军，那么他对休伊特的态度可以用讨厌来形容了。事实上，休伊特和巴顿对对方都没有好感。这种紧张的关系继续升级，以至于马歇尔不得不从中调和，避免在行动前夕双方发生"冲突"。

巴顿的西线特遣队包括三个师，共计34800人和450辆坦克（第3第9步兵师和第2装甲师）。登陆作战计划采取"营级规模"，即陆军部队混编登陆。其目的是抢占滩头建立桥头堡，为后续部队登陆创造条件，并扩大、巩固滩头阵地。

致德弗斯，1942年10月14日

我认为我们已经做了所有能做的准备，这批远征军也是国内能提供的最好的部队了。

我十分想坚持给你写信，但也许这将是最后一封了。这也是为什么我发自内心地感谢你一直以来在我职业生涯上提供的帮助，尤其是我荣幸地成为你的下属之后你给我的帮助……

巴顿前往诺福克监督设备装船，并亲自从摩洛哥居民手中接过涉及当地民俗的规章条例。他写道："如果我们能遵守这些（条例），就不会有什么战争了。"他又拜访了战争部秘书和马歇尔。史汀生当时不在那里，之后他给巴顿写道："出发吧，愿上帝保佑你，把你安全带回来！"

如果说火炬行动对同盟国而言至关重要的话，那么对美国陆军而言则是头等任务了。1942年4月在太平洋战场，杜立特带领机群长途奔袭轰炸东京，为美国空军赢得声誉；5至6月，美国海军在珊瑚海和中途岛海战中重创日本帝国海军，逐渐扳回劣势。反观陆军不得不在5月匆忙撤离菲律宾，麦克阿瑟的那句"我会回来的"在日后成为名言，甚至巴顿的朋友温赖特中将也在菲律宾被俘。苏德战场，南线德军抵达顿河河曲，并在几天后夺下顿河畔罗斯托夫。最后一道阻挡德军前往高加索油田的屏障已经越过，弗雷德里希·保卢斯率领的德军第6集团军开始进攻斯大林格勒。①

在此种背景下，不难想象盟国陆军高层的压力。巴顿也完全明白此次登陆战的分量。10月20日，他写了好几封信交给军队邮政，并要求他们在北非登陆后再把这些信件寄出。他在给妻子的信中写道："当尼特把这封信交给你时，我要么还活着要么已经死了。如果我死了，那就按爱尔兰的方式安排我的后事。不论怎样，请相信我对你的感情和谢意，对你为尼特和我所做的一切表示感谢。"

巴顿还写信给潘兴的前参谋长哈伯德和他的内兄："也许你很可能不知道，在我的军事生涯中你是对我影响最大的人之一，你的责任感、荣誉感和忠诚度让我尽最大努力去模仿。你知道，乔治（巴顿的儿子）现在在西点。如果我回不来了，请帮我照看他，并给他所有你认为有用的意见和建议。"

---

① 从10月15日开始，陆续有好几份关于美英联军将要在非洲西海岸登陆的情报出现在希特勒办公桌上。11月初，一些国防军统帅部的将领在报告中指出：盟军正试图在法属北非进行两栖登陆战，具体时间无法确定。这个消息使希特勒和一部分认为登陆地点应在挪威的将领感到十分震惊。火炬行动的战略突然性完全达到了。

致内兄弗雷德里克·艾耶尔

虽然我总是犯错，但你一直把我当成自己的亲兄弟。我十分感谢你为我做的一切。我对你充满敬意，也对你和你的家人充满挚爱。

我正在执行的行动在世界范围内未有先例，也算得上最惊险了。我们不得不与人数多于己方的敌人作战，而且作战时间也只有正常战斗情况下的60%，看来我不得不依靠运气了。但无论如何，我都坚信自己会成功。如果失败，我也不会多活一刻。

在此次行动中，政治因素对我们有利，下个月出发时，我们将会利用这一点。就我个人而言，我希望可以打仗，这是对我们最好的训练。不管怎么说，我们迟早都会有上战场的那一天，打一场激烈而且持久的仗。那时，每一个从战场退下来的人都会觉得那是人生中一场难得的经历……

在此，我准备了一封给比阿特里丝的信。如果我阵亡了，请把这封信交给她。当然，我希望这封信会一直在你那放着……

10月21日

今天早上和马歇尔谈了45分钟，他显得很真诚也很配合。

他告诉我准备让海军上将休伊特来协助我们，但我们俩的关系不能再这么僵。我说希望可以派霍尔海军上将来[①]。他突然问我霍尔多大了。我回答道既然他是1913届的，那么他应该53或者54岁了。“天哪，我们都这么老啦。”——这是他唯一的一句评语……马歇尔将军缺乏想象力，但头脑很清楚。

我去看望了潘兴。[②]直到我开始对他说话他才认出我。他还是显

① 小约翰·莱斯利·霍尔。

② 潘兴去世之前的几年里，一直住在华盛顿的一家医院，这次是巴顿最后一次见到潘兴。

得极富智慧。他年龄太大了，这很可能是我最后一次见他，但也许他反而会活得比我更久。

10月22日

……和凯伊斯一起检查了货物装载情况……看起来一切都在按计划进行。问了一位后勤部的军官事情进展得怎么样，他对我们回答道："我什么都不知道，但卡车一直按时到达。"——这就是他唯一的回答。如果每个人都能做好本职工作，即使是最不可能的任务也会被完成。一想到自己的任务之艰巨，我就夜不能寐。但想一想还有谁比我强？我想不出答案。

大家都越来越放松，在参谋部接触到的每个人都很乐观，充满信心……我确信我们已经做了所有应该做的事，我们会赢的。

10月23日

今天，艾米特（负责指挥部队运输）用了3个小时做演讲，内容空洞无物；我只用了5分钟对他们描述了一下战场上血肉横飞的场面，得到大家的喝彩。14点45分登上奥古斯塔号。我有一间供指挥官住的房间，这感觉很好……

大家都斗志昂扬……由于现在是海军的工作时间，我们很放松。

也许对未来几年，也许对此生而言，这是我在美国度过的最后一夜。上帝可以为我做证，我已尽了全力。

10月23日，一支庞大的舰队在空军的掩护下离开美国，空军的任务是警戒邓尼茨的U型潜艇可能发起的袭击。为此，巴顿特地任命三位军官接替他指挥，以防被潜艇攻击时发生不测。

同时，在世界的另一端，为了将隆美尔的部队赶出埃及，蒙哥马利开始

“捷足行动”（10月23日）。英军猛攻德军阵地，但未能将其击退。紧接着英军发起第二轮攻击，代号为“加压”（11月1日），目的是不惜一切代价击溃德非洲装甲团，将战线推至利比亚一线。此战中蒙哥马利较为保守，仅将德军击退，未能乘胜追击。

10月24日

奥古斯塔号军舰8点10分起航。一切都井井有条，没有明显的错误。我们的舰队成纵列穿过雷区，从标有信标的航道上离开……

整个舰队有一百多条船。

休伊特表现得很好，霍尔更是了不起。

10月25日

船上的伙食太棒了。我得注意点别吃太多……如果一切顺利，还有不到两个星期就要战斗了。

10月26日

舰队开始呈Z字队形前进，我对海军的印象越来越好了。

我真想做点什么，但又没什么可做的。

10月30日

看起来可以兵不血刃地登陆，我感到失望。部队需要流点血，此外，这对我的前途也有益处。

致比阿特里丝，1942年11月2日

根据收到的情报，法国陆军和空军似乎准备加入我方。我倒不希望这样，因为这将使抱有必死决心的士兵松懈。另外，有一场战斗对我也更有利。六天之后，我们就要登岸了……

这里的伙食是我见过最好的。我真担心自己会长胖，为此每天我都在船上坚持跑步……

今天下午，我和中士米克、斯蒂勒以及其他士兵在后甲板射击。我们的新卡宾枪很棒，不大而且射击精准。

在临近登陆前的几天里，美国人并不十分清楚法军的态度。火炬计划规定，在法军开第一枪或是表现出明显的敌意之前，美英联军不允许向法军开枪。巴顿对此举表示反对，他认为这将给敌人决定性的优势。而艾森豪威尔坚持这样，并补充说，登陆应以尽可能和平的方式进行，即使是最微小的事故也应该被迅速控制，防止冲突升级。

11月3日

我肩负的责任有时像千斤巨石压在身上，但大部分时间我没有感到任何不安。我无法确定我是天将降重任的人还是仅仅有些运气。但我想我是被上天选中的，5天之后大家就会明白这一点。现在需要我做的事情很少。我认为我的伟大应该体现在激励士兵和指挥能力上。也许拿破仑说的那句“我开始战争，之后关注战争”是对的。这也是目前我唯一能做的。我不畏惧死亡或是失败。不论结局怎样，一星期之后都将证明我说的是句蠢话还是未卜先知的预言。

11月4日

昨天晚上情况太糟糕了，以至于今天都无法好转。潜艇落在我们后面……北风很猛烈，海浪很大，我们要为卡萨布兰卡可能出现的不利海况做好准备。

通过无线电得知吉罗还在犹豫不决，罗伯特·墨菲[1]准备推迟进攻直到法国人做出决定。就这样让十万士兵在海上等着！克拉克通知了法国人登陆的日期和时间，这个蠢货……

我一直反对同法国人谈判。有人认为如果我们发动攻击，西班牙人会有所行动，这将对负责利奥泰港的特拉斯科特[2]造成影响，也会促使法国人站在敌对的一面。如果西班牙介入战争，它只可能加入轴心国。这意味着海峡将被封锁，我们必须拿下卡萨布兰卡。

也该来些好消息了。

11月5日

昨天晚上天气很糟糕，我们遭遇暴风雨。今天早上海况依旧很差，风速60公里/小时……糟得不能再糟了，一点好转的迹象都没有，我期待今天天气能好些……

11月6日

情况开始逐渐变好。天气好多了，北风风速30公里/小时，还可以。根据气象预报，可以登陆作战。从截获的情报看，似乎法国人已经决定对抗我们。

致比阿特里丝，1942年11月6日

亲爱的比阿特里丝，昨天白天情况没法再糟了……不过从晚上开始转好，看来登陆可以进行。即使这样，也不是一件容易的事。

我很吃惊我竟然可以如此平静——虽然我不是一个太沉默寡言

---

① 美国驻阿尔及尔总领事。

② 小卢西安·金·特拉斯科特。

的人。

还有40个小时战斗就要打响；情报非常少，我不得不在这种紧急情况下迅速做出决定。上帝保佑我的那些决定是正确的。我的一生似乎都凝聚到这一刻。

不论我个人的志向如何，此刻，我只想尽可能好地、全面地完成我应尽的责任。剩下的就交给老天吧。

巴顿在船上对士兵的演讲，1942年11月初

士兵们，首先祝贺我们从国内最精锐的部队中被选拔出来参加这项艰巨的任务……此刻，我们还不知道法军是否支持我们登陆。一旦我们不得不与英勇的法军开战，他们的抵抗将非常激烈；但无论如何，我们都将获胜。如果有法国士兵准备投降，我们应该满怀敬意地接受这些英勇的对手也可能是未来盟友的投降。记住，法国人不是纳粹也不是日本人……

到了开战的那一天，记住你们学过的知识，尤其是进攻的速度和力度将是取胜的关键，因为后撤代表着危险也代表懦弱；当然，我们也必将胜利。记住，一旦登陆决不后撤，美国人不会投降。

从登陆战打响的那一刻开始，你们要不分昼夜、不吃不喝、不眠不休地干活。记住，多流一升汗就会少流一升血。

全世界的目光都在注视着我们，整个国家都为我们屏住呼吸心跳加速，上帝与我们同在。人类是回到奴隶时代还是获得自由取决于我们能否获胜。我军必胜！

第十三章　J日：登陆

1942年11月8日拂晓，火炬行动正式开始。由于先前预想法军不会做任何抵抗，美英联军在未进行舰炮射击的情况下发动突袭。巴顿率领的登陆营率先发起攻击，驶向海滩，准备登陆。法国驻摩洛哥驻扎官诺盖将军准备助美军一臂之力。但维希政府方面，皮埃尔·赖伐尔向诺盖下达命令："你的任务很清楚……向美军开火。"

在摩地亚，美国人被法国守军牢牢地牵制住。在萨菲，还需要一天的激战才能夺取城市。在卡萨布兰卡，海军上将米什利尔准备率领法国舰队用大炮来迎接休伊特的舰队，巴顿就在奥古斯塔号军舰上。西线特遣队同"让·巴特"号轻巡交火，后者舰炮口径为380毫米和152毫米；美舰队从后方赶来，接着马萨诸塞号向它进行了20分钟的炮击。双方也进行了空战，美空军获胜。

致比阿特里丝，1942年11月8日晨

亲爱的比阿特里丝：今天是个大日子。我们从早上8点开始打了一场海战，不过现在没在打了。

法国军舰——两艘巡洋舰和几艘驱逐舰——离开军港向我们开火，被我们打了回去。我的船没有被击中，但一颗炮弹落在离我十分近的地方，以至于溅了我一身水。士兵们表现很好，拂晓我们就拿下了萨菲港。我们在费达拉[①]伤亡不小，尤其在利奥泰港淹死不少人。

我准备在8点登岸，但舰炮射击的炮火震碎了吊架上的小艇，我只能一直待在军舰上。

就我所知，进行了两场空战，但斩获不大。

海岸上似乎不会有什么激烈的战斗了，一有新的小艇我就过去。

一片宁静，上帝与我们同在。

爱你。

11月8日

半夜2点我醒了，穿上衣服到甲板上去。沿岸被费达拉和卡萨布兰卡的灯光照亮。海面十分平静，一点浪都没有，真是上帝保佑。

“H”时刻被定在4点。先是迟了30分钟，接着又迟了45分钟。我们有4艘驱逐舰离岸约6000码，运输舰离岸约18000码，我觉得太远了。它们发出不同颜色的光，为了区分出发时的位置，一艘潜艇浮出水面引导驱逐舰。

4点55分我们收到信号“击球手就位”，这意味着敌人已经在萨菲开火了。5点30分，费达拉亮起一束灯光，接着射向海滩。（我方的）驱逐舰也立刻发射曳光弹，看起来像是红色的萤火虫。那束光照了大概十分钟，紧接着一艘轻巡洋舰护卫着三艘舰船从南方向我们驶来。因为它拒绝停下，我方驱逐舰向其开火，击毁主桅，击毙敌指挥官。我看见那艘船沉了下去。剩下的三艘船向北逃窜……

7点13分，特拉斯科特通过无线电发报“开球”，意思是战斗开始了。

7点15分，敌人从卡萨布兰卡开出了6艘驱逐舰，“密西西比”号

---

① 今称作穆罕默迪耶。

舰[1]向有装甲防护的“让·巴特”号舰炮击了大约30分钟。所有位于射程之内的我方军舰都向他们开火，敌人退回了港口。8点钟的时候我准备下船，小艇还拴在挂架上，包括手枪在内的所有东西都放在那艘小艇上。我派了一名勤务兵去取我的手枪。这时，敌人从卡萨布兰卡港开出一艘轻巡洋舰和两艘驱逐舰沿着海岸行驶，试图摧毁我们的登陆舰。奥古斯塔号开足马力以20节的速度赶上来，向他们开炮。后甲板的舰炮一轮齐射就把他们干掉了，同时也震碎了我们的登陆艇，除了我的手枪，其他东西全完了。8点20分，敌人的轰炸机开始轰炸我们的运输船，奥古斯塔号驶去保护。战场上到处是地狱般的爆炸声，但没造成什么损失。8点30分，我们重新同法国军舰作战，密集的舰炮射击持续了约3个小时。敌人利用玫瑰色和绿色烟雾弹成功地突破了我军的部署。当时我在主甲板2号炮塔后面，一发炮弹落在离我非常近的地方，溅了我一身水。后来，我在司令舰桥上站着，又有一发炮弹打得比刚才还要近，但司令舰桥很高，海水已经溅不到我身上了。海上烟雾弥漫，敌人很好地利用了这一点。我几乎无法区分海面上的船，仅能够看见我们的炮弹在海面上爆炸。密西西比号、布鲁克林号、奥古斯塔号还有其他的船拼命开炮，同时不断地以Z字路线行驶，不让敌舰接近我军潜艇。勒德洛号驱逐舰中弹起火，但成功将其扑灭。布鲁克林号也中弹，它的舰炮射速比奥古斯塔号8英寸的舰炮快多了，奥古斯塔号每分钟可以进行2次齐射（9门炮）。耳朵里最好塞上棉花。有的人脸都吓白了，但在我看来战场不怎么危险，我也帮不上什么忙。

法国人11点半撤退了，但密西西比号还是用它的16英寸舰炮对着军港轰了一阵子。我们开始吃午饭——海战打得真痛快。

---

① 事实上，此处应为马萨诸塞号。

哈蒙5点15分就拿下了萨菲，这太意外了，但我们到中午才知道这个消息。他俘虏了法国外籍军团的一个营，3辆坦克，若干门大炮。

霍尔海军上将、盖伊、约翰逊[①]，还有其他几个人和我一道，在12点42分开始登岸，13点20分登上滩头，身上被海浪打得湿透。13点40分，安德森和一个法军上校来找我，那个上校建议我派个人去卡萨布兰卡劝降，他说法国人不想同我们打仗。我派了盖伊和威尔伯上校去。海军上将米什利尔拒绝见他们。负责指挥地面部队的将军说他无能为力，因为米什利尔比他资历深。他的参谋给我们提供了大量的信息，并告诉我们从后面攻城要容易得多……

安德森很棒，但缺少干劲。不管怎么说，他还是干得很好，甚至俘虏了8个德国停战委员会的人。他们直到6点才知道登陆的事，这次完全打了他们一个措手不及。

我在城里和港口视察了一圈，除了海军之外的所有法国士兵都笑着大声向我打招呼。我们建立了一支巡逻队，美国人和法国人一半一半，一个摩洛哥轻步兵中尉担任助理。

夜里，我住在米拉玛酒店，十分舒适，但由于酒店挨了几颗炮弹，没水也没电。能吃的只有奶酪、鱼和香槟……

巴顿于11月9日进入费达拉，美国陆军和法国驻防部队的战斗还在继续。他不知疲倦地忙碌着，催促士兵卸下武器、车辆。就像日记中描述的，他对当时混乱的局面感到不满意。

11月9日

拂晓我离开酒店去找安德森，他还在睡，他本应该起来了。

---

① 大西洋舰队两栖登陆部队司令部参谋。

海滩乱成一团，军官们什么事都没做。我们前一天准备在港口预备登陆艇，但艾米特没把这个命令传达下去。结果有一半的船都搁浅了，得花半个小时才能把它们弄出来。一阵忙乱之后，我终于弄到一艘摩托艇，把它们拉到港口。如果安德森能勤快一点，这些事早就干完了。我开着摩托艇时，有一艘小船翻了，16 人落水，我们只捞上来 3 个，我很遗憾。

法国人对滩头狂轰乱炸，一个推运输船的士兵吓坏了，在海滩上乱跑，嘴里含含糊糊地大声喊着。我在他屁股上用尽全力踢一脚，他跳了起来然后跑去继续干活了。对不同的人用不同的方法提升士气。

如果说士兵表现一般的话，那么军官的表现完全不合格，毫无干劲毫无威信。真他妈的。我看见一个中尉无法激励他的士兵立刻登上运输船，我把他教训了一顿。还有一个人推船的时候偷懒，我上去揍了他一顿。

进展太慢了，我心急如焚，以至于我找到霍尔时，他让军医给我弄点喝的，因为我滴水未进，确实需要来一点。13 点半回到船上，15 点我把凯伊斯和所有的参谋都派到陆地上。

特拉斯科特拿下了利奥泰港，但机场还在敌人手里。和 15 辆雷诺坦克打了一仗，萨麦斯一定乐翻了。一根吊货杆断了，恐怕又得耽误时间。估计舰炮预射和空中轰炸之后，我手头上可能只有第 3 师能用来攻打卡萨布兰卡。

哈蒙成功控制了一个小型机场，我准备在凌晨给他派一个 P-40 大队。上帝保佑。

11 月 10 日

今天糟透了。除了特拉斯科特呼叫支援，他和哈蒙一点消息都没有。我没有一点多余的兵力能给他。安德森被卡在卡萨布兰卡，他的一个营被敌人的炮火压制。凯伊斯在现场，又像往常一样，下达了停止进攻的命令。我计划用第3师和一个坦克营拿下卡萨布兰卡。这是个棘手的决定，因为我们在人数上占劣势，但我认为我们应该保持主动。

一个法国大人物来见我，建议我写封信给摩洛哥苏丹。我写了，但不认为这能起什么效果。

22点，舰队参谋长霍尔上了岸，来安排舰炮支援的问题。他给我们带来了一个绝好的消息：特拉斯科特占领了利奥泰机场，并且缴获了机场上的42架P-40。另一方面，哈蒙歼灭了一支敌部队，摧毁19辆卡车和6辆坦克，他正在向卡萨布兰卡进军。所有这些消息让我坚信我们应该一往无前。"上帝偏爱勇士，胜利属于他们。"

确实，上帝偏爱勇敢的巴顿。第3师包围了卡萨布兰卡，巴顿命令米什利尔立刻投降。被假消息弄得焦头烂额的艾森豪威尔[①]给巴顿发去电报，后者刚刚接管卡萨布兰卡："两天前我们拿下了阿尔及尔，敌人在奥兰的抵抗也被迅速粉碎。现在就剩你那边了。赶紧把事情办好，告诉我们你那还缺什么。"

11月11日

兰伯特4点20把我叫醒，告诉我法国人在拉巴特和利奥泰港已经停止抵抗。参谋部建议我下令停止攻击卡萨布兰卡，但我不想这样做，至少不想立刻这样。太迟了，现在更改作战计划对部队不利。

安德森准备在凌晨发动进攻，但我决定把时间推迟到7点30分，天亮之后可以更好地集结部队。我也通知休伊特海军上将，如果

---

① 11月8日夜至9日，艾森豪威尔收到情报：巴顿在和法国人签订停战协议后已经上船了。他质疑情报的真实性，说道："除非我彻底被巴顿骗了"。

我用电台发出“停火”的信号，那就立刻取消海空支援轰炸。法国人在6点40分放下武器，这挽救了无数条生命；如果我们按原计划在6点发动攻击的话，他们会毫无意义地牺牲。那一刻，我看见了上帝之手。我曾经说过我会在登陆后的第三天拿下卡萨布兰卡，我做到了。这是给我自己最好的生日礼物。凯伊斯交给我一封比阿特里丝的信……

14点，诺盖将军和米什利尔海军上将前来商谈投降条件，我向他们表达了对法军的敬意。当一个人落水的时候，再去打他毫无意义。我一直按照艾克之前给我的指示处理战局。这与先前对阿尔及利亚的设想不同，我更想亲自占领摩洛哥，而不是像艾克的做法与他们签署“君子协定”。法国人并不想同我们开战，我甚至认为大多数时间，他们在往海里开炮，而非滩头。

我们进入了卡萨布兰卡，并且得到了机场。

真是上帝保佑。

11月11日14时，巴顿接待了诺盖和米什利尔，商谈停火协议。这份协议并非投降书，法国人也没有把美军看成是胜利者。按巴顿的提议，法军没有上缴武器并获得了对手的尊重。协议规定，美国不得插手摩洛哥事务，摩洛哥继续保持法国附庸国角色。巴顿不想与诺盖进行政治交易，他一心只想与隆美尔交手。

巴顿在摩洛哥的胜利、阿尔及尔和奥兰的陷落以及法国海军上将达朗签署停战协议，所有这些都促使德国采取应对措施。由于担心维希政权及其驻扎在土伦的强大舰队投入同盟国怀抱，希特勒决定进攻所谓的“自由区”即维希法国。11月10日7时，“安东”行动开始。[①] 同一时间，德国非洲军团第1装甲

① 1942年11月26—27日，法国军舰停泊在土伦。

师进驻突尼斯。

11月12日

今天起的很早，去港口看了看，一切事情都进行得很不顺利。有6辆法国卡车在那里待命，但仅仅是待命，因为没有人告诉他们该做什么。我看见那个负责此事的中尉傻愣愣地站在汽车中间……

诺盖的一个副手来找我，他想和我谈谈政治上的事。

刚吃完晚饭，就有报告说4艘运输船在锚地被鱼雷攻击，只能眼睁睁地看着它们被烧毁。其中一艘装满了军需品、航空炸弹和两百多吨的牛肉，我的指挥车和所有个人物品刚刚卸到岸上。显然，上帝一直保佑着我……

昨天晚上我只睡了三个小时。我们搬到卡萨布兰卡的“谢尔”大厦，住在4楼。我有一张专门的办公桌，很舒服，上面摆着玫瑰。

陆上还有2000名从船上下来的水兵，他们都穿得差不多。我真想把他们的衣服扒下来，因为我们没有一点军需储备。我的士兵还盖着沾满血渍的被子睡在寒风里。

我拜访了法军的海军上将和将军，他们也向我表达了敬意。一个摩洛哥仪仗队用一只山羊作为吉祥物。我想起1917年当我在英国时，那里的一个威尔士步兵团也是如此。我在想这是不是有什么特殊的含义。

太累了，我准备睡觉……

克拉克被升为中将。

今天，当我从奥古斯塔号上下来时，全体舰员都站在桥上列队，向我喝彩。事后他们告诉我这完全是自发的，而且极少给别人这种尊敬，否则海军就太没有个性了。

在写给艾森豪威尔的信中，巴顿解释了与诺盖外交谈判时采取的策略。诺盖则希望巴顿尽快“滚蛋”，以便法国全面接管摩洛哥；巴顿恰恰表现出如前者所愿的样子。法国人放心了，巴顿则希望尽快前往突尼斯找隆美尔“算账”。

致艾森豪威尔，1942年11月14日

法属摩洛哥是一个名义上由苏丹统治的国家，但事实上，由于法国陆海军的存在苏丹才得以坐稳他的位子，行使日常职权。如果我要求缩减军队规模、减少海岸炮台，那将降低法国人的威信。我个人认为这样做将引起动乱……

我确实知道我在冒险，但事实将证明我的方法是正确的。我们的目的不是要占领这个国家，而是要让它稳定。

在我看来，法军目前的精神领袖有两个，一个是诺盖，另一个是吉罗。就目前的形式看，法国人暂不可能立刻加入战争。支持诺盖的人认为德国人很快就会把我们赶出摩洛哥，因此他们不愿表现出明确的立场。从马拉喀什那边传来一些蛊惑人心的谣言，一旦得到确认，我将立刻向你报告。

最后，祝贺你行动圆满成功。

美国人从火炬行动中总结出入侵北非并非易事，美国并未准备好进行这场战争。巴顿对此有很清醒的认识，他认为法国人的抵抗是对美国陆军一次很好的训练。美国的将军在战后总结道：“在此次和法国人打仗之前，美军根本没有做好面对纳粹的准备。”美军损失1400人，其中战死556人，伤837人，失踪41人。对巴顿而言，这场“三日战争”并不是一次绝好地展示自己的机会。正因为此，他盼望尽快进军突尼斯和“沙漠之狐”交手。

第十四章 “帕夏巴顿”

巴顿对行动进展感到满意。在给艾森豪威尔的信中，他指出西线特遣队完成了不可能完成的任务，并写道：“如果天气和往年同期一样的话，那么当初你我预估的 50% 的胜率显得太过于乐观了”。对巴顿而言，行动成功并非源自他人尽皆知的运气，而是他完美的进攻。

但盟军还是犯了一个错误。由于火炬计划决定不在突尼斯登陆，使希特勒有时间巩固突尼斯的防御。英军在阿拉曼的胜利以及美英联军在北非的成功登陆，使德国统帅部将北非视为主要战场。自 11 月 9 日起，15000 名由步兵、炮兵和伞兵组成的德意联军，乘坐容克 -52 型运输机降落在突尼斯空军基地；约 200 辆坦克、130 门大炮以及 2000 辆汽车海运至突尼斯。12 月，这支部队扩大至 4 个师，其中包括第 10 装甲师及其下辖装备了虎 I 型坦克的第 501 重坦营。汉斯 - 于尔根 · 冯 · 阿尼姆任部队指挥官。三个星期前，他还在伏尔加河畔的苏德战场。希特勒给他的命令是：不惜一切代价守住突尼斯。

11 月 10 日，隆美尔的部队开进突尼斯，固守南部的马雷特防线。

同一时间，巴顿如沐春风，参加各种庆典、游玩摩洛哥。11 月 18 日，他前往巴拉特的总督府（总督府是利奥泰元帅建造的），并在诺盖的陪同下前往王宫。他被宫殿绚烂的色彩、国王的军乐队以及隆重的接待仪式深深地吸引。由当地骑兵和步兵组成的仪仗队对巴顿致敬。随后，他们进入苏丹王宫。巴顿写道："一支大约400努比亚人组成的王宫卫队，他们头戴红色土耳其帽，身着肥大的红色短上衣和红色裙子，脚蹬白色高筒靴。军官全是白人，身着法式红色军装。旁边一个头戴白帽、身材高大的黑人举着伊斯兰教旗，绿色天鹅绒的旗子四周镶着金边，中间写着阿拉伯文字。军乐队奏起军乐，有鼓、小号、铙钹和铜伞。"巴顿进入院子里，"院子里站满了穿着白色的如同《圣经》中所说的那种装束的男子。"之后一个大朝臣前来领着巴顿和诺盖去见国王，那个朝臣"身着白袍子，镶着一口金牙"。

11月16日

国王坐在一个长长的大厅里，地上铺着精美的红毯。帕夏穿着伊斯兰式的拖鞋站在左边，在他们对面，房间的右边摆着一排路易十五式的扶手椅。当我们走到大厅的时候，必须停下来向国王90度鞠躬行礼；走到大厅中间必须再次向国王鞠躬行礼；走到高台前第三次鞠躬行礼。苏丹看起来很年轻，比较纤弱，但外表俊朗。他站起身和我们握手，然后大家就座，他向我们寒暄几句。

国王法语很流利，但他却不用法语而用阿拉伯语。他让大朝臣用法语对我们说他很高兴见到我们。我也通过两名翻译向他表示：他的人民、法国人民和我国人民重新团结在一起，对此我感到十分高兴，我唯一的愿望就是大家一起反对共同的敌人。

苏丹说道，他希望美军可以遵守伊斯兰习俗。我回答他说，早在离开美国之前，我们就下达了这样的命令，在摩洛哥这些命令还将被不断提起，并被强制执行。我进一步补充道，由于全世界的军队——包括美军，都会出现一些愚蠢的家伙，因此希望他能把个别士兵违反伊斯兰习俗的情况告诉我们，我们将严厉惩罚这些士兵……最后，我赞美他美丽的国家、市民们表现出的纪律以及美丽的城市。

之后，巴顿返回元帅府。“诺盖的夫人和侄女接待了我们。她们准备了一顿丰盛、美味的午宴。诺盖强调，没有任何德国人占用过他的房子，或是来他这里吃过饭。”

下午，巴顿收到了罗斯福总统让他转交给苏丹的信。他认为“这封信来得不合时宜[①]，而且对法国人也不够重视。我擅自扣下这封信，明天去直布罗陀向艾克解释这件事”。

致比阿特里丝，1942 年 11 月 17 日

昨天你要是和我在一起就好了……我出席了一场平生所见最色彩绚烂的典礼，在好莱坞得花一百万美元才能看到……我看到的和马可·波罗当年经历的差不多，区别仅在于王宫卫队手里有枪。进入王宫，里面站着 12 个侍卫，看起来和使徒[②]一模一样，他们配着长弯刀，刀鞘是红色皮子的。

我乘飞机去见了艾克。他和克拉克完全搞不清楚现实状况，需要我去提醒一下。他们给我的命令是我见过最荒诞的。

我对自己的法语也很满意。由于灯火管制我很早就睡了，每天夜里起床。吃得不错……

非常爱你……

11 月 17 日

飞到直布罗陀用了 1 小时 15 分钟，机上有两个驾驶员。我们飞得很低，贴着海面 50 米的上空飞。4 架 P-40 护航。

艾克住在山脚下的一个山洞里。

---

① 巴顿日记为英语，但该句话在日记中用的是法语。

② 基督十二弟子。

他的参谋长、第2第4局里的人全是英国人。他说了很多，但全都是些细枝末节，让我很失望。

我们和当地的总督一起吃午饭，吃的时间太长，浪费了很多时间。总督是个老头，穿着运动短裤，两条腿又瘦又红。

对于总统给苏丹的信，艾克和我的看法一样。

他问我卡拉克是不是犹太人，我回答说肯定至少有四分之一的犹太血统，甚至是一半……

在回程的路上，坦吉尔的西班牙人向护航飞机开火，也许也向我的飞机开火了，但准头太差。

巴顿给妻子写道："艾克很好，如果他能少说些英式英语就更好了，我真担心伦敦会彻底控制阿比林。"[①]

艾森豪威尔指派巴顿训练从美国来的士兵。这使巴顿感到愤怒，因为这意味着离开战场。

11月18日，巴顿前往巴拉特，和诺盖一起参加苏丹[②]的接待仪式。巴顿再一次被随行护送队伍吸引，"他们骑着阿拉伯白马，头戴白色的头巾，身披白色斗篷，身着红色军装"。巴顿还见到了王储，"一个大约14岁的年轻人"。

诺盖发表讲话，大朝臣将其翻译成阿拉伯语，转述给苏丹。巴顿记录道："但是，苏丹毕业于英国牛津大学，他的英语和法语一样流利。我注意到，美国在这里显得无足轻重，我应该借此机会说些什么。就在诺盖讲完话从国王面前走过时，我未经任何人的同意，径直走向中央的发言台。我做了一个很简短的演说，很客气但又不失讽刺，阿拉伯人和法国人都可以体会出其中的含义。"稍后，给妻子的信中，巴顿写道："如果时间能多一点的话，我本可以说

---

① 巴顿搞错了，艾森豪威尔不是出生在阿比林，而是得克萨斯州的丹尼森。

② 即穆罕默德五世。

得更好。我认为我的讲话已经起到了很好的效果，阿拉伯人和法国人都很满意。苏丹说我的出席和发言一定会在整个穆斯林世界产生巨大的反响。显然，我更适合成为一名政客。可以肯定的是，这里的每一个人都在尽可能地展示自己的影响，也许应该把这些情况告诉亨利·史汀生和乔治·马歇尔。"

随后，巴顿给艾森豪威尔写道："在我看来，法国在摩洛哥的地位建立在它虚幻的优势上，目前在阿拉伯人眼中贝当元帅的直接代表达朗代表着法国的存在，所有可能被认为美国挑战法国在北非地位的事情都将引起灾难性的后果。我相信苏丹是百分之百站在我们这边的，但他既没有实权也没有控制各部落的有效手段，而法国的威信对于维持当地的秩序是不可或缺的。我绝对同意你的看法，我们应该找达朗谈一谈，这对维护法国在当地的影响力有好处。"

虽然艾森豪威尔支持巴顿晋升三星中将，但巴顿还是开始厌烦了在摩洛哥的生活，因为艾森豪威尔、克拉克和德弗斯已经升为中将。在从美国出发前不久，巴顿听说即将组建第 5 集团军，而且很可能任命他为集团军司令。在巴顿看来，这一职位非他莫属。

11 月 20 日

浏览了新闻摘要，西线特遣部队似乎不在战斗序列，这让我有些不安。

11 月 21 日

休伊特刚刚晋升三星，现在是舰队副司令了。

11 月 22 日

今天上午，凯伊斯和我去做弥撒。我应该抽出点时间去感谢主。教堂里挤满了妇女，她们因为我们成为了寡妇。她们失声痛哭，但对我们未含敌意。听见有人对上帝的称呼与我们的习惯不同，我略感奇怪：他们称之为“他的上帝啊”[1]。

11 月 26 日

我们搬到了马斯别墅，这是我见过最好的住所。

和美国领事一起吃了感恩节晚餐。我吃多了。

11 月 27 日

白天，胃一直在疼，晚上还得参加一个大型晚宴……我坐在马拉喀什帕夏旁边，他的法语和我说的一样差劲，但我们还是完全听懂了。他 68 岁，有 20 个老婆，人们都猜他每星期至少和每位老婆同床一次。他太瘦了。

致比阿特里丝，11 月 27 日

今天我极其郁闷。没什么可做的，像傻子一样一直坐着。我想这是因为我想去战斗，而目前又没有什么需要准备的。

弗雷登道尔[2]对这样无事可做感到十分满意；而我如果不能去打仗，我会疯的。

如果我一直待在屋子里，我会更安全，请不要为我担心。

11 月 28 日

我在屋子里一直待到 3 点，吃了各种颜色的小药片……

诺盖和他的参谋 16 点来找我，我们说了一个半小时，但毫无实际内容。因此，我觉得我本应该当外交官的。

---

① 巴顿日记为英语，但该句话在日记中用的是法语。

② 弗雷登道尔，突尼斯战场第 2 军司令。人们一致认为他能力不足，对待士兵粗暴，从不视察前线，并且经常用别人听不懂的俚语发号施令。

11月30日

克拉克给我电话，让我飞往阿尔及尔……我希望这意味着可以打仗了。我受够了这种组织工作，凯伊斯会做得比我好。我是一个战士。

（在阿尔及尔）待了半小时，我就离开了，这意味着我手下只有一个军。我感觉自己很可怜，连片刻休息的时间都没有，但我会克服的……我会超过他们的……

让凯伊斯[①]和其他随行人员失望了，他们原以为（这次）集团军司令的人选会是我。但这就是战争。[②]

12月1日，巴顿抵达阿尔及尔，会见了艾森豪威尔和克拉克。晚宴期间，艾森豪威尔收到来自华盛顿的消息，说道："好了，韦恩（指克拉克），你负责指挥第5集团军。"巴顿失望至极。

致比阿特里丝，1942年12月2日

突尼斯附近正在打一场大仗，昨天第1装甲师打得天昏地暗，他们想去帮一把处境艰难的英国人。约翰·沃特斯也许在那里……

明天早晨，我要飞去东线，也许我会死在那里。有时候我在想干脆利落的死亡是离开这个世界最好的方式。

不管怎么说，请不要为我担心。如果我死了或是发生什么不幸，你都会先于这封信得到消息。

---

① 杰弗里·凯伊斯，曾于1916年参与追捕潘乔·维拉。1940年，任第2装甲师参谋长；1942年任第3装甲师师长；1942年6—9月间，任第9步兵师师长。在火炬行动指挥第1装甲军期间，颇有巴顿风范。

② 巴顿日记为英语，但该句话在日记中用的是法语。

巴顿信中提到的第 1 装甲军的战斗发生在迈贾兹巴卜，那里是通往突尼斯市和比赛大的咽喉之地。第 1 装甲军遇到德军的猛攻，丢下 70 辆坦克后仓皇撤退。此次美军的惨败归因于第 2 军指挥官弗雷登道尔指挥失当。艾森豪威尔不无苦涩地写道：“从这次战斗中，能够得出的唯一的结论就是我军违反了所有在战斗中应遵循的原则。未来 20 年中，莱文沃斯堡和战争指挥学院都会将其列为经典反面教材。”

第十五章　等待

克拉克成为第5集团军司令的任命还没有最终公布。巴顿希望可以找些其他的事情来打发时间，但什么事也没有发生，他认为自己遭受了不公的对待。在他看来克拉克无法胜任这一职位，既不会激励士兵又无法指挥士兵作战，巴顿感到非常失望。他的日记写下了对老朋友艾森豪威尔的不满。这些尖刻的批评反映了巴顿当时的精神状态。

12月2日

由于得到德国人在西属摩洛哥登陆的消息——这个消息很可能是错的——我们从阿尔及尔乘飞机匆匆返回。飞机做着超低空飞行，沿途的阿拉伯人和他们的骆驼、驴子、家畜惊慌不已，引得我们一阵大笑……

为了让自己平静下来，我劝自己没有成为5五集团军司令也许是主的意思。现在，我感觉好些了。

致比阿特里丝，1942年12月3日

克拉克成为第5集团军司令……这让我处境困难，但对此又毫无办法。艾克和韦恩臭味相投。他们的司令部乌烟瘴气的，几乎每天都

从那里冒出来自相矛盾的命令。

艾克现在不怎么样，他变得婆婆妈妈爱吵架，总是不停地强调肩上的担子有多重，却又听不见敌人的一声枪响。缺点是很容易克服的，如果他想克服的话。我开始发现他的胆子其实很小。他出门只坐带有装甲防护的汽车，而且卫队还得前呼后拥他才放心。无论如何我都不会这样。我猜想不管是克拉克还是他都对下一步的行动毫无计划。如果英第1集团军被打得满地找牙，我将丝毫不觉得奇怪。他们的补给线太长，难以组织，而且这个问题并未得到重视。他们的司令部距前线100英里，而95英里就是极限了。

我们加强了纪律建设，士兵们表现出良好的精神面貌。在等待战斗的这段时间里，除了忧心忡忡，我无事可做；除非西班牙人来找我们麻烦，否则我真看不出哪里会打仗。如果他们只是在等船队（运送兵员、补给和武器的船队），我还真想和他们较量一下，那将是绝好的训练士兵的机会。

致史汀生，1942年12月7日

我和苏丹的关系现在十分融洽，可以肯定地说，他完全站在我们这一边。我安排了他的两个儿子近距离观察坦克，然后最让大家头疼的事就是让那两个小东西从坦克上下来……

埃及出逃的画面里画着玛丽骑着驴，约瑟夫走在她的旁边。在这里的任何一个地方，你都可以看见类似《圣经》上的描述，只不过是男人骑着驴，女人在旁边走着。我很遗憾没能亲自参加战斗。如果当时战斗的时间可以再延续几个小时，我就能实现自己的梦想了。很可惜，它结束得太早了点。

12月8日，巴顿前往诺盖府邸，在那里他遇见了大朝臣，“一个92岁精明利索的老人”。

12月8日

大家都没有注意到他。我走过去开始和他聊天。在进出宴会厅时，我原本应走在他的前面，但我特地让他走在前面，这一点似乎让这个老头很满意。

午宴后，他对我说摩洛哥的命运全靠和平的维持。我向他保证我也有同感，并且我将通过诺盖将军了解陛下的旨意。然后他向我聊起了摩洛哥的种族问题、犹太人……我向他申明我完全了解这些事情，但我绝对无意干涉，因为我认为最好的办法就是按以前的规章继续处理这些事。他向我保证这样做绝对不会有任何的麻烦。

我对他说我想了解西属摩洛哥的一些情况，这对我十分重要。大朝臣回答说，国王陛下将尽一切努力把他所知道的消息告诉我，他们会把我当成王室成员一样密不可分。他告诉我，诚恳的谈话使他度过了十分愉快的15分钟，对此，我回答道如果真是这样的话，那我这辈子就没有虚度……

最后，他对我说，为了充分认识到一个伟人的伟大，同他聊天是非常必要的。他还对我引用了一句阿拉伯名言：那些宣称世界上人人平等的人要么是疯子要么是骗子，而他和国王都不是这样的人。

当我把这一切记录在纸上的时候，一定显得很可笑；当我用蹩脚的法语说这些话的时候，就更可笑了。但阿拉伯人就是喜欢别人用这种方式同他们说话。

巴顿和法国人相处得十分融洽。至少足够维持表面上的和谐，就像给妻子信中写道的：“午宴期间，法国人把我当作他们相处时间最长的朋友之一。他们知道，当然我也很清楚，所有这些都只是表面上的工作，但又是必不可少的。我没有丝毫的怜悯之心，我一直在用蹩脚的法语折磨他们，最奇妙的是他们竟然完全明白了，由此可见他们有多强大！”

巴顿一直在思考迈贾兹巴卜之战。美军的溃退使他震惊，他无法理解怎么能拱手将70辆崭新的坦克让给敌人而自己逃跑。为了了解当时的战况，巴顿准备前往阿尔及尔，之后再去突尼斯与英第1集团军司令肯尼斯·安德森会面。弗雷登道尔的美第1军和法军一部隶属于英第1集团军。巴顿还特地去了女婿约翰·沃特斯[①]指挥的营。在与德军的交火中，沃特斯损失39辆坦克，本人也差点中弹。巴顿觉得他的女婿看起来“成熟多了”，而且“英姿飒爽”，很有“巴顿风范”！驻突尼斯部队给了巴顿最热情的接待，因为巴顿是战役后20天内唯一一位慰问士兵的将军。他写道：“这很可能是真的。我们用这样的方式指挥部队真是太悲哀了。”的确，继弗雷登道尔任指挥官之后，又是迈贾兹巴卜惨败，部队的纪律开始涣散，军官与士兵的隔阂逐渐变大，巴顿的心情也跌入低谷。

另一个问题就是武器等级相差太多。美军的轻坦根本无法与德军装甲或是在沙漠里伪装的88毫米炮相抗衡。巴顿建议用谢尔曼型中坦克代替现有的轻型坦克。谢尔曼中型坦克经历了阿拉曼的战火洗礼，而且适合美军在北非大地驰骋。

之后，巴顿返回阿尔及尔与艾森豪威尔和克拉克会面，他写道：“他们在考虑下一步的作战行动。因为没有在前线待过，因此他们拿不准下一步该怎么走。他们完全不知道战斗中暴露出来的问题，彻头彻尾的纸上谈兵，克拉克尤其如此。”巴顿给他们写了一份突尼斯战役备忘录，希望能为他们下一步计划提供帮助。“由于离开部队太久而略感担心”，他决定连夜飞回摩洛哥。他随后写道：“这是我此次北非作战干的最危险的一件事。上帝又一次保佑了我。”在

---

① 约翰·沃特斯，1931年毕业于西点军校，1934年与巴顿的女儿比阿特里丝结婚。军衔最高升至四星上将。

给妻子的信中他写道："这次夜航错误在我，差点就完了。下次我得听从飞行员的建议。在这样一个缺少必要辅助引导的国家夜航真是疯了。"

回到摩洛哥后，巴顿从克拉克处得知，12月24日起，盟军将会在突尼斯发起大规模的攻击。考虑到美军遇到的困难，巴顿认为攻击行动不可能按时发动："在我看来目前的情况没法再糟了，除非局面得到改观，否则我们没有足够的力量发起攻击。不信就走着瞧吧。"① 巴顿明白运输是盟军需要解决的首要问题。视察完前线后，艾森豪威尔不得不承认巴顿的看法：铁路运力已经饱和，公路建设不完善并且路况差，连日大雨引发的泥石流淹没了各条公路……行动不得不推迟到天气转好，这使轴心国得以集结部队、加强防御。

12月20日

今天法军和美军在拉巴特阅兵。我们的部队虽然不像法军那样军容整肃，但也足够让人印象深刻了。他们比以前更强大，尤其是装甲部队。法国人拿出了他们在德占领期间藏起来的全新雷诺坦克。他们的忠诚毋庸置疑，我也希望某些身居高位的人可以百忙之中去听一听那些不负责任的谣传……

致比阿特里丝，1942年12月21日

从阅兵式回来，成千上万的人向我欢呼，嘴里喊着"美国万岁！"场面真壮观。我向他们抛去飞吻，以此激励他们。我甚至还看见头戴面纱的妇女向我欢呼，太让人意外了——她们这样做很可能有违《古兰经》的训示。

今天中午，我参加了一个由卡萨布兰卡帕夏宴请的被称为"迪法"的招待宴。我故意迟到，这是个原则性问题，因为上一次法国人

---

① 巴顿日记为英语，但该句话在日记中用的是法语。

去迟了让我等着……

在场的一位帕夏希望我谈谈政治，我建议等赶走“德国鬼子”再说。这里的人们可能会拥戴美国，因为法国人在此处已经失势。只要我们是胜利者，阿拉伯人就会完全支持我们。

三天之后，巴顿收到消息，法国驻北非最高专员海军上将达朗遇刺身亡。出于防止戴高乐独裁的目的，美国建议由吉罗任北非最高专员一职，并统领阿尔及尔军民两政。

致比阿特里丝，1942 年 12 月 26 日

圣诞节我去了教堂。坐在我旁边一位年轻的英国女士引起了我的注意。我还记得所有的教堂圣歌，我和尼特小时候学过。这位女士嫁给一个法国预备役少尉，她很可怜，她的丈夫上前线去了。我送给她的女儿一枚戒指，就是你寄给我让我交给苏丹的那枚；我还给了她的儿子一些糖……

我受够了坐视他们吃败仗，但也许一切都会顺利解决。

今天上午参加了为达朗举行的安魂弥撒。我个人认为他的死是一场灾难……

这里有 95000 名士兵，足够组建一个集团军了，但目前番号还是军。总之，我在这里过得还不错，我还很年轻，可以去学些新鲜事物。

轴心国的飞机轰炸了卡萨布兰卡，一片狼藉。我致信苏丹和帕夏表示对遇难者家属的慰问，目前有 85 人死于空袭。帕夏对我表示感谢，并准备将我的信刊登在法语和阿拉伯语报纸上。

致比阿特里丝，1943 年 1 月

也许这就是不当集团军司令的好处。

我拿出10万法郎捐给遇难者家属，并到现场默哀。就在刚才，帕夏来拜访我，陈明我的善举是多么的感人。我把他一直送到门口，他对此表示感谢。我敢打赌，当韦恩执掌民政的时候，他们会向我道歉。克拉克负责管理当地民政的提议应该是和组建第5集团军同时发生的……

就在克拉克就任第5集团军司令的当天，巴顿决定去拜访西属摩洛哥军事总长奥尔加斯将军。在给妻子的信中，巴顿解释道："因为我的外交声望在不断提升。"但这并非唯一的理由，巴顿非常清楚这样做产生的影响。这次拜访的目的就是使克拉克陷入尴尬的境地。同时向他表明，虽然已成为第5集团军司令指挥驻摩洛哥全部美军，但他不得不向巴顿求助。随后，巴顿向艾森豪威尔写道："此行最显著的成果就是，我确信西班牙人掌握的我军情报决不会比法国人少。因此我认为我们不应向外透露我们的盟友——法军的军事实力。"

在拜访了德弗斯之后，巴顿应马歇尔的要求视察了驻英国和北非的部队。在给妻子的信中，巴顿再次提出了尖锐的批评。

与克拉克的会面使巴顿深感苦涩。后者正在为几天后举行的盟国首脑会议忙碌。而事实上巴顿更希望自己被委以部队上阵杀敌，并且他也一直在为此努力。但这个苦恼的将军失望至极，在给妻子的信中，他发泄着自己的失望："看到事情发展到现在这样，我心烦意乱。我们有很多指挥官，但还缺少一个司令。昨天一整天，我拖着克拉克四处乱转，他丝毫提不起兴趣，他只是不停地聊着之前的经历和曾经想做的事。前段时间有好几回我都想退休了，虽然我打心眼里知道我根本就不想这么做。"

看着年纪轻轻的克拉克成为第5集团军司令并掌控整个驻摩洛哥美军，仅仅是西线特遣部队司令的巴顿就很多问题需要和克拉克商量甚至是请示，比克拉克年长十岁的这位西点老牌毕业生有足够的理由"厌恶"他的这个师弟。上阵杀敌的梦想渐行渐远。但就在此时，极度失望并在日记里大倒苦水的巴顿接到了一个特殊任务：在卡萨布兰卡为罗斯福和丘吉尔筹办会议。

第十六章　卡萨布兰卡会议

罗斯福和丘吉尔将会议地点定在距卡萨布兰卡几公里处一个被称为“安法”的小镇。会议的目的是达成对轴心国作战行动上的一致。会议同时也邀请了斯大林，但后者正指挥苏军全力围歼斯大林格勒战役中的德军而无暇离开莫斯科。出席会议的还有代表维希法国的吉罗和代表自由法兰西的戴高乐，盟军希望能够调解他们俩的矛盾，共同对德作战。

此次峰会于 1943 年 1 月 14 举行，同月 24 日结束，会议主要目的是确保盟军在接下来的一系列军事活动中行动一致。会议最重要的成果无疑是罗斯福宣布：德、意、日三国必须无条件投降。丘吉尔虽然面露尴尬，表示事先并未与罗斯福谈及此事，但还是赞成这项原则。罗斯福的目的有两点：1. 避免重现 1918 年的错误，被停战协议束缚手脚（尤其是威尔逊总统的 14 点计划）；2. 明确表示盟军不会和第三帝国签署任何形式的和平协议[①]，以此让苏联放心。会议决定，一旦突尼斯战役结束，盟军将进攻西西里，并由巴顿指挥西西里战役。

但突尼斯战役结束前，为切实履行卡萨布兰卡会议定下的行动计划，盟军不会有其他任何行动。巴顿四处活动，计划让穿着军礼服的士兵列队让罗斯福

---

① 从 1941 年秋起，苏联担心同盟国可能会与德国谈判并签署和平协议。

检阅，并准备说服罗斯福同意让自己指挥部队立刻去战斗。巴顿明白这次会议期间他将比平时任何时候都更加接近总统，而且会面的次数也会更加频繁，他尽可能地试图表现自己。巴顿甚至让参谋长霍巴特·盖伊散发注意事项，以便让“大兵”们做到无可挑剔。他在注意事项中写道：“每个人都要注意向海军军官以及外国军官敬礼。目前法军表现的比我军有礼貌得多。”

巴顿将有机会近距离接触盟军军、政、外交方面的高层智囊。

1月8日

埃弗雷特·休斯[①]今天下午到这里。我领着他四处逛了逛，他对沿途所见感到由衷地钦佩。在他看来，盟军参谋部仅仅是一个象征，从未视察过任何东西。英国人都是一群无能之辈，法国人全是疯子，都是一群尸位素餐的官吏。德弗斯也有同样的看法。

1月9日

为了保证会议顺利进行，杰夫·凯伊斯和我视察了安法地区。除了与法国相关的安排，一切都很好。格伦瑟和我们都认为应该考虑到法国人的感受，但他又说首相丘吉尔和罗斯福都认为摩洛哥是一个被征服的国家——这显然是错的。法国人什么都不知道，当他们了解真相时，将很难重拾信任。这种做法蠢到家了。英国人站在幕后像耍小孩一样指挥我们演习。我认为他们想让法国人在阿拉伯国家威信扫地，目的是在战后控制北非。在我看来，更糟糕的是我们在默许他们这么做。

在得知克拉克准备将防空司令部设在卡萨布兰卡附近以防止法军发起可能

① 埃弗雷特·休斯，欧洲战区总参谋长，艾森豪威尔的特别助理。

的攻击后，巴顿立刻前往第 5 集团军司令部劝阻克拉克。他写道："我必须告诉克拉克如果他坚持这样做我就不干了。在我看来，这是对法国人最大的侮辱，也给纳粹提供了绝好的宣传素材，又是唤醒阿拉伯民族主义最好的办法。"

1 月 14 日

我见到了马歇尔，邀请他一起吃晚饭……罗斯福的飞机到了，只有情报部门的人被安排接机。马歇尔应邀来到我这里，席间除了一直讲述太平洋方面的战事，其他的他什么都没说。有人来找马歇尔，让他去总统那里，也是共进晚餐。20 点 10 分他离开我这里。

1 月 15 日

艾克和哈里·布彻[①]11 点 30 分到卡萨布兰卡。我把他们接到会场，在那里我碰到了海军上将金[②]，工作时间之外的他很随和。

马歇尔让我准备晚宴，他本人、金、约翰·迪尔爵士[③]以及海军将领蒙巴顿[④]将出席。最后，除了马歇尔，上述几个人都出席了宴会。我还看见了萨默维尔和魏德迈[⑤]。晚会很精彩，蒙巴顿勋爵和其他人讨论联合行动事宜，很迟才离开。他这个人很热情，但给我的感觉不是那种了不起的人物。我猜想他从我们这学到的要比我们从他身上学到的东西多。

---

① 哈里·布彻，电台记者，哥伦比亚广播公司副主席，他将罗斯福的访谈取名为"炉边谈话"，并转播给千家万户的美国人。1942—1945 年，任艾森豪威尔的海军副手著有《我和艾森豪威尔的三年》。

② 金，美国海军五星上将，海军总司令。

③ 约翰·迪尔，元帅，丘吉尔在华盛顿的私人代表，后任盟军联合参谋部英国代表谨慎的外交家，曾参加魁北克会议、卡萨布兰卡会议和德黑兰会议。

④ 蒙巴顿，英联合行动作战司令，迪耶普奇袭战（1942 年 8 月 19 日）策划者之一，行动最终惨败。

⑤ 萨默维尔和魏德迈，曾参与制定罗斯福于 1942 年 1 月 6 日提出的"胜利计划"亦称"美国重整军备计划"。魏德迈支持马歇尔的首先击败德国的提议。

艾克让我陪他回去，我们一直聊到凌晨1点半。他和克拉克不睦，而且总是想着有人要害他。我告诉他必须要亲临前线，但他总是找些政治上的理由来推托。他告诉我已经通知马歇尔让我做司令助理，并且在他处理政治事务的时候，由我指挥突尼斯行动。凯伊斯可能会指挥一个军。我不能肯定他说的能否实现，也不确定自己是否真的想担任他说的那个职位。

1月16日

马歇尔把我叫过去，让我去见总统，商量一下与诺盖和苏丹的会面事宜……

总统和他的两个儿子会见了哈里·霍普金斯，他们谈了1个半小时。总统显得非常亲切，并对谈话内容显示出极大的兴趣。一切都过得很顺利。明天中午，我将负责他和诺盖的会面。出席宴会的有：达德利·庞爵士（英国海军元帅，相当于金海军上将）、布鲁克子爵（帝国参谋总长，相当于马歇尔）、马歇尔以及他的副官马克·卡锡中校。晚宴后，我和马歇尔步行回到住处……

在我看来，布鲁克只不过是个小公务员，整天庸庸碌碌。这些所谓的大人物在我眼中只不过是一群无能之辈，我比他们强多了。

1月17日

威尔伯和我向总统引荐了诺盖将军。会谈持续了1小时15分钟，之后，我们前往丘吉尔处。丘吉尔的法语是我所见过最差劲的，他先和诺盖密谈了一会，接着才轮到我们。

克拉克设午宴接待吉罗和诺盖。吉罗是那种典型的旧高卢人，蓝眼睛，智商不高。指挥盟军海军的英国海军上将坎宁安应该我和一起（值班）。克拉克晚上也要来……烦死我了。

1月18日

我邀请了首相（丘吉尔）共进晚餐。两个苏格兰的警察立刻问我能否由他们负责内外警戒，我同意了。

出席晚宴的有丘吉尔、霍普金斯[①]、马歇尔、坎宁安和指挥官托马斯（丘吉尔的副手）。我和丘吉尔聊了很多，这个人与其说聪明倒不如说是狡猾，而且非常固执。和这里所有的人一样，他很喜欢听恭维的话。霍普金斯很棒。丘吉尔没喝太多酒，但他把我仅剩的三根烟抽了。霍普金斯问我是否愿意出任大使，我回答他说如果我去干那种活，我宁愿辞职。他又说我在这方面表现出相应的能力而且他们也需要我。我又重申了我的想法，并且告诉他干这样的工作还不如去钓鱼。

致参议员亨利·加博·洛奇[②]，1943年1月18日

摩洛哥苏丹前几天授予我一枚皇家御座大十字勋章，这是他们国家的最高荣誉……

授勋令上有这样一句话：躲在巢穴中的狮子也会因我的临近而颤抖……

1月21日

今天和霍普金斯一起视察了利奥泰港。这是一个极其聪明而且消息特别灵通的人。让我吃惊的是他是一个军国主义者而且十分看重纪

---

① 霍普金斯，美国政治家，罗斯福身边真正的“灰衣大主教”，“罗斯福新政”和主要旨在帮助英国的“租借法案”的开创者。与马歇尔和魏德迈一样，支持并说服罗斯福接受首先击败德国的观点。

② 亨利·加博·洛奇，共和党议员，曾在第1装甲师服役至1942年7月，之后返回华盛顿参议院。1943年2月辞去议员职位重返军队。先后在意大利、法国和奥地利作战。

律。在野外和霍普金斯、克拉克、FDR[①]吃了午餐……霍普金斯提醒我注意，几乎所有在战争中阵亡的人都是盎格鲁—撒克逊人。最后，克拉克自己一个人回来，我和罗斯福一起坐车回来。克拉克努力向我示好，但这没有用，我一看见他浑身就起鸡皮疙瘩。

1月22日

威尔伯、诺盖和我一同前往大朝臣在安法的府邸。在那里，我们见到了苏丹、王子殿下和礼宾司长。由于苏丹坚决要求在丘吉尔到之前和总统会面，17点40分威尔伯领着他去见总统；而王储、诺盖和我20点才到。丘吉尔到了，黑着脸。出席晚宴的有：总统、苏丹、王储、礼宾司长、埃利奥特·罗斯福、诺盖、霍普金斯、墨菲、大朝臣、丘吉尔和我。席间没有酒，只有橙汁和水。丘吉尔表现粗鲁，而总统显得很高雅，他用蹩脚的法语滔滔不绝地说着。饭后，我们看了一部电影，之后继续聊着……

会面结束后，我和苏丹、大朝臣一起离开。路上，苏丹对我说："的确，您的总统是一位十分伟大的人，对我和我的臣民而言是位真正的朋友。相比其他人，他光芒闪耀。"

诺盖嘲笑丘吉尔表现得像个粗人。

1月23日

罗斯福的那个在海军服役的儿子喝得酩酊大醉地回来了，他拍着海军上将的背问道："你这个婊子养的还好吗？"霍普金斯去看了他，并让海军上将把他扔到船上关禁闭，而且就在船上待着。

大朝臣要求我安排他和霍普金斯会谈，并嘱咐不要让英国人知

---

① 富兰克林·德拉诺·罗斯福。

道会谈的内容，即法属和西属摩洛哥的未来、犹太人、贸易和急需的援助。

威尔伯会见了戴高乐，在他看来戴高乐不是一个善解人意的人。戴高乐想要独揽政权，把吉罗踢去指挥部队。

1月24日

今天带着诺盖和米什利尔去见总统。总统用法语和他们聊起了戴高乐，就在这时丘吉尔不请自来，他在屋里转着圈，并假装离开，但最后还是又回来了。英国人害怕法国人和美国人在他们背后串通一气，这种担心在丘吉尔身上表现得淋漓尽致，这让他看起来十分滑稽。那两个法国人也看出丘吉尔的来意，他们开始聊时政。我希望总统可以游刃有余……

午饭过后，吉罗来向我道别。我真害怕他会成为一个军事独裁者，但对他而言，至少他愿意去战斗……

我在巴拉特见到了新来的英国领事，他竟然教我如何才能赢得战争……

致比阿特里丝，1943年1月25日

亲爱的比阿特里丝，这一周不论是就社会层面还是就政府层面而言，都是忙乱的一周。如果我有会客备忘录的话，上面记录的会客行程会让所有赶时髦的人羡慕。你要关注新闻，上面会有你意想不到的消息。

我检阅了部队……虽然我的眼光依然那么挑剔，但平生第一次感到十分满意……

我希望那些高官们检阅完我的部队之后，还可以看看别人的部队，这样才能衬托出我们的优秀……

还是一直没有战事。

致马林·克雷格，1943年1月25日

这个国家的秩序建立在法国人的威信之上，虽然是摇摇欲坠的威信。为了不让阿拉伯世界陷入部落征战的局面，我努力地维持甚至是加强这种威信。

确实，有人指责我对法国人过于友善，考虑到我曾经也因为类似的原因批评过他们[①]，我想我可以坦然面对这些非议。

显然，阿拉伯人对我印象很好，他们邀请我参加极其丰盛的宴会，最小的一道菜是可供六个人吃的羊。那些宴会总会让我消化不良……

我完全不知道接下来给我安排的任务是什么，但我更愿意主动出击而非静观其变。

1月26日

出席晚宴的有马歇尔、赫尔、盖利和马克·卡锡中校。席间只有马歇尔在滔滔不绝。很可惜，由于天气的原因他没能检阅其他部队，因此他可能会认为其他的部队和我的一样优秀，但事实绝非如此。我希望他能去看看那些糟糕的机场，他所做的就是为空军的毫无纪律辩白。而对我而言，不需要任何解释，因为我的部队纪律严明……马歇尔和德弗斯马上就要回国，根据那些错误的信息分析局势。我很苦恼，要是有人肯听我的就好了，但我能感觉到他们根本不愿意征询我的意见。也许是因为我总说实话吧。

---

① 巴顿指责艾森豪威尔等人过于亲善英国。

第十七章　凯塞林隘口战役

卡萨布兰卡会议结束，巴顿很清楚北非只不过是表面上的平静，盟军即将经历真正的考验。他的看法是对的。德国非洲军团已经做好准备，即将发起一场大规模攻击。德国人看出来英第1集团军最薄弱的一环就是美第2军。他们准备发动一场钳形攻势，北面由冯·阿尼姆指挥攻击西迪布济德，南面由隆美尔指挥进攻泰勒普特，最后，两军在凯塞林隘口会师。拿下隘口意味着德机动部队可以向阿尔及利亚进发，理想的话甚至可以包围英第1集团军，如若不能至少也可以将其击退。隆美尔决定先消灭还是“菜鸟”的美国新手们，接下来再对付英第8集团军。但“沙漠之狐”必须赶在蒙哥马利在突尼斯边境部队集结完毕之前快速行动。冯·阿尼姆的北线部队占整个行动人数的一多半：45000名士兵，200辆坦克，1000架飞机。

在此期间，巴顿碰到了刚与艾森豪威尔谈完话的克拉克：“克拉克对我的态度好多了，我一直在想他又要玩什么花招，但什么都没有发生。相反地，他告诉我一条我听过的最糟糕的消息。”克拉克准备在突尼斯发动一场大规模进攻。安德森的英第1集团军和蒙哥马利的英第8集团军都将参与作战，这两支部队由英国陆军元帅亚历山大统领。美第2军、英第5军和法第19军由安德森指挥。在巴顿看来，美军又一次成了英国人的棋子去战场上当炮灰。他写道：“潘兴啊，看看吧！我们把长子继承权拱手让给了他人。在我看来，把指挥权交给英国人完全是因为马歇尔在策划横渡芒什海峡的进攻。这太让我震惊和失望了。”进攻时间定在 1943 年 5 月 1 日，但巴顿认为不可能按时发动进攻。在他看来指挥系统“荒谬至极”，而且“在突尼斯还有大量的德国鬼子，这还没有计算隆美尔的部队。”① 巴顿又一次怨恨他的朋友艾克和克拉克，认为他们受到了英国人的摆布：“我相信现在的状况完全是由英国人的政治小花招和我方的自私自利造成的……艾克他想当战争部长，一个完全不懂战场的战争部长。”

但巴顿的厄运还没有结束。虽然卡萨布兰卡会议中，罗斯福、丘吉尔以及盟军参谋部准备发动一场大规模的西西里登陆行动，但必须等到北非战事结束。更要命的是登陆行动计划由英国人亚历山大指挥。对此，巴顿写道：“又是克拉克干的好事。他当然不会有任何风险，如果行动成功了，他的声望会如日中天。”

“应该由我来指挥美军攻打西西里……看来我需要运气和上帝来帮我了。最后，在我看来，我还有机会不会成为艾克的副手。上帝啊，我是多么想领兵打仗啊。”

最让巴顿感到震惊的还是他竟然要受英国人指挥。在他看来，艾森豪威尔只不过是任人摆布的龙套，根本没有决定权，愤恨使巴顿失去判断力。他没能认清艾森豪威尔的真正用意。事实上，后者性格坚定、冷静、顽固，而且善于调解矛盾，他的一系列战略举措都是经过深思熟虑的。这就是为何他最终否决了丘吉尔在巴尔干登陆的提议，并指出巴尔干没有足够的军港卸载武器和补给。艾森豪威尔尽力调解美英两国间不同的意见，从全局考虑盟军这部巨大的战争机器。用一句盎格鲁—撒克逊俚语来总结艾森豪威尔就是：“他享有天时、地利、人和。”换句话说，他出现在了正确的地方。

---

① 这里巴顿弄错了，隆美尔已于 1942 年 12 月 2 日进入突尼斯。

2月3日

克拉克让我去乌季达和他会合，然后一起去阿尔及尔……

在做了简短的交流之后，艾克转过身对我说——我清楚地记得他说的："乔治，你是我相处时间最长的朋友，但是，真的，如果你或者不论其他任何人说英国人一点坏话，我就把他（的军衔）降回到永久军衔。我之所以还没有给你晋升是因为我想一次性升三个人的军衔。另外两个人中的一个（指弗雷登道尔）有可能说了英国人坏话[①]。如果真是这样，我就让他滚蛋。但无论怎样，你都会在一个月之内晋升。"

之后，我问克拉克我这样算不算被拷问，他回答说不是，并告诉我艾森豪威尔也跟他说了同样的话。在他看来，这都是马歇尔让他说的。

2月5日

今天收到艾克的密信。他让我在谈论军事话题时谨慎点稳重点。他有道理，与上级谈话时，我确实缺少克制……

巴顿乘飞机经阿尔及尔前往的黎波里与英国指挥官会谈。具体人员名单为：本土守备司令伯纳德·佩吉特爵士、亚历山大、蒙哥马利、利斯、邓普西中将、弗赖伯格中将、罗伯逊准将（一战英陆军元帅威廉·罗伯特·罗伯逊之子）、克里勒中将、装甲师师长布里格斯少将。巴顿对他们评论道："亚历山大话很少，毫无特点；蒙哥马利小个不高，很机警，相当自命不凡，但他是我在二战中到目前为止见过的最优秀的军人；利斯将军穿着一条运动裤和一件奇怪

① 除了拙劣的指挥才能外，弗雷登道尔还对法国和英国人表现出令人难以忍受和侮辱性的姿态，以至于艾森豪威尔不得不对此进行调解，并命令部队遵守命令，其中也包括巴顿。之后巴顿命令手下官兵和参谋部不得对法、苏、英提出任何批评。

的瘦小上衣，但这不妨碍他作为一名完美军人的形象；弗赖伯格中将本是新西兰的一名牙科医生，但在加里波利半岛收获了维多利亚十字勋章，并在两次世界大战中已经负伤18次，真是个粗俗的家伙但能言善辩；布里格斯很招我喜欢。”另外，巴顿略带苦涩地评论道：“除了蒙哥马利、利斯、弗赖伯格和罗伯逊，我没遇见一个能力出众的。大部分都是典型的官僚，比我们的人还要暮气沉沉，但我竟然是差不多资历最浅而年龄最大的。”

到阿尔及尔后，巴顿与艾森豪威尔以及第三参谋部的军官会面研究西西里登陆计划。巴顿记录道：“一想到要指挥这群毫无经验的大兵作战，我就愈发觉得这次行动毫无胜算。登陆很有可能失败，但我会尽全力……我总是运气很好，但这一次我恐怕需要用上全部的好运。”会后巴顿和艾森豪威尔以及佩吉特共进晚餐，并写道：“艾克和佩吉特谈了很久。他在谈话时总能给人留下很深刻的印象。我为他骄傲。我始终认为我可以做得更好，但总是缺点什么，这正是那些政客们信任艾克的原因。”就在巴顿和艾森豪威尔谈论西西里登陆计划的时候，德国人已经走在了他们前面，准备向美军发起进攻。

2月14日，随着德军进攻美第2军，凯塞林隘口战拉开帷幕。德军行动代号为“早晨的空气”。接下来的几天内，美第1装甲师溃不成军。德军用他们的坦克引诱美装甲部队进入伏击圈，之后88毫米火炮成了美军坦克的噩梦。身患重病的隆美尔带病上阵，并展现出巅峰状态时的神勇。他亲临一线，身先士卒，和士兵共同行军，夜晚睡在美军炮弹留下的弹坑里。德军士气大振。①

弗雷登道尔判断战局对己方有利，并于2月15日命令装甲部队发起反击。但高低起伏的山路不利于部队行军，很快，谢尔曼坦克就成了德军伪装隐蔽起来的坦克和反坦克炮的猎物，战斗变成了一场屠杀。美军损失两个营2500人，巴顿的女婿约翰·沃特斯也被德军俘虏，将被运往巴伐利亚XIII-B

① 中尉贝恩特致隆美尔夫人的信，1943年2月23日。

战俘营。巴顿给比阿特里丝写道："我很担心约翰，他可能已经落单被俘了。"

面对不利战况，弗雷登道尔决定合拢部队向西撤退。2月16、17日，德军进展顺利。汉斯-于尔根·冯·阿尼姆占领了斯贝特拉，同一时间隆美尔攻取泰勒普特和菲里阿纳。由于天气原因，盟军飞机无法起飞给处境艰难的地面部队提供支援。19日，隆美尔向凯塞林进发，并于20日占领该地。

在2月19日巴顿的日记中没有出现任何关于美军在凯塞林一带惨败的记录，似乎他的注意力完全集中在西西里。

2月19日

由于大雾无法返回卡萨布兰卡，我正好利用这段时间和哈尔以及柯克①海军上将商量了西西里的行动。哈尔无可挑剔。我感觉好多了，虽然我们一致认为这次行动会是一场赢面极小的赌博。今后我都将把自己看作是被委以重任的人。我感觉我能赢。我越来越强烈地感受到肩上的担子之沉重。战后，美国仍然需要军人，而我应该可以继续胜任这一角色。但首先我必须证明自己作为指挥官的能力，而且必须有自己的部队。

飞机15点30起飞，能见度很差……我们好几次差点撞到山上，我一直提心吊胆。直到想到上天给我的使命，我才立刻平静下来，我不可能死于空难。最后，飞机顺利降落在30厘米深的积水中。

晚上和克拉克在一起。我们相处得比以往任何时候都要融洽。我估计他想插手西西里登陆。

哈蒙②将被派往突尼斯。

---

① 负责西西里登陆的美国海军上将。

② 第2装甲师师长。艾森豪威尔派哈蒙前往突尼斯和阿尔及利亚前线视察并汇报情况。

抵达凯塞林后，隆美尔试图打通前往阿尔及利亚的道路。他将部队一分为二，夺取美英部队在塔莱和特贝萨的补给基地。他的最终目标是阿尔及利亚的东北港市波尼。这样安排的目的是使盟军陷入恐慌，从而为在突尼斯城和比赛大之间构筑新防线赢得时间。隆美尔的设想是最终让德意联军撤回欧洲，他认为继续在非洲挣扎已经没有任何战略意义，但这未经德军统帅部批准[①]。2月21、22日，德军在塔莱遭到了英军的顽强抵抗。蒙哥马利趁势指挥第8集团军向马雷特防线挺近。由于担心过于突进可能被敌军反包围，隆美尔决定结束进攻向东撤退。

战役中美军表现糟糕，第2军损失惨重：伤亡7000余人，250多辆坦克、120多门火炮、500多辆各式车辆被击毁。部队后撤90公里！

2月23日

和克拉克谈了很久……他认为艾克已经投靠英国人了。他告诉我亚历山大吩咐艾克让美军不要在1月20日进攻加贝斯就是为了让英国人去摘胜利果实。他说的有可能是真的，但要是这样的话，那就太可怕了。

致比阿特里丝，1943年2月23日

约翰·沃特斯的那个营被歼灭了，但我们认为他应该还活着。哈蒙现在在那里指挥……一有消息他会立刻向我报告。这一仗打得真糟糕。

眼见着士兵们个个神情沮丧，巴顿决定检阅第2装甲师以提高士气。应该指出的是英国人认为美军战斗力底下，因此战役中他们并没有给“这群大

① 埃尔温·隆美尔《战争无悔》。

兵”提供有效支援。在给妻子的信中，巴顿评论道：“英国佬还是在拿战争当儿戏，火炮不在预设阵地，运输车辆也不够。我要让他们好看。我们用性命拖住了德国人，但他们却没有抓住机会。他们只想着坐享其成但又不愿意付出一丁点伤亡。这太让人泄气了。”对于第 3 步兵师巴顿评论道：“我不得不戴上钢盔，手里拿着枪，让他们明白这两样东西必须时刻不离身。”但在向德弗斯提起视察情况时，他又把部队夸耀一番。他给德弗斯写道：“你不会想到我是多么感谢你对部队所做的一切。我试着听从你的建议耐心一点，但这不容易做到……还是没有机会去打仗。我期待有一天能够上战场，不论是什么任务。”

因为无法上前线，与隆美尔交手的机会显得越来越小。巴顿为此烦躁不安，他写道：“我就像是被关在屋里的鸟，透过窗户看着外面的世界，不停地撞着窗户试图飞出去，直至死亡。也许有一天，玻璃会被撞碎，或者窗户会被打开。”

致史汀生，1943 年 2 月 28 日

有时我在想，很多突然发生的事情都是上帝事先安排好的。缺席突尼斯的战斗也许对我而言反而是件好事……

我尽全力训练我们的部队。你可以想象得到，现在这个情况，保持士兵的士气有多难。但我们会做到的。

致内兄，弗雷德里克·艾耶尔，1943 年 3 月 2 日

当你收到这封信时，你也许已经得知约翰·沃特斯在战斗中失踪的消息了，不过他有可能还活着。

以我对他的了解，我不认为他会投降。但一定要让小比阿特里丝[①]甚至是我妻子认为他已经投降了。

① 巴顿的女儿，约翰·沃特斯的妻子。

艾森豪威尔刚才跟我通了电话，他认为约翰在战斗中表现英勇，并给他颁发了“杰出服役十字勋章”。

致比阿特里丝，1943年3月2日

我刚才在给小比阿特里丝写信，但实在写不下去了，很显然我不是一个合格的骗子……

约翰还是有希望活下来的……

如果失踪的是乔治（巴顿之子），我就不会这么难过了……

我觉得很对不起女儿。

3月2日

哈蒙刚才来了，他告诉我约翰是在西迪布济德失踪的……战斗中，他的营被德军80辆坦克分成两段……

按他所说，弗雷登道尔是个懦夫，无论是肉体上还是精神上。哈蒙已经着手改变不利局面，他把德国人赶出了凯塞林隘口。他告诉我他采用了我的建议，在占领四周制高点后用步兵肃清隘口。哈蒙赢了。战斗期间弗雷登道尔竟然从来没去过前线……

我真担心约翰已经阵亡了。

3月4日

诺盖给了我几匹马……今天和威尔伯的散步很愉快。

16点40分回来后才知道艾克之前给我打过电话，让我准备一下，明早就动身。我又打给他的参谋长比德尔·史密斯问到底什么事。他说我可能是去接替弗雷登道尔。这可不是个轻松的差事，但我决定还是去做。我有强烈的预感，英国人怕是比德国鬼子还要难相处。

“上帝偏爱勇士，胜利属于他们。”

3月5日

几分钟后就要出发前往阿尔及尔了，但愿一切顺利。

哈蒙提交了关于弗雷登道尔的调查报告。艾森豪威尔被沉重的内容震惊了。他向布莱德利诉说着自己对弗雷登道尔的失望，同时布莱德利也表达了相同的看法。艾森豪威尔说道：“你证实了我的想法，明天起巴顿指挥第2军。”

第十八章　盖塔尔战役

致比阿特里丝，1943年3月6日

亲爱的比阿特里丝，正如前几封信提到的，我被派到离约翰失踪不远的地方。从巴拉特出发，我一路听着装甲的轰鸣声和音乐。第2装甲师演奏的装甲进行曲不绝于耳。

巴顿到达阿尔及尔，按艾森豪威尔和比德尔·史密斯[①]给他的任命，他接替即将返回美国的弗雷登道尔的职位，后者被转到行政岗位。巴顿对这次委任评论道："因为突尼斯的战斗基本上都是坦克战，而我对此又十分精通。"之后，巴顿前往康斯坦丁[②]与第18集团军司令亚历山大会面。巴顿的第2军隶属于第18集团军。他写道："亚历山大十分客气，他竭力称赞我。他对我说他之前要的是最好的指挥官，别人推荐的就是我。"

接着巴顿会见了战争部副部长马克·科伊，并接待了他的朋友，现任职于亚历山大参谋部的W·凯里·克兰的来访："他给我讲了很多内部消息，我们一直聊到凌晨1点。"

---

① 盟军司令部总参谋长。他建议由巴顿代替弗雷登道尔。

② 阿尔及利亚东部省份。

但巴顿对接管第2军也保留了自己的看法："我真害怕艾森豪威尔把自己的灵魂供奉在与英国人合作这张祭台上，我担心与这些'高贵的盟友'合作无异于与虎谋皮。情况已经很明显了，要么合作要么滚蛋。"

3月6日，巴顿声势浩大地入主位于特贝萨的第2军司令部。到达驻地后，巴顿既吃惊又痛苦地发现部队的纪律已经荡然无存。在给布莱德利的信中，他写道："没有人向长官问好，士兵们衣冠不整，四处打闹。"他决定重整纪律，开始备战。

3月6日

10点到了第2军司令部。弗雷登道尔竟然还在吃早餐。他很友好地隆重接待了我。他的参谋部在我看来一团糟，着装和纪律有待改进。英军中将考克伦和弗雷登道尔谈了一会。他很明显地表现出被派到这里的目的是为了教我怎么做。我也让他明白这正是时候。他上午就走了。

我颁布了关于着装和纪律的命令，这些命令在这里从来没有被提起过。指望连军装都无法穿戴整齐的士兵从容地发起突击是件荒谬的事情。

弗雷登道尔要么脑子坏了，要么是怕得要死。他竟然决定不乘飞机而乘汽车在15点30分前往康斯坦丁。现在应该在路上了。

致比阿特里丝，1943年3月6日

弗雷登道尔之前是个优秀的赌徒。我可以很肯定地说，他是受局势所迫，无力回天。他告诉我他认为约翰还活着，被俘虏了；奥马尔·布莱德利也有这种看法。这让我放心很多。

很快就要指挥部队战斗了。第1军的加菲、兰伯特和科赫在我这里任参谋。希望我们能赢，因为时间不多了。

巧合的是，接到电话让我来指挥第2军的那一天正好是我们首次接触沙漠[①]一周年之际。

这里该死的沙漠寒冷、潮湿、让人恶心。我穿上你给我寄来的毛衣，很管用。但那些士兵们就苦了，最恶心的是那些泥浆……

杰弗里（凯伊斯）守着老巢。[②]

3月7日

6点半起床，7点吃早饭。食堂里只有加菲。我命令厨子7点半关门。这样做也许能让他们明早按时起床……

昨天，我任命奥马尔·布莱德利为第2军副军长。

这个地区发水灾了，这可够那些大兵们受的，不过士气还可以。天特别冷，我差点被冻僵。部队的战斗意愿不强烈，但愿我能让他们重拾热情。

3月9日

亚历山大今天来到这里……

我和他相处得不错。他这人爱赶时髦，说得好听点就是思维活跃，对很多事都感兴趣，喜欢刨根问底……他似乎同意我的大部分军事计划。我认为他是个完美的战士，而且比人们描述的更坦率。

约翰·克兰认为在北非我是年龄最大的将军，他其次。但不管怎样，我是最好的。

3月12日，巴顿得到消息，确认他已晋升中将。和以前一样，他对此表示

---

① 巴顿在沙漠训练中心。

② 在巴顿调往突尼斯的这段时间凯伊斯暂时指挥第1军。

不满！他始终幻想着与隆美尔决战，这种想法挥之不去。但事实上已经没有机会了，因为隆美尔病重，德军统帅部已经决定重组部队。3月5日，汉斯-于尔根·冯·阿尼姆任非洲军团司令。9日，隆美尔飞回德国，彻底地离开北非。

3月12日

我做了很多事，但还有很多工作等着去完成。弗雷登道尔在这里什么都没干，他只是享受着军长的职位，他的参谋水平一般，军官也太年轻没有指挥风范……

天气很冷，我喝了杯酒暖暖身子。

21点，埃迪进来告诉我他刚通过收音机得知我被提名为中将。迪克·简森给我带来了一面他已经随身携带了一年的军旗。今后，我将身着三星外出工作了。我想起小时候，手拿着木质军刀嘴里喊着："小乔治·S·巴顿中将"。那个时候，我还不知道有上将。现在我的目标是四星，我会成功的。

致比阿特里丝，1943年3月13日

这一次我做到了，我现在是中将，但中将太多了，以至于这个头衔不再像以前那样吸引人。不管怎么说，我还是很满意。太容易得到想要的东西反而感觉很可笑。

部队的纪律是个大问题。我刚到这里的时候，毫无纪律可言：没有人向长官问好，军装的穿法千奇百怪，自由散漫，秩序混乱。

作为副手，布莱德利干得很棒。这里的战事结束后，接替我指挥第2军的人就是他。当然前提条件是我们能够打赢，这不容易。这次晋升也许是因为我被派到这里两线指挥战斗而给我的奖励。

今天爆发小规模的冲突，我们干掉三辆坦克，自己也损失两架飞机。生活从来都不是一成不变的，但这里实在太冷了。

致好。乔治中将（平生第一次）。

3月14日

凯塞林隘口是个名副其实的泥潭。我们认为隆美尔会在今天发起进攻，为此我提前来到这里，但什么也没有发生。17点左右，麦克里欢送我回来，他带来一瓶苏格兰威士忌，但我没喝……

我能看出来士兵们的表现在一点一点好转。以身作则是最好的办法。昨天散步的时候，我看见两个中尉八个士兵穿戴不合规定，我命令他们集合，列队跟在我后面走。

3月初，蒙哥马利和亚历山大确定了进攻细节。战役目的是击溃马雷特防线的意大利守军，从而夺取通往斯法克斯港的道路。巴顿的美第2军的任务是阻止轴心国部队增援意军。预定于3月19日发动进攻，行动代号“拳击手”。

致比阿特里丝，1943年3月15日

战役留给我的准备时间太少了，不到10天，以至于除了提升士气和与英国人磨合，其他的我什么都做不了。

合作并非意味着商量好谁去送死。

在这方面，亚历山大还算说得过去。他首先想到的是他自己的利益，这很正常，如果我处在他的位置，我也会像他那样做。我希望战斗中我的表现无懈可击，展示出必要的勇气和冷静。我讨厌这个国家遍地的地雷，每天都有官兵为此丧命，大部分时间都花在包扎被炸断的腿上。我们准备在汽车底部放置沙袋，也许会有帮助。

和以前一样，每次战前我都会紧张。我希望接下来的日子能过得快一点，19号能早点到。

致好。

3月15日

可怕的一天……我们把能做的都做了，也许还不足够，但时间只有这么多。现在轮到别人来做，但我对他们没什么信心。真希望自己有分身术，能一分为三，指挥两个师的同时统领整个军。布莱德利、加菲和兰伯特是我的得力助手。

上帝啊，帮帮我吧，务必让我完成任务。我是这里最优秀的，但只有我一个人不够。主啊，请赐予我们胜利。

3月17日，美第2军发起攻击。同一天，第2军下辖的第1步兵师开进加夫萨，德军事先已放弃防守从此处撤退。18日，尽管天气恶劣，泥泞的道路延缓了进军速度，但美军还是占领了盖塔尔一部。20日晚间，美军已经暂稳脚跟，并扩大了盖塔尔占领区域。冯·阿尼姆不得不（从马雷特防线）抽调精锐的第10装甲师[①]阻挡美军。

致比阿特里丝，1943年3月18日

我刚刚指挥了一场大规模的行动……

我们几乎兵不血刃地占领了一座大城……

我本想今天早晨继续前进，但昨天下了整整一夜的雨，不得不推迟行动。现在风很大，如果大炮能在泥泞的路上移动的话，我们就即刻行动。行军的时候，我真害怕遇到空袭，但很快我就不再为此担心。

艾克和亚历山大一直要求我待在后方，这让我无法体现自己的风

---

① 此时，克劳斯·格拉夫·冯·施道芬贝格在第19装甲师服役。突尼斯战役前，刚晋升为中校，在参谋部任职。1943年4月7日的空袭使施道芬贝格受重伤，失去左手两个手指和整只右手，右眼失明，返回德国接受治疗。之后，他与后备军司令部参谋汉宁·冯·崔斯考夫以及另外两名军官实施刺杀希特勒行动。

格。但不管怎么说，我现在所处的级别使我远离前线。老实说，我很讨厌这样。当与隆美尔交手的时候[1]，我不得不时刻站在电台旁边。

如果你听到我不在北非任职的消息，不要吃惊，那一定是我被调往别处。无论怎样，我都会先做完北非这边的活，这里还要打好几个星期。我们不得不稳扎稳打以维持部队的士气。特里（艾伦）和他的部队干得好极了。但我对第1装甲师的表现不满意，看来得换个师长。

亚历山大和艾森豪威尔对进展很满意，我希望能持续下去。但指挥着一群不是自己亲手调教出来的士兵作战并非易事，而且我也不了解参谋部的那帮人。幸好有加菲、兰伯特和科赫，其他人都是一群菜鸟。第2办公室的迪克逊也不错。

这里的罗马古城真了不起，但部队行经其中时却又不知道它们的名字，大家都习惯了这样。无法想象罗马人在这里待了七百年……

泰勒普特就在附近，但我没时间去。人们都说那里有全世界最漂亮的米内尔韦庙。如果搬得动的话，也许我会拿走很多珍贵的纪念品，但它们实在太重了。尤其是院子里那尊古罗马议员的半身雕像很美，而且庄严肃穆，它可能有一吨重。

看着士兵们忍受严寒，我很难受。

信件审核人员请注意：我已让加菲将军审核了这封信，因为总有一群人盗取我在信封上的签名，我受够了。

3月18日

第1装甲师因为道路泥泞几乎动弹不得……

如果可以的话，我准备明天试着往马克纳西方向进军。但一切

① 巴顿不知道隆美尔身患重病，已经离开非洲。

取决于路面的干燥程度……德国鬼子和我们忍受着同样的天气。我认为如果能先发制人会对我们有利，因为这样可以按照自己的节奏展开行动。

麦克里带来的消息让巴顿泄气。在突袭德军位于迈祖奈的机场前，驻扎加夫萨的美军必须要控制马克纳西地区的山地——这些山地位于马克纳西和迈祖奈之间，并将部队行进致加夫萨至丰杜克一线。巴顿明白这意味着他的部队不能继续往东推进从而将德军拦腰截断，他意识到这项任务将由蒙哥马利率领的英第8集团军完成。他写道："显然这些命令的目的就是阻止我们向海边推进。也就是说，我们只能继续牵制敌右翼，把敌军一分为二的任务轮不到我们。"

"所有这些的目的只有一个，那就是保证让英国人完成最后一击，获得胜利。我保持克制，接受了这项命令。没有更多可做的事了，但我不明白艾克会让别人怎样看他。这太可怕了。我希望能返回摩洛哥准备下一场任务（西西里登陆），防止他们再用同样的手段对我……"

"主啊，保佑我们早晨的战斗能赢！"

"我越想这些命令就越抓狂，但没有人察觉到这一点。"

致比阿特里丝，3月19日

我往返两地视察前线（艾伦的部队和沃德的部队）走了几乎250公里，途经数不清的古罗马遗迹。这个国家到处都是遗迹……

作战行动计划今天上午制订完毕。该死的天气对所有的人都是一样的，如果我先出击，隆美尔就不得不想办法应付。但也有可能他在今天上午就率先进攻，为此我不得不待在这里。

3月20日，蒙哥马利率第8集团军进攻马雷特防线①。然而恶劣的天气和泥泞的道路使进展缓慢。

巴顿无视亚历山大经麦克里给他的命令。他让沃德少将率第1装甲师前往迈哈莱斯和马克纳西截断轴心国部队的退路，命令特里·德·拉·梅萨·艾伦率第1步兵师控制盖塔尔至加贝斯的公路。巴顿意识到对他的第2军和英第8集团军而言这是一次千载难逢地包围意第1集团军的机会。

3月20日

奥马尔·布莱德利半夜把我叫醒，给我读了一份电报，上面说约翰安然无恙、被俘。

今天一整天我都守在电话旁边，这样指挥战斗太可笑了。希望明天能有所不同……第1步兵师和第1装甲师应该都在战斗。英第8集团军今夜发起行动。我猜想如果隆美尔采取什么对策的话，那也应该是明天了。我感觉到战斗时，主一直在我身边。

3月23日，德第10装甲师攻击位于盖塔尔的美军，但他们很快就发现四周全是地雷。意军也发起进攻，立刻遭到美大红一师的反击。在配备了M-10反坦克歼击车的第601反坦克营的支援下，特里的部队如入无人之境！德军开始向后收缩，接着再次发起攻击，但只是再一次被美军痛打。在高处观察战斗的巴顿心花怒放！

但巴顿的惬意很快就结束了。在马克纳西，面对为加强防御而刚调至此处的两个德军营，美第1装甲师发起五次攻击均遭失败。巴顿为此对沃德十分不满。

---

① 蒙哥马利拥有16万士兵、610辆坦克和1410门火炮。轴心国部队士兵8万、坦克160辆、火炮680门。

3月24日

晚饭后，我得知第1装甲师又打败了。我打电话给沃德，命令他要亲自带队发起攻击，必须打赢。

我有些不安，因为我担心这会让沃德牺牲，但我不得不这么做。如果他的指挥能有力一些，他早就占领那些山头了。我希望他能活下来。

按照我的指示，沃德身先士卒发起进攻，终于拿下了山顶。但我军无法占领整片区域了，因为浪费的时间正好被敌人用来组织防守，而且我军人数也不够。我命令他们停止进攻，休整部队。战斗中，沃德展现出了勇气，还好只是受了点轻伤。

3月24日，德第10装甲师后撤，只留下一个连驻守盖塔尔地区，但这个连给巴顿造成了不小的麻烦：他们就地发起反击让美第1步兵师动弹不得。25日，德步兵率先对盖塔尔前线发动进攻。在马克纳西，意装甲部队前来增援"半人马师"在当地的防守，此前二十多辆德军坦克让美第1装甲师疲惫不堪。德第10装甲师损失惨重，但它成功阻止了巴顿向最后一道防线的渗透，防止突尼斯与马雷特防线被分割包围。

致比阿特里丝，1943年3月25日

现在的工作并未给我带来太多快乐。由于战线宽大，我始终无法离开指挥岗位。我从来没有像现在这样躲在后方打仗。我能做的就是指挥行动，以及冷静地面对英国人，但这并不简单。

每天我都会视察医院，检查伤员的验伤分类。大兵们见到我很高兴。大部分伤员受伤不是很严重，他们看起来乐呵呵的。治疗伤兵的组织工作比上一次战役做得好多了，伙食也不错。每个伤兵上救护车之前都会来一针。士兵们每人配有一个药箱，里面有三根注射药剂、一瓶药以及撒在伤口上的粉末。

每次打仗我都会紧张，我从来就没有适应过。最让我讨厌的还是德国人的飞机。

3月25日

加菲叫醒我说艾伦报告说他的阵地被突破，请求派一个营增援。我同意了，之后继续睡觉。早晨醒来，和往常一样，情况没那么糟糕。

3月26日，在首次进攻马雷特防线失败后，蒙哥马利再次展开攻击，代号为“二次加压”。新西兰兵团成功绕过防线，并占领了马特马他山，为夺取海曼铺平了道路。这直接从后方威胁到马雷特防线，德意联军为避免被包围全歼，不得不向北撤退。

3月27日

今天视察了马克纳西附近的第1装甲师，告诉沃德下一步的行动计划。同时指出他过于相信参谋缺少主动性，没有亲自核查命令的执行情况。他承认了这一点。我还告诉他如果下次行动失败，我就把他撤了。他也表示完全理解。为了表彰在战斗中英勇的个人行为，我给他颁发了“银星勋章”。他原本能获得“杰出服役十字勋章”，如果当时他完成了我给他布置的任务。

看着跃跃欲试的巴顿，亚历山大最终同意让他进攻加贝斯一线。巴顿命令第1、第9步兵师攻占盖塔尔至加贝斯的公路，第1装甲师攻击马克纳西。3月28日，第1装甲师发动进攻，但仍以失败告终。此时，巴顿对沃德彻底失去耐心。

3月29日

我对沃德和他的师没有信心。沃德缺少动力，第1师怯战。我担心我们的士兵愿意战斗但害怕死亡。

今天往救护车上运送伤员时，一个神父在旁边闲逛，我把他狠狠地骂了一顿。

3月30日

今晚，所有的炮兵部队向前线移动支援作战。

第34师的瑞得让我过去或是把布莱德利派过去，我正准备这么做。布莱德利没问题，而我必须留在这里。

班森中午开始进攻，他早就应该考虑换个方位进攻了。他被雷区困住，动弹不得。我们损失三辆坦克，两辆坦克歼击车。我对此感到不满，但不得不说，现在这种情况使用坦克作战几乎是不可能的。

我希望能亲自去做更多的事，无法想象把所有的事交给别人去做是多么可怕，但这又不可避免。总之，如果他们能充满自信，那就离胜利不远了。“主已经给我们指出了胜利的道路。”

致比阿特里丝，1943年3月30日

为了下一步的行动，我把迪克派到班森那边。上午装甲部队会有一场大仗要打。我们正试着把隆美尔的部队切为两段。

就防守而言，意大利人打得不错。德国人十分顽强，尤其是军官，但我们已经把他们逼到死角。

对我而言最难受的就是无事可做。我曾经努力地试着做些什么，但最终在前线战斗的还得靠那些大兵，他们也做得很好，但还有改进的空间。

3月31日

今天早上诸事不顺，除了班森突破敌军防线，其他各条战线都没有进展。

埃迪之前建议我改变作战计划，我告诉他太迟了。如果我听他的，也许班森就不会赢。坚持自己的原则很重要，修改计划前必须三思而后行。

比德尔 · 史密斯和麦克里拿着前天给他们的计划来找我。当时这份计划是可行的。但今天，和所有其他事情一样，太迟了。

我打电话给沃德让他准备进攻，伤亡允许达到四分之一。我们的部队有些厌战，尤其是第1装甲师。真让人泄气。

我知道给沃德下这样的命令显得不近人情，但必须如此。要想赢得战争就必须真刀真枪地打，越早越好，而且沃德部在马克纳西的进攻可以减轻班森甚至是瑞得那边的压力。布莱德利已经出发去瑞得那里了解情况，那边必须顶住。

虽然美军暂缓进攻，但汉斯 - 于尔根 · 冯 · 阿尼姆仍然认为巴顿的部队威胁最大。他从马雷特防线抽调部分兵力[①]阻止美军进攻。但因缺乏油料且意军伤亡过大，德意联军无法击退美第2军。事实上，德第10装甲师和意“半人马师”已经准备撤退。

3月30日，蒙哥马利占领海曼。艾森豪威尔认为英第8集团军和美第2军的进攻削弱了轴心国的防线，并消耗了他们的机动预备力量。他认为是时候沿地中海一线发动大规模进攻了。

---

① 非洲装甲掷弹兵一个团和德第21装甲师。

第十九章　该死的英国佬

1943 年 4 月 1 日，巴顿心情跌入谷底。眼见自己的部队在恶劣的天气和泥泞的地面上被顽强的敌人消耗，他怒斥盟军高层反应迟缓、行动拖泥带水。由于盟军飞机无法夜航，且由于连日阴雨不能飞行侦察或是对地面部队提供空中支援，巴顿亦对空军不满。战场上，沃德的第 1 装甲师毫无建树，巴顿决定让哈蒙接替沃德。被巴顿视为挚友的副官理查德·简森阵亡于德军的轰炸更是让巴顿痛不欲生。

致比阿特里丝，1943 年 4 月 1 日

亲爱的比阿特里丝，今天早晨迪克·简森牺牲了。我已经让比德尔·史密斯电报告知你和他的母亲。

我感觉这是由于我的疏忽造成的，但我在给尼特和简森母亲的信中没有提到这种想法。班森之前指挥坦克部队，而他那里没有参谋。就在布莱德利准备把他的副官派往班森那里的时候，我让迪克去了。

目前，行动很顺利。今天上午在两个军官的陪同下，布莱德利去了指挥所。在那里，他们遭到 12 架容克 -88 的轰炸。所有的人都躲到战壕里，迪克离布莱德利不到 3 米远，一颗 500 磅的炸弹正好落在迪克的那条战壕。他死得没有任何痛苦，尸体也完整。我们把他的尸体运到加夫萨的公墓16点下葬。我和加菲赶到那里做遗体告别。我跪在地上亲吻他的额头。他很有个性也是一位忠实的朋友，我会很想他。

我对他的母亲感到十分内疚。我剪下他的一绺头发寄给他母亲。只要一发现他的个人物品，我就给他母亲寄去。

战争很残酷，但我们都活了下来，我希望能继续这样。敌人的轰炸很猛烈，但我们无力反击。虽然我心存侥幸，但也许下一个死的就是我。我还有一堆事情要处理。

4月1日

简森的手表永远地停在了10点12分……他是一个优秀的军官，一个优秀的战士。我始终不明白为什么那么多像他这样优秀的军人会牺牲。我会十分想念他……麦克里认为应该立刻停止装甲部队的进攻……但交战中不能改变原先的计划。

那些盟军高层的反应总是慢半拍，至少慢3天甚至是一星期，而且畏首畏尾。占领加夫萨之后，他们命令我们在盖塔尔一线停止进军。从19日到22日，我们就一直在那等着。德国鬼子正好利用这几天把第10装甲师从北面撤下来。同一时间，他们进攻马克纳西，一直打到东面的那片山地。没有亲自指挥战斗夺取那些山头是我的失误。沃德在那浪费了三天，敌人得以加强防御、提高士气，最终战斗失败。另外我申请把第9师和第1装甲师全部投入战斗，但他们只批准了部分部队。这点兵力不够。

麦克里告诉我今天上午的进攻由步兵承担。此时此刻，17点，我收到亚历山大的建议——是建议不是命令，他建议我投入坦克作战。如果可以的话，我计划由步兵发起攻击，接着坦克跟进。

致凯伊斯，1943 年 4 月 1 日

我认为应该尽一切努力把老兵投入下一场行动（西西里登陆战）。第 1、第 9 步兵师有两栖和山地战经验。第 1 装甲师还得再练一练，纪律上还得加强；至于第 2 装甲师，他们缺乏战斗经验。

迪克的死给我的打击比想象得要严重，我没想到我会这么想他。

4 月 4 日

我派布莱德利去马克纳西通知沃德被解职了。亚历山大之前已经给我写过信让我换掉沃德，但我不想以此为借口解除他的职务。事实上，早在上月 22、23 号我就已经这么决定了，新手至少比懦夫强。

3 月底，德意联军开始撤退。4 月 3 日，美第 2 军趁势从中央山地向盖塔尔至加贝斯一线进军。就在巴顿认为形式一片大好时，他的部队中计了。德第 21 装甲师和意“半人马师”埋伏在四周的山上，只留下一条道路通往预先准备好的雷区。由于轴心国军队顽强地防守，美第 2 军不得不再次停下脚步。

当巴顿正在指挥战斗时，收到亚历山大的命令。后者命令他将指挥权交予布莱德利，回到卡萨布兰卡准备西西里登陆；另外，所有美军部队此后将受英军指挥。巴顿愤怒了，在日记中写道：“美军会被拆散，并且失去参加突尼斯战役最后阶段的一切机会，也将失去应有的荣誉。布莱德利和我曾经向艾克提起过这种可能性，他也表示会阻止这种情况发生。但他什么都没做，他已经彻彻底底地卖给英国人了。我希望美国的媒体能了解这一切。布莱德利和我准备保持沉默。如果出什么事，也不是我们的错。我希望德国鬼子能把第 6 装甲师和第 128 旅彻底打败。我受够了让英国人像傻子一样摆布。不论是国家荣誉还是相关威信，我们什么都没有得到。艾克根本就不配那个职位，他就像个骑在马背上的乞丐[1]，无法适应成功。”

直到4月7日，巴顿的装甲部队才得以继续向加贝斯方向行进，很快他们将与蒙哥马利的部队会师。巴顿明白德意联军已经彻底从包围圈中挣脱向北撤退。

4月7日

今天接到麦克里的电话，他认为坦克的行进有点畏畏缩缩，应该不计代价快速推进。之前我已经给班森下了同样的命令。

昨天夜里，杰夫·凯伊斯从摩洛哥赶来见我讨论哈士奇行动[2]，我让他跟我一起走走。我们走到班森的指挥所，我告诉他（班森）昨天的缓慢行军让我不满意。我命令他快速前进，除非遇到激烈的抵抗或者部队到达海边，否则不准停下来。

接着我们走到兰德尔上校的观测所，路太难走了。在那里，我们规划了班森的行军路线，目前除了远程大炮的攻击，他几乎未遇抵抗。我把加菲派过去，让他督促班森快速进军。回去的路上，我们碰到班森，他正在吃午饭。我命令他放下吃的，立刻返回前线。他已经因为一片雷区耽误了时间。我们之前走过那片雷区，当时前面开路的只有一辆吉普车和一辆侦察车，大家都说我会被炸死在那里。我又一次对班森强调除非遇到抵抗或是行进到海边，否则不许停步。在我们走后不久，班森的前哨部队就遇见了第8集团军的巡逻队！我完全不知道英国人已经到了指定区域，我只是尽我认为应尽的职责。

班森俘虏了一千多人。

---

① 指暴发户。

② 西西里登陆行动代号。

当部队在突尼斯行动顺利时巴顿却感到失望，尤其是在3月初当他得知即将被调离北非时。他认为“这会便宜了隆美尔这个狗娘养的”，简森的死让巴顿愧疚不已。他对空军非常不满，认为他们未尽到应尽的责任。他在一份报告中指出“我们的部队没有任何空中掩护”。这句话很快流传到大家的耳朵里，甚至引起美军和英军的争执。

4月8日

我收到了英国空军元帅亚瑟·科宁汉极其不公正的电报。他指责我疯了，是个骗子。他说我们的部队之所以呼叫空中支援只是想为部队作战不利、行动迟缓找借口，进而演出一场“狼来了”的闹剧。

我们死了15人、伤55人，遭受德军共计161架次飞机空袭55次。

今天中午，空军司令特德元帅①、中将斯帕茨和一个叫劳伦斯·科特的家伙②。特德一见到我就说：“我们来这里不仅仅是奉科宁汉的命令，也很想来看看你。”

我对他说很高兴见到他们，并表示我认为那封电报是以官方而非个人名义发给我的。他们感到不自在，然后开始聊起盟军的空中优势。就在这时，4架德军飞机贴着地面不到20米空袭，向地面机枪扫射，并投了几颗小型炸弹。没有人受伤。

就在德军飞机机枪扫射时，巴顿拔出他的柯尔特象牙柄手枪向飞机射击。空袭后不久，特德借这场空袭讽刺巴顿，他认为巴顿的部队之前呼叫空中支援完全是小题大做。巴顿回答道：“我要是能找到开这些飞机的那些狗杂种，我

① 北非战区空军司令，英国人，阿瑟·威廉·特德。

② 斯帕茨任第12航空队司令。科特在突尼斯指挥第12航空队一部。

会给他们每人寄去一枚勋章。”

4月9日，巴顿收到科宁汉的道歉，美英两军的信任危机也就此结束。

致比阿特里丝，1943年4月8日

我们刚刚赢了一场大仗。

当然损失也不小，很多伤兵马上就要被运来。

我们的任务是在第8集团军前面打通行军路线。我们已经这样做了。

估计很快我就会前往拉巴特，准备其他重要的事情。由于缺少潘兴一样的人物，我们的部队在这里变得越来越无足轻重。

如果报纸上说我被解除职务，不必担心，我只是被调离这里。布莱德利将接替我，他表现得很出色。

4月8日

今天上午第2军被派往一个新战区，今后他们将只保留两个步兵师。这样做的目的是防止我们越过东部山岭，不让我们接触到撤退中的轴心国部队。

麦克里午饭时打来电话：在丰杜克一线，第34步兵师需要一个炮兵营增援。我告诉他：“我也这样认为。”听到他的语气有些颤抖，我补充道：“你看，你和我，我们总是想法一样。”

麦克里认为应该先夺取位于马克纳西北面的费得山口，这样更有利于进攻丰杜克。巴顿写道：“我也这样认为，而且我之前就已经派了一个坦克营去那边。”

巴顿于4月10日即美军即将夺取费得山口前，前往第1装甲师司令部。他在日记中不无自豪地写道：“为了向我汇报情况，哈蒙一直待在指挥所。除了发号施令，我什么都没做。我找到本应在指挥战斗的麦克里命令他立刻进攻。当我们到他那的时候，他的部队什么都没做。麦克里面带自豪地告诉我他刚刚下达了作战命令。我问他最前方的小分队到哪了，他回答不知道。我喊上哈蒙，我们一起朝前线赶去。

“他们告诉我说由于遍地地雷的原因无法横穿西迪布济德。而我们在行驶到通往山口的公路之前，毫发无伤地通过了那片区域。路上一颗地雷也没碰到。

“我们赶上工兵部队，他们刚排了 12 颗地雷。我告诉侦察兵不要走公路，快速前进。战斗中我们损失两辆半履带车，但赢得了时间。

“接下来我们到了费得隘口南部，那里确实有地雷，不过都是小型的。我们在雷区里行进，以此激励他人。我认为地雷主要是一种心理武器，不应该把它太当回事。我估计横穿雷区至少给我们节约了 3 个小时。

“接着我们派哈蒙的副官去狠狠地教训麦克里。回程的路上，我们碰到两个侦察连，一些炮兵，但没看见坦克。很显然，既然我军已经占领隘口而且要防止敌人反攻，就应该在那里部署坦克。这说明麦克里反应迟钝、缺少进攻精神。

“把哈蒙留在西迪布济德后，我准备走斯贝特拉公路返回。他们告诉我路上有地雷，稍后我听见有人议论说士兵们看见我穿越雷区备感鼓舞。回来的路上没碰到什么危险，我的好运总是会在正确的时间出现在正确的地方。

“19 点返回司令部，我们开着吉普车走了大约 450 公里。”

此时的巴顿明白突尼斯之行已接近尾声。但当他得知今后美军仍将接受英国人指挥时，突尼斯之役给他留下一丝苦涩。亚历山大将军告诉他：“如果我们有机会携手走进突尼斯城，我会安排一支美国部队和法国部队共同入城。”在巴顿看来这个提议毫无道理，“但我不准备反驳他”。他认为没有任何理由让美军接受英第1集团军指挥，这关系到国家的尊严，并抱怨道："该死的英国人和那些向他们卑躬屈膝的所谓的美国人，我祈祷艾克将来什么都别做。上帝知道在我看来阿拉伯人是多么的微不足道，但我宁愿让他们指挥我。"

4月12日

第34步兵师表现一般，这是因为克拉克给他们布置的是不可能完成的任务，他们的两翼完全得不到保护。英国人占领山头后，我们迫使德军后撤。我认为应该开诚布公地和英国人谈谈，当然这可能会对我不利。艾克比英国人还要效忠英国，他简直就是英国人的爪牙。潘兴看到这一切会作何感想啊!

回指挥部的路上，我路过一个古罗马界碑，它在那肯定有1300多年了。与之相比我们显得多么渺小！下午我去了趟医院。很多伤兵，但精神状态还不错。

致比阿特里丝，1943年4月13日

护士们干得太好了。

昨天，我看见一个可怜的家伙，他的一条腿没了。我问他怎么样，他回答道我能来看他让他感觉好多了。

我觉得去看望伤兵，会让他们好受一点。但每次我都不知道该说什么。我认为他们受伤不是我的责任，因为我也有同样的危险，但每次看见他们总会让我心里难受。

4月13日

布莱德利前往第18集团军指挥部，主要的任务是确定将第2军迁往战场北侧的细节，他以强硬的态度再次申明拒绝将第2军置于英指挥之下。事实上，首要任务应该是确保第34步兵师能够参战。他成功说服英国人召开一次会议。我之所以要保住部队的指挥权是因为我想掌控尽可能多的部队，以便取得更大的战果。我强烈感觉到英国人不想让我们获得重大胜利，他们让我去参加明天白天的会议，也许是想安插一个英国人到我们的参谋部。艾克也会出席，我很想看看他的反应。他派我去负责哈士奇行动一点都不让我吃惊。我更想打完突尼斯这边的仗，但还没有和他谈这事，我想命运之神给我准备了更重要的角色。

4月14日

布莱德利和我，我们今天上午出发，每人乘坐一架派珀飞机前往伊兹拉岛去见艾克。由于大雾的原因，我们在泰勒普特降落，并从一个野战医院那里给飞机加油。之后重新尝试起飞，我的飞机成功了，但布莱德利的飞机没飞起来，他不得不找辆汽车赶路。艾克的经历和我们一样。我们三人会合后，他甚至没有谈起我军取得的胜利。

接下来，我们见到了亚历山大。顺便提一下，他甚至没有离开办公室去机场迎接他的上司[①]。艾克海阔天空地说了许多话，然后让亚历山大去忙他的。他说他不希望被别人看成是美国人，而是一个盟军战士。他这样想有他自己的道理，但对我们而言就是一出悲剧。哈士奇行动让他十分兴奋，他对我说他认为我应该回去准备行动，把布莱德利留下。我回答说如果要走，最好就是今天，因为布莱德利从现在开始就可以处理接下来的（突尼斯）作战细节。艾森豪威尔立刻表示同意，然后起草给第2军的议事日程。

我憎恨离开战场，但我认为亚历山大给第2军指派的战场毫无前途；另外，第2军受英第1集团军管辖，我恐怕情况会更糟。

---

① 指艾森豪威尔。

到目前为止我的运气都很好，我希望主能继续帮我。见到了克拉克，他变得很尖刻。我想（是因为）我走在他前面。一想到他对我又爱又恨的样子就感到好笑。

艾森豪威尔致巴顿，1943 年 4 月 14 日

你被临时任命为第 2 军司令在突尼斯的作战行动已经圆满结束了。请接受我个人的祝贺，祝贺你在此期间表现出的个人才智和对他人做出的表率。

艾森豪威尔的信并不能完全反映出巴顿取得的巨大成就。在弗雷登道尔指挥失当、第 2 军遭受重创之际，巴顿临危受命整顿部队，经过训练后的第 2 军在战场上表现突出。另外，巴顿有着极强的战斗欲望，并展现出良好的战斗风范。然而巴顿并不完全满意，尤其是面对他的英国盟友时。他指责英国人过于小心翼翼进而痛失良机，否则北非战事可以提早一个月结束，也可以挽救“孩子们”的性命。巴顿对英军和艾森豪威尔的不满将在哈士奇行动中逐渐加深。

1943 年 4 月 15 日，艾森豪威尔命令巴顿从突尼斯返回摩洛哥准备西西里登陆计划，并任命奥马尔 · 布莱德利指挥美第 2 军。

此时突尼斯战役还没有最终结束。蒙哥马利于 4 月 19 日发动进攻，但因意大利守军抵抗顽强而告失败。直到 5 月，英军才再次发起攻击。5 月 4 日，法军率先行动，美军于两天之后也展开攻击。7 日，美英装甲部队夺取突尼斯城和比赛大的港口，轴心国部队被分割成数段。13 日，最后一支德意联军投降。第三帝国彻底丢失北非，23 万 8 千人被俘。

4 月 15 日

第 2 军参谋部今天上午出发。盖伊、米克斯中士和我乘车前往康斯坦丁，中途经过罗马皇帝图拉真在公元 100 或 200 年建造的提姆加德遗址。这个地方太棒了，有一个图拉真凯旋门，还有数千幢房子。坦克在地面上留下的车辙有大约15厘米深。我所获得的胜利比图拉真当年能够想到的还要大得多……

晚上到康斯坦丁，在斯帕茨的航空队食堂吃的晚饭。他的参谋全是英国人，他和他的手下总是幻想着独立作战。这太可笑了，这只会使我们之前和海军的合作方式系统化。不论是在陆地上、海里还是空中，战斗中只能有一个指挥官。问题是我们缺少性格刚强的指挥人员。我算是一个。随着经验不断增加，我越来越不需要担心其他人，不需担心他们甚于担心自己。我们既弱小又胆小的士兵，或者说也许他们是这样的士兵，在战斗中不断成长。战争既简单又冷酷无情。但一直以来我从不缺乏信心，越顺利，我的信心就越大。

我肯定在上帝的帮助下，我们会成功赢得西西里登陆战，并且始终保持胜利，直至遥远的战争结束。

离开加夫萨前，我在花园里捡了几棵旱金莲，我们去公墓向迪克·简森告别。目前那里有七百多个墓碑。

4月16日

斯帕茨用他的专机把我送到阿尔及尔。晚上和艾克在一起，我可以确定艾克扮演着叛徒的角色，而他也对此心知肚明。他要么是在执行某些命令（如果是这样，他做得很好，而且毫无怨言），要么就是被英国人彻底收买。唯一可以肯定的是他没有说实话。英国人指挥着一切，无论是在路上、海上还是空中。他们把我们当成傻瓜，不论是军事还是政治方面都只考虑自己的利益。

他们随意地调遣我们的部队，随心所欲同时又自以为理所当然地使用我们的部队。甚至是由他们来决定我们给法国人的军需补给量。

没有任何理由把第2军调到战场北翼，那里根本没有重大的进攻作战，应该把我们派往迈贾兹巴卜。

科克伦中将，这个狗娘养的，他说我们的士兵是懦夫。艾森豪威尔对我说既然他是在评论他的部队，那就没什么大不了的。我反驳道，如果我曾经也这样评价过受我指挥的英国人，那么他们可以把我的头砍下来。他承认我说的有理，但没有对科克伦做出任何惩罚。

布莱德利、休斯、罗克斯和我还有很多人都认为美国被出卖了。我比艾克忠诚得多。我与英国人在一起时所遭受的种种经历是面对任何一个美国人时都不可能遭受的。如果这种对美国的欺骗来自于高层，那么这种欺骗绝对应该受到谴责；如果这是艾克的决定，那太可怕了。我准备辞职以示抗议，并与休斯详细地谈了这事。(否则）我觉得自己的灵魂与犹大无异。他认为恰恰相反，我们应该留下来尽量减少损失。我不同意他的看法，但我确实想留下来打仗，而且即使我提出辞职，我也不认为自己是一名优秀的殉道者。

4月17日

今天上午和艾克简单地谈了谈。很奇怪，他竟然一直在听我说。对于每件事他都给出了解释——很可能是英国人替他想的理由。他提醒我注意，1918年3月潘兴把所有的美军都交予福煦指挥。我反驳道，同年8月潘兴警告福煦，如果他不能把所有的美军组织到一起，那么他将无一枪可用、无一车可动，结果取得了圣米耶勒胜利。中午和休斯一起吃饭，他比我还要激进。他让我注意艾克甚至没有对纪律亦未对阿尔及尔的治安条例产生影响。

我们乘坐斯帕茨准备的C-47运输机14点起飞，18点降落在卡萨布兰卡。凯伊斯和哈金斯在机场接我。在离开这里的43天之中，我赢了好几场战斗，指挥着95800名士兵，瘦了5公斤，收获三星，更加沉着、自信。除了这些，我还是原来的我。

第四部分

哈士奇行动：攻占西西里

第二十章　不和谐的音节与底音调

4月20日

目前我还不清楚下一步的行动到底会怎样，但我想它一定会比火炬行动顺利。

和以前一样，海军和空军仍旧不能及时跟进。和英国人合作依然是一件不愉快的事。到目前为止，战争的一切目的只是为了让那个所谓的大英帝国获取尽可能多的利益。

此时的巴顿依旧对英国人心怀不满[①]。但个人的情感并未改变盟军在突尼斯战场的胜利。英国人确实将非洲看作是自己的“盘中餐”。美军当时只是起着支援的作用，甚至是锦上添花。另外，美英两军也曾出现过较为紧张的关系。在巴顿看来，这将对未来的军事行动，尤其是哈士奇行动产生不利影响。4月28日，他去医院看望在突尼斯受伤的马克奈尔，并谈及此事：“我们谈得很投机，就是时间短了点。马克奈尔问我如何看待指挥盟军，我回答这根本不可行。各个国家的军队应该被派往不同的战斗区域，互不干扰，否则盟友间的

① 这种不满体现在两方面：既对英国人不满，又对英国人指挥的盟军飞机不满。在他看来空军并未在突尼斯战役中提供有效支援，导致其副官简森牺牲。

相互仇恨只会甚于敌我间的仇恨。”

虽然对登陆计划有不同看法，巴顿和他的参谋还是全心全意地投入到西西里登陆计划。如同巴顿持怀疑态度一样，英国人也不同意美军的战略设想。

美英两军的意见分歧在于双方的战略目的不同。英国人倾向于“由外及内”的战略，即先从欧洲大陆周边入手。他们认为夺取西西里有两个明显的好处：既可以保障整个地中海安全，又可以获得进军欧洲大陆的桥头堡，通过盟军一系列的战斗向意大利施压迫使罗马方面退出战争。对美国而言，目标就是直取德国。巴顿和马歇尔都认为西西里登陆没有太多的战略价值，而且这个小岛也不易夺取。西西里提供的理想登陆点过少，北边和东边连绵的山脉妨碍部队占领全岛的中心墨西拿；西边和南边亦是岗峦起伏、海岸多变。

经过仔细研究巴顿选取了两个登陆点：美军在北部巴勒莫附近登陆，同一时间英军于东南边锡拉库扎登陆，最后两支部队在墨西拿会师。

4 月 28 日，巴顿收到亚历山大的消息，让他前往阿尔及尔参加一个盟军会议。在因大雾耽搁行程后巴顿于第二天抵达阿尔及尔。蒙哥马利因病缺席，由利斯代替出席。通过巴顿的日记，我们可以看到盟军内部的明争暗斗。

4 月 29 日

亚历山大首先发言，他指出此次会议的目的是研究蒙哥马利对计划修改的部分。

坎宁汉问现在修改计划是不是太迟了。

亚历山大回答道：“先听一听第 8 集团军的想法。”

利斯宣读了一份文件。文件中，蒙哥马利反对分兵作战，认为应该集中全部兵力在锡拉库扎登陆，并指出利斯的第 30 军只有两个师，无力进攻利卡塔和机场，更无法有效占领。他的理由是德军可以从欧洲战场抽调 4 个师增援西西里。在我看来，他只是想确保第 8 集团军和他那个号称“常胜将军”的“主子”不会吃败仗而且一直赢下去。接下来特德说道："我不想打断会议，但我担心如果我们不能夺取利卡塔的几个机场，行动在我看来就无法进行。"坎宁汉也表达了海军的意见："在锡拉库扎这样小的海湾集结这么大的舰队无异于一场灾难。两栖登陆战应该选择宽大战线，迫使德军分散兵力。我完全反对蒙哥马利的计划。"

亚历山大反驳道："对我们陆军而言集中兵力是必要的。"

特德说道："这关系到我们所有人，不是只与陆军有关，而是陆海空三军。另外，如果没有机场，我无法支援巴顿作战。"

接下来，我发言道："就这一点我想再说说。如果没有机场，也许我能登陆，但不久就会被消灭在岸上。"

我们问利斯如果再给他增派一个师，由坎宁汉负责运送，他到底能不能完成预定任务。

利斯再次申明蒙哥马利绝不同意把部队一分为二。

在我看来，这种态度说明他们气量狭小、自私自利。我对特德私下说，之前我的两支部队也被拆分，相隔 70 公里。

他建议我大声地说出来，我说了。

亚历山大随后说道："这是战场指挥官的决定。"

我答道："既然亚历山大将军这么说，我收回刚才的话。"但我补充道："如果我因为部队被一分为二而拒绝作战的话，我早就被撤职了。"

利斯反驳道："这毋庸置疑，有一大群人等着你的位子。"

我到现在都在想他那句话算不算是人身攻击。

亚历山大说道："我想我们还是给首相发电报吧。"

坎宁汉说："为什么不问问艾森豪威尔，毕竟他是总指挥。"

会议开始激化，整整讨论了 3、4 个钟头。最后，坎宁汉说："如果陆军什么都听不进去，那就让陆军自己去打仗吧。"

大家决定让亚历山大、特德和坎宁汉去和蒙哥马利谈谈。

坎宁汉说道："我没时间，还有一堆事情等着我去处理。"

最后，我们建议派科宁厄姆去。特德说："让蒙哥马利听听他上级的意见对他有好处。"

亚历山大被叫去接电话，电话那头传来的一定是个坏消息，因为他放下电话就和科宁厄姆离开了会场。会议结束，在我看来这是由于亚历山大缺乏个性造成的结果。

临走时，我问坎宁汉我说话是不是太直了。他答道："绝对不是。你是唯一一个言之有物的人，尽管你收回了之前说的话——分寸把握得很好，但那些话还是产生了巨大效果。"

特德向我表示他支持我，并邀请我一起吃午饭。聊天的时候，他说道："很少看到军官之间相互攻击，我也一直恪守这个原则，但我今天要说说。有一次亚历山大这个极度自私的家伙对安德森说仅就军事方面而言，他一直扮演着一个执行者的角色。这也正是我对蒙哥马利的评价，这个能力一般的小人，他试着把自己比作拿破仑，他根本就不够格。"

我想这次会议开得很有价值，它可能会引起高层的大换血。

巴顿因盟军高层对哈士奇行动意见分歧巨大感到心灰意冷。他给比阿特里丝写道："亚历山大主持会议，坎宁汉持反对意见，蒙哥马利病了由利斯代表他参加会议，还有特德和科宁厄姆。对他们而言，我是唯一的一个外国人。总之这是一次'内部战争'，我只能听着，提些合理意见。奇怪的是特德、坎宁汉和我的意见一致……会议最后不了了之。

"如果蒙蒂（指蒙哥马利）不让步，我不知道会发生什么。如果高层发生重大的人事变动，我一点都不会感到吃惊。"

然而还有更大的"惊喜"等着巴顿，蒙哥马利准备"曲线救国"。

5月2日，巴顿接到比德尔·史密斯的电话，后者通知他去阿尔及尔开会。巴顿写道："听他的口气，行动方案会有大的变动，蒙哥马利会亲自阐述自己的观点。他认为我的方案被接受的可能性很小。

"就上次会议来看，我估计这一次蒙蒂为了他的方案会出席会议，这表明大家不准备夺取机场。要解决这个问题，要么靠我们自己去夺机场，要么等到英国人决定登陆我们才能登陆，要么彻底重做方案。会上我得仔细听着，但又不能让人们认为我会牺牲美国人的性命以保住自己的职位而对我不信任。我得尽快赶过去，试着和特德、坎宁汉谈谈。"

尽管巴顿和亚历山大因天气原因耽误行程，他们最终还是出席了会议。蒙哥马利利用他们还没到的这段时间向比德尔·史密斯陈述他的计划，后者得到艾森豪威尔的极大信任。巴顿写道："我对艾克说'很抱歉来迟了，但我尽了一切努力'。他说：'没什么，我知道你已经按我们说的做了，我也对他们说明了这一点。我只是希望你能听听大家的决定。'

"亚历山大、休斯和比德尔·史密斯在地图上向我解释已经获得通过的新方案……我猜想蒙哥马利坚持他的想法，亚历山大做出了让步。尽管负责后勤的人表示反对，他们认为从补给的角度考虑，这个计划行不通。"

最终方案为：英军在西西里岛东（南）面登陆，美军的登陆点由巴勒莫附近改为海岛的南部（偏东）。蒙哥马利军团进攻锡拉库扎和奥古斯塔，巴顿军团进攻斯科格里蒂和杰拉，而后夺取利卡塔和登陆海岸附近的三个机场。总之，巴顿的任务是保障蒙哥马利侧翼安全，后者肩负着此次夺岛战役的主要任务：攻陷墨西拿。巴顿原以为这是最糟糕的安排了，但更加意想不到的事情还在等着他。他写道："我立刻对他们说我准备用4个师外加两个伞兵团登陆，同时顺便拿下利卡塔，这样就无需英军从锡拉库扎给我们提供补给。他们说没有这个必要，英军会负责补给。他们至少给了我承诺。但即使是这样，他们也得在海滩上不停地给至少两个师提供补给，而且海军说到9月1号就无法运输了。不管怎样我们都会赢。

“晚上和艾克在一起，我们一直谈到凌晨 1 点 20。他试着做出辩解，说的也有些道理，但完全是以自我为中心。我把对英国人的看法原原本本地告诉他，他听得很认真。

“亚历山大跟我谈起第 34 步兵师[①]的功绩。我没对他提起当时我几乎不得不逼着他们去打仗……”

聊天时，艾森豪威尔无意中对巴顿说道：“也许应该把西线特遣队编为集团军。”巴顿以为艾克指的是第 5 集团军，他明确表示决不可能接受克拉克指挥。艾森豪威尔对此答道：“我说的不是这个意思。”事实上，他当时准备把巴顿的第 1 军编成装甲集团军登陆西西里。

5 月 4 日，蒙哥马利给亚历山大寄去一份备忘录，其中，蒙蒂直截了当地说，第 8 集团军应该是行动的主角，战场最高指挥官只能是蒙哥马利。眼看即将成为蒙哥马利的下属，巴顿对此表示难以接受。5 月 7 日，他前往阿尔及尔与蒙哥马利会面，商讨行动细节。

5 月 4 日

比德尔·史密斯说所有的人都迁就蒙哥马利，因为他是国家的英雄，他可以直接和首相对话，如果艾克反对他，艾克就会被解职。他还说蒙哥马利资历比亚历山大深——这不对，他在军事学院时是亚历山大的教官——这是真的，亚历山大怕他。

亚历山大的参谋们对于更改计划耿耿于怀，他们递给我一张卡片，上面满是对蒙哥马利的抗议，在我看来写得很有道理。

我和内文斯、休伊特、穆勒一起去拜会盖尔德纳。

我向他申明：“我们的出发点是一致的，我需要你明确立场，带我去见一见蒙哥马利的参谋长。我希望能够把所有的伞兵都划拨到我

① 第 34 步兵师驻扎于突尼斯。

的部队；而且我需要一份书面承诺，保证英军能够从锡拉库扎持续提供补给；另外，我还想和第 8 集团军划分一个明确的战场分界线。”

他回答说他会尽力帮我们，但有人向他提到我们只需要两个伞兵营就够了。

我反驳说：“我对美军的战斗力有足够的信心，但还不至于认为他们比英军强大到可以只用三分之一的伞兵就能获得胜利；另外，第 30 军认为即使用上全部伞兵仍然兵力不够。”

5月5日

我们仅仅用了一个钟头就确定了进攻计划。也许将来某一天，当人们费尽心思研究我们到底是怎么制订计划的时候，最终他们会发现其实我们根本就没有深入讨论。在我看来，战斗前应该做好详细的准备，包括每个最微小的细节。

致比阿特里丝，1943 年 5 月 5 日

新的方案定下来了，比之前的好很多……

我们今天开会讨论行动细节。会只开了一个小时，但我为此思考了整整一夜。

我们不得不领着一群和平主义者和那些狂热分子作战。两次世界大战之间的 25 年，国家奉行的和平主义政策会让我们吃尽苦头，我不知道会有多少士兵牺牲，也不知道会输掉多少场战斗。

致弗雷德里克·艾耶尔，1943 年 5 月 5 日

我准备让你的朋友现任副官的科德曼①接替简森的职位。他具备

① 科德曼中校曾经服役于空军，参加了第一次世界大战。

所有必备的能力。在所有的司令部，尤其是我的司令部——现在变得越来越重要，需要一个品行优秀的人确保每一件事都在正常运转。

5月7日

蒙蒂是一个坚持自己主张决不妥协的人。他一直拒绝详细说明自己的意图。尽管我坚持要求，但还是没能让他划出美军与英军的战场分界线。

比德尔·史密斯说了很多，但全是废话。

我来这里是为了让亚历山大划定各自的战斗区域、确定伞兵的归属，总之是把行动的方方面面白纸黑字地写下来。

对此，我会另外再写一份备忘录。

作为一名军人，蒙蒂很强势也很自私。我认为作为指挥官，他比亚历山大强得多，他总能达到自己的目的，因为亚历山大畏惧他。

我去拜访了休伊特，谈话中他一直在提反对意见。考虑到我们被赋予的任务，我告诉他这是在回避问题。

在亚历山大司令部，我见到了正在为行动细节埋头苦干的我的那群参谋。他们找出种种理由表示某些步骤无法执行。为了给他们鼓劲，我表现得十分自信。虽然对自己的运气有足够的信心，但我完全没有表面的那份自信。为了完成自己的使命，我必须赢得战争……

刚刚得知盟军已经占领了突尼斯城和比赛大。唯一的遗憾是艾克没有让我继续指挥第2军亲自实现这场胜利，但这样也不错。

5月8日

今天上午见到艾克，因为这场胜利他的心情十分愉悦。我曾经和他打赌说在5月15日前不可能攻下突尼斯城和比赛大，我输了，输得很开怀。我给他带去一张崭新的500法郎和一朵玫瑰，并向他喊道："欢迎凯撒大帝。"

在他的办公室待了几分钟后，他让我在给马歇尔的信中帮他吹嘘一番，重点说明他的功绩、所承担的风险以及他那种无以伦比的和英国人打交道的方式。我照他说的做了，并且在信中夸大他的功绩，因为我欠他很多，我也愿意支持他。就这样，我向马歇尔说了善意的谎言。事实上，除了我自己，我还没有发现任何一个人会比艾克做得更好，而且上帝可以做证我也无意取代他。

我来到亚历山大的作战研究室，那里一团糟。盖尔德纳和内文斯既没有足够的资历，也缺少必要的胆识反对蒙蒂，亚历山大也好不到哪去。希布纳刚刚被任命为亚历山大的美军总参谋长，还做不了太多。

蒙哥马利决定让美军掩护他的左翼，为此我们不得不在最险恶的海滩登陆。另外，即使登陆成功，后勤补给也是难题，但在上帝的帮助下——也只有上帝能帮我们了，我们会解决的。我必须始终展现出事实上我根本没有的自信。如果德国人能再增援两个师，我们必死无疑。但总统和首相都认为即使是这样，也必须如期登陆。总之，我们无法一直活下去。

整整一下午都在和海军讨论登陆的问题。唯一能够成功登陆的办法就是有足够的DUKW[①]。如果有100辆，我就能在行动中胜过英国人。

在被迫接受蒙哥马利的修改方案后，巴顿希望拥有训练有素的士兵和经验丰富的军官。其中包括刚刚在突尼斯城取得胜利的布莱德利和"大红一师"的师长特里·德·拉·梅萨·艾伦。巴顿在抱怨英国人的同时也对艾克不满："他应该修改计划，因为蒙蒂不愿意遵守规则，狡猾的狼不敢说不……"

---

① Dual Utility Kargo Waterborne，一种新型水路两栖车，自重2.5吨，主要任务是运输首波登陆部队，最大可搭载25名士兵或2368公斤物资。在哈士奇行动中首次使用

第二十一章 准备工作

致比阿特里丝，1943 年 5 月 13 日

我身体非常健康。起床后锻炼身体，早饭吃点烤面包片，中午喝汤，下午在陡峭的山路上跑两公里，晚饭很丰盛，会喝点酒。10 点睡觉，6 点起床。

5 月 14 日

白天除了编写训练大纲无事可做。我很明白要写什么，但就是不能精炼地表达出来。我的脑子不够用了。

今天收到了马歇尔的信，写得很热情，全是赞美之词。他很少这样。

5 月 16 日，巴顿迎接布莱德利，并祝贺他在突尼斯取得的胜利。作为第 2 军的前任军长，巴顿对艾森豪威尔感到失望，因为后者并未因盖塔尔胜利向他祝贺。巴顿用军人的方式向布莱德利致敬，他刀劈香槟，说道："为夺取比赛大干杯。"

第二天，艾森豪威尔致电巴顿，指出他没有完全接受蒙哥马利的修改方案，艾森豪威尔打算让巴顿指挥新成立的第 7 集团军登陆西西里。除布莱德利的第2军外，第7集团军还包括第1、3、9、45步兵师、第2装甲师和第82空降兵师。这个决定很可能得到了马歇尔的支持，目的是在西西里战役中与蒙哥马利的第8集团军竞争。

艾森豪威尔邀请巴顿和布莱德利出席定于5月20日在突尼斯城举行的胜利阅兵式。巴顿写道："也许他觉得我们曾经在突尼斯战斗，并为胜利做出了贡献。如果我们不去的话，将只有英国人出席阅兵，因此我们必须得去。现在的盟军司令部实际上就是一个英军司令部，外加一个中立的亲英司令，这真让人目瞪口呆……"

5月17日

艾克刚才在电话里告诉我：我们的部队很可能会编成集团军参加哈士奇行动。我从未要求他这么做，必须承认这个消息让我很满意。

5月20日

……我们飞越迦太基遗址上空，那里只有在地图上才找得到，因为地面上什么都没剩下。

我们到达阅兵场时，艾森豪威尔刚到。我们同他握手，向他祝贺；不过他正忙着应酬那些英国和法国军官们，没时间同我们说话……

布莱德利和我被安排到……那里主要是一些法国地方官员和一些低级军官……

罗伯特·墨菲和艾森豪威尔是检阅台上仅有的两个美国人……

尽管我们的部队军容整肃，但在整个阅兵式中并不引人注目。我想他们缺少作为军人的自豪感，而我们必须培养这种自豪感。

我们一行30多人应邀去法国总督府赴宴……这是个非常正式的午宴，很难吃，幸好没有祝酒辞。稍后我们中的大部分人必须马上离开，在天黑前返回各自的岗位。

我希望这仅仅是今后一系列胜利阅兵式的开始。下一次，布莱德利和我将以更重要的角色出席……

吉罗将军一下子就认出了我，言语中他对我很客气，极力地吹捧我。他看起来很出众，让我想起了现代派的韦辛格托利克斯。

5月22日

在哈士奇行动的人员配置方面，总指挥是英国傀儡[①]；海军指挥官是英国海军上将坎宁汉和拉姆塞，我军的休伊特只能排到第三；空军司令是特德，副司令是斯帕茨，但他仅仅是象征意义上的副司令……科宁厄姆指挥战术轰炸机群，负责对地面支援任务的是另一位空军司令，而负责对我军进行支援的是一个上校。作为艾森豪威尔的空降部队参谋勃朗宁正试着把所有的空降兵都揽入麾下。

亚历山大指挥所有地面部队，他的参谋长是英国人，但行动执行总长内文斯准将和副参谋长希布纳中将是我们的人，这也许对我们有利。蒙哥马利指挥第8集团军，剩下的归我。

我不明白为什么我们很多人都没有意识到这一点，美国正在被人欺骗。第7集团军要么在滩头获得补给要么由英国人从锡拉库扎港提供补给，这样做等于完全将生死交予英国人手中。他们建议我去找蒙蒂谈谈，确定我军能够得到的补给量，但这场战役由丘吉尔指挥，而他显然对我军的补给不感兴趣。

我必须要做到的是始终保持自信，我知道我比其他任何人都要优秀，这就是为什么我始终坚信自己的使命就是赢得战争。美国会赢得最后的胜利，不仅仅是以盟军中的一员的身份，而是完完全全靠自己的实力获胜。

---

① 指艾森豪威尔。

致潘兴，1943年5月30日

在目前的情况下，我所能做的并且是尽一切努力去做的就是模仿你——美国最伟大的军人。我始终认为当年有幸追随您赴法作战是我人生中最宝贵的财富。

6月初，马歇尔视察巴顿司令部。后者向马歇尔展示了哈士奇行动的地图和作战计划以及他亲自编写的“作战训令”。他用其特有的、人尽皆知的风格记录道：“我当着克拉克的面向马歇尔说他曾给了我多大的帮助。我的措辞很注意分寸，我相信当你对一个粗鲁的人客气时，他至少不会恶语相向。”

6月5日，巴顿把哈士奇行动的作战训令发给部队军官。在这篇指示令中人们可以发现，巴顿始终希望他的士兵能够具备的品质——由士兵变为战士的品质：相互团结的钢铁般的纪律，军官应做出的表率，战斗中相互配合的默契，减少我方损失的同时给敌军带来重大伤亡的精心准备的进攻，心理打击，寻找对手最薄弱的环节并给予持续不断的打击。

- 只有一种纪律，即严格的纪律……它建立在对我们的职业感到自豪、对每一个细节小心翼翼、彼此间完全信任和尊重的基础上。它应该被深深地印在我们的肉体、我们的灵魂中，应该比战斗中的冲动、比对死亡的恐惧更加牢固。
- 只有我们的军官为了他们的士兵、为了他们的祖国容不得丝毫疏忽时，我们才能得到真正的纪律。
- 那些不能纠正错误、表扬先进的人，是和平时期的废物，战争时期的危险。
- 我军战无不胜的历史表明我们是全世界最优秀的战士。最近，你们中的很多人刚刚消灭了德国的精锐部队。你们的部下会为此感到自豪，你们自己也会感到自豪。

- 不存在一个适用于任何情况的一成不变的解决办法。
- 唯一不变的战术原则就是：利用一切手段在最短的时间内给敌人造成最大的伤亡。
- 永远不要攻敌之强而应攻敌之弱。
- 你们的实力永远不会过于强大。在不致延缓进攻的情况下，尽可能获得更多的兵力和武器。
- 我军伤亡与暴露在敌人炮火下的时间成正比，要迅速进攻减少暴露于敌炮火下的时间……
- 如果你看不见敌人——这是最经常出现的情况，那就朝最有可能发现敌人的地方开火……
- 我们的迫击炮和火炮在开火时是超级武器。在摆着不用时是一堆废铜烂铁。因此要让它们不停地开火。
- 使敌人感到恐惧才能赢得战争，面对伤亡敌人会感到恐惧。正是炮火给敌人造成伤亡。(对敌人而言）来自后方的炮火更致命，造成的伤亡是来自正面炮火的三倍……
- 很少有人死于拼刺刀，但很多人对刺刀感到畏惧。在枪上装刺刀会让我们的士兵产生结束战斗的欲望，只有这种欲望才能让我们打败顽强的敌人……
- 山地战中，下到山谷之前应先占领山顶……
- 在抵达最终目的地前，决不允许任何一支部队挖掘壕堑据守；相反地，一旦到达目的地就应该挖战壕、架铁丝网、埋地雷……
- 永远不要听信恐惧，敌人比你们更恐惧。人数上的优势很有效，为了赢得进攻，不要分散兵力。你们最直接的进攻会让敌人认为你们比他们强大得多。
- 立刻执行一个好的办法比十分钟后再执行一个更完美的办法要好得多……一旦犹豫不决，那就进攻！……

- 雷区危险，但不是无法逾越，它比敌人的弹幕射击要安全得多……
- 抢滩登陆时，速度和突然性至关重要；登陆时不能有片刻犹豫。
- 武器应该时刻保持最良好的状态。
- 一旦登岸，就无路可退……
- 战斗中对汽车的保养应与平时无异……
- 只有进攻才能获胜……[①]

6月6日，巴顿得知他的一位老朋友卢卡斯被任命为艾森豪威尔的助理，任务是通知后者各战斗部队的情况以及充当各部队间的联络官。

6月7日

我已经向卢卡斯说得很清楚我们需要什么，并叮嘱他按他自己的想法而非我的想法去做。他清楚地知道对我们而言立刻给第9步兵师补充兵员的重要性。

他也认为艾克只是一名参谋而非战士。

1943年6月21日，除蒙哥马利陪同英王乔治六世巡视慰问部队外，所有的部队指挥官都聚集在阿尔及尔确定最终的行动细节。

登陆日定于7月10日。蒙哥马利率领的第8集团军在岛的东南部帕基诺与锡拉库扎之间登陆，之后向卡塔尼亚猛扑过去，最后占领墨西拿。

巴顿的第7集团军在南部杰拉湾登陆。第3步兵师由巴顿直接指挥，在利卡塔西边登陆。大红一师和若干个游骑兵营在美军登陆海岸的中线登陆，攻取杰拉后朝尼谢米进发，同时，伞兵会在尼谢米空降。右翼，第45步兵师在斯科格里蒂登陆，之后与英军会师。巴顿对第7集团军下达命令：夺取滩头，朝

① 此份指示是1944年4月巴顿为第3集团军各部队撰写的战斗训令蓝本。

内陆推进，建立稳固的据点，以此为基地展开后续的夺岛行动。在蒙蒂向墨西拿进军时，巴顿必须保障英军左翼直至皮亚扎阿尔梅里纳的安全。亚历山大没有提及美军之后的作战任务，这一点将被巴顿在接下来的行动中巧妙利用。

6月21日

亚历山大宣布会议开始……

接着艾森豪威尔说了十几分钟，在我看来说得不怎么样，他更像是执行计划的一员而非总指挥在发言。

海军陈述了海军方案，科宁厄姆介绍了空军的行动。

休息30分钟后轮到“巴顿军团”，我首次以第7集团军司令的身份发言。按照凯伊斯的建议，我们采用战争学院现行的方式。我首先就作战任务和计划说了6分钟，然后我的参谋就如何解决各自的问题轮流发言。我们一共说了22分30秒，其中也许有30多秒重复或停顿……艾克对我们的发言极尽赞美，这是他第一次这样做。

盟军清楚地知道这次登陆战会比火炬行动困难得多。另一方面，德国人也担心盟军可能会在西西里登陆，同时严重怀疑意大利军团的战斗力。5月20日，希特勒收到一份报告，其中指出很大一部分意大利人希望尽早结束战争以及驻西西里的德军部队正变得越来越不受欢迎。隆美尔建议希特勒用意大利部队替换驻守在岛上的德军，但希特勒认为这样做无法守住西西里。另外希特勒的注意力正集中在苏德战场，他准备对库尔斯克突出部发动大规模进攻，消灭驻扎在那里的苏军。攻击计划定于7月5日，行动代号“堡垒”。①

事实上，德军大部分战斗力强的机动部队都在东线苏德战场。驻扎在岛上

---

① 西西里登陆战有力地支援了库尔斯克会战。盟军登岛后，希特勒决定暂缓堡垒行动，并从苏德战场抽调精锐的SS装甲师赶赴意大利。

的轴心国部队有25万人，以意大利部队为主，但处境艰难。意大利统帅部错误地判断了盟军意图，他们认为盟军的下一步行动不会在地中海。一个军事专员甚至认为进攻西西里将导致盟军损失惨重，因此那里不会有战争！然而，5月21日德国情报部门印发的报告指出巴顿被任命为地中海战区陆军司令。10天后，德军确认了他的司令部的存在。最终，6月27日，德国情报部门发出警告说盟军正在集结部队，准备在地中海一带发动进攻。

直到7月初，指挥南意大利战区的德军凯瑟林元帅和意大利第6集团军司令古佐尼才意识到盟军会在西西里岛的南部和东南部登陆。

两个意大利集团军下辖10个机动师和若干战术师及负责守备西西里沿岸。德军也调来第15装甲掷弹兵师和赫尔曼戈林装甲伞兵师①，用于向登陆上岸的盟军发动突击。

6月22日

我们出席了位于英第2参谋部的一个绝密的关于敌军威胁的报告会。给我们做报告的那个人看起来就像早就知道今天的会议内容并隐瞒了很久一样……

接下来我们向空军询问他们的战术意图并从他们那里得到不少承诺。艾克表现得就像不是战役总指挥一样，本应该做决定的他却坐在那里一言不发……

一个如此重要的会议就这样结束了。如果能提早6个星期开这个会，就能避免很多误解。

亚历山大对我说那些认为英国人和美国人是同一种族的想法是愚蠢的。我表示同意，并补充说人们要是能早意识到这一点就好了。

---

① 第15装甲掷弹兵师战斗经验较丰富，其士兵曾参加突尼斯战役。赫尔曼戈林装甲伞兵师仅是番号带有伞兵字样，实际上并没有伞兵，这支部队缺乏实际战斗经验，但有20辆左右的虎式坦克守备西西里。

我的处事方式有些暴躁，也许美国人会喜欢但英国人肯定不喜欢；同理，英国人的沉默、冷静不会让美国人适应。他承认我说得对。

我发现亚历山大毫无头脑，也许这是一种解释。

致比阿特里丝，1943 年 7 月 2 日

最让我感到苦闷的就是除了坐着等待无事可做……

经过最近一个月的训练，我们的士兵进步了很多，他们逐渐开始有军人的样子。昨天，我穿着游泳衣，有一大群士兵向我敬礼，他们本可以很轻松地假装没认出我。

致弗雷德里克·艾耶尔，1943 年 7 月 5 日

这封信将在发起进攻之后寄出……这绝非诀别信，因为我的职位越高真正接触战斗的机会就越少。但是我可以长时间地在漂满重油的水里游泳，当然这对身体不好，但当水面燃烧起熊熊大火时，看起来很壮观……

如果你从报纸上看到我阵亡的消息，请等到战争部长证实再相信，你知道我命很大，而且现在一点都感觉不到我会死。事实上，我正满怀激动和兴奋等待着将要发生的事。

致比阿特里丝，1943 年 7 月 5 日

部队今天上午出发，准备登陆西西里……

我想那将是一场血战……

我也有可能战死或是受伤，谁知道呢。生死有命……

我认为我们已经做了所有能做的事，士兵们已经迫不及待地要去战斗……

当你收到这封信时，你要么已经成为寡妇要么正在聚精会神地听着收音机，我想应该是后者。无论怎样，我爱你。

7月5日

今天我去向艾森豪威尔告别……谈话一开始他就跟我聊起第1步兵师缺少纪律性的问题。我告诉他说他的看法不对，但无论如何，在战斗前都会把他们训练到最佳状态。

接下来他谈到对空军的不满……我反驳他说正因为空军的努力，我们才会在接下来的战斗有空中支援。其实我撒了一个大谎，因为之前正是我在批评空军，也是我迫使他们做出让步。

艾克始终没有祝我好运……

当只剩我和艾克的时候，我向他表明能够被指派负责哈士奇行动，我是多么激动。

他说："你是一位完美的指挥官，也是一个糟糕的设计者。"

我反驳道除了成功地准备火炬行动，我一直没有被委以设计任何计划。

他说如果哈士奇行动进展顺利，他可能会派我去规划接下来的其他行动，让布莱德利接替我指挥哈士奇。

我表示强烈反对，并着重申明我想亲自彻底地打完西西里之役。

我不知道他这样想是因为他认为布莱德利能比我更好地指挥即将发生的战斗，还是他想和马歇尔搞好关系，后者十分喜欢布莱德利。但不论怎样，我知道布莱德利绝对效忠于我。

我来这有一星期了，但艾克一直没有喊我一起吃饭。事实上我不想和任何人调换职位。我马上就要领着9万人进行一场看起来毫无胜算的战斗，而且会有25万人听从我的命令。如果赢了，任何人都无法俯视我！如果输了，等待我的将是死亡。

第二十二章　登陆西西里

7月8日

军官们在讨论战后的生活，他们想去钓鱼或者务农……而我不准备这样。我只想要打仗，除了目前的战斗，我还要去和日本人打仗，甚至和美国人打仗，直到生命终结……

我有些害怕，正如每次马球比赛前都会害怕一样……

晚饭后，我听见士兵们说着笑着，他们唱着我之前从未听过的歌。目前，我不想和任何人交换角色。

7月9日

今天一觉睡到自然醒……我听见走廊上的士兵说道："明天我们上岸时，我想报纸又会说海军陆战队已经登岸。"

晚饭后神父来为我们祈祷。

7月9日晨，轴心国部队发现盟军在马耳他至西西里一线集结的舰队。希特勒决定火速派遣空降1师到西西里。16点30分，德意侦察机发现从北非出发的150-180艘坦克登陆艇。22点30分，盟军开始用舰炮轰击锡拉库扎，随后又炮击了陶尔米纳、特拉帕尼和奥古斯塔。翌日凌晨2点，首批盟军部队开始从利卡塔以西至奥古斯塔沿岸登陆。同时，伞兵部队也在杰拉实施空降。7月10日，300艘舰船集结在奥古斯塔和帕塞罗角，400艘集结在利卡塔。而这仅仅是盟军用于西西里之役的3000多艘舰船的一部分。

搭乘蒙罗维亚号军舰的巴顿决定只用舰炮轰击15分钟，随后步兵立刻登陆，以达到奇袭的效果。意大利守岛部队士气底下，面对盟军的伞兵以及随后的登岛步兵，他们仅做了微弱的抵抗。美第1、3步兵师顺利登岸，利卡塔和杰拉随即被美军占领；同时，米德尔顿的第45步兵师也在朝斯科格里蒂迅速前进。

英军进展同样顺利。从蒙哥马利的第8集团军登岸那一刻起，西西里东岸城市便如多米诺骨牌一样接连投降：锡拉库扎、弗洛里迪亚、阿沃拉和诺托。

在皮亚诺和卢播交会处，第82空降兵师与大红一师的先头部队击退了使用老式雷诺R-35型坦克的意大利装甲部队和德赫尔曼戈林装甲伞兵师发起的反击。

至7月10日晚间，美军已经建立了稳固的桥头堡，但局势依然不稳定。由于天气恶劣和通讯不畅，美军不得不面对后勤的压力。地面运输车队拥堵，同时德国空军也不断反击。战况开始恶化。古佐尼命令赫尔曼戈林装甲伞兵师和意大利里窝那师对杰拉展开攻击。

7月10日

情况很复杂，以至于我宁愿待在船上。我感到内疚，但我想我表现得不错。

休伊特炮击得很猛烈，他的参谋长里维斯表现得更完美。我几乎无法让休伊特去管理战俘以便记录他们的军衔，也无法让他去管理目前已经清空了的即将投入第二轮输送的运输登陆舰。

上帝又一次帮了我，我希望能一直这样。

7月11日上午，巴顿离开蒙罗维亚号，于杰拉海滩登岸。在登上被防水布覆盖的侦察车前，巴顿决定站在海里暗示已经征服西西里，同时也是含蓄地告诉记者是陆军占领了该岛。接着，他沿海岸公路朝第1步兵师指挥部驶去。他写道："……我们决定先去突击队司令达比那里。这个选择太正确了，因为如果继续按原路往前开的话，就会遇到7辆正在往杰拉城开的德军坦克。"此时，德意联军已经开始反击。

赫尔曼戈林师已经向杰拉方向进军，里窝那师的一部负责保护它的右翼。同时，轴心国空军开始对美军和海岸狂轰滥炸。德军坦克一度逼近离杰拉城不远处，以至于赫尔曼戈林师师长康拉特准备将美军赶下海。杰拉城很快被包围，盟军展开殊死抵抗，战斗异常激烈。当德军飞机朝城内攻击时，巴顿正在一栋建筑物内。他写道："我们所在的那栋建筑被击中两次，除了平民没有人受伤。我从没听过那么多的尖叫。"德军部队猛扑大红一师右翼，美谢尔曼坦克排立刻投入战斗。巴顿同时立刻呼叫舰炮支援，他本人也亲自加入战斗。对此他记录道："我把4.2英寸迫击炮安放在离敌800米处。白磷弹的效果非常好。敌步兵的战斗意志彻底被摧毁，他们逃出散兵坑，像苦行僧一样喊着双手抱头表示投降。

"一天之内，我们同样用白磷弹对付了2700米外的坦克，并获得一定的战果，它极大地震慑了德意部队。在我看来敌人面对白磷弹做出这样的反应无可指责。"

之后，轴心国部队为避免惨败决定撤退。

巴顿从第2装甲师部前往第1步兵师指挥部讨论下一步的作战行动，并写道："一路上没有发生什么战斗，一个集团军司令和他的参谋长驾车一直沿着一条与前线始终平行的公路行驶了大约10公里，这绝对是不多见的。我们有时觉得路上除了自己别无他人，但并不是很危险。能够始终保持正确的判断很重要。"

7月12日

文森豪威尔将军乘一艘轻巡洋舰来慰问我们……他身边只有两个

美国人，希布纳[1]和布彻……

我把他领进我的办公室，在地图上汇报战况，但他对此并不关心。他拿出第8集团军按时发送给他的战报，以此来对比我军的战报几乎为零。我从中抽出几份，并指出除非里面的内容都是真实的，否则它们没有任何价值；另外，当我军在浴血奋战的时候，英国人并不在打仗，(所以他们有时间写这些报告)。我命令盖伊另外再发送3份16时的战报。

艾克又说我回复得太快了，应该像他那样想一想再说。我承认他说的有些道理，但当你自认为表现得很好的时候却听到批评的声音，这太让人泄气了。我突然发现我们亲爱的艾克原来是和英国人穿一条裤子的……

17点，我们离开蒙罗维亚号上岸。

7月12日，美军按计划继续前进。大红一师抵达预定区域——皮亚扎阿尔梅里纳南部。在它的右翼，第45步兵师准备夺取124号公路；左翼，第2装甲师与第3步兵师正在前进。英军方面，虽然夺取了奥古斯塔，但接下来的进展非常不顺利。希特勒命令部队在埃特纳阻挡盟军继续前进。德军在卡塔尼亚布置防线阻止盟军向墨西拿进军。

面对新的战场环境，蒙哥马利决定修改原先的作战计划，使之对英军有利。他命令利斯的第30军由西侧绕过埃特纳和德军在卡塔尼亚的布防。这意味着利斯不得不从岛内向墨西拿进发，而非沿海岸进发，这样最理想的进军路线就是原先计划由美第45步兵师夺取的124号公路。蒙哥马利向亚历山大上报了新的方案。就这样，美军被“流放”到岛的西部，即杰拉以西。13日，得到此消息后，巴顿和布莱德利愤恨不已。

---

① 亚历山大的副参谋长，负责传达美军意图。

7月13日

我对一师的进展感到不满……我已经命令他们继续前进。

布莱德利想让达比中校指挥第45步兵师第180团晋上校衔，但他拒绝了，他要与突击队一起继续战斗。这还是我第一次碰到拒绝晋升的情况。达比是个真正伟大的战士。为表彰他在杰拉的战斗表现，我给他颁发了DSC勋章。①

威德迈请求被授予上校军衔并指挥180团。我让他以准将的身份去指挥。事实上我没有任何权力这样做，但我乐于帮助那些想要打仗的人。

12点50分，我们去吃午饭。亚历山大将军和他的参谋班子13点10分到那里，我本应该离席迎接他。他向我们解释了接下来的作战行动，该行动的中心内容就是尽一切可能阻止我们攻打墨西拿。必须要说明的是亚历山大既指挥英军又指挥美军，但他身边一个美国人都没有，简直滑天下之大稽……

对蒙哥马利的第8集团军而言，他们的任务就是攻下墨西拿，这也是西西里战役的核心。邓普西的第13军沿海岸公路前进，利斯的第30军取道岛内路线和124公路。美第7集团军负责保护利斯部队的左翼安全。巴顿被蒙哥马利的举动彻底激怒，但他决定保持沉默："我向亚历山大申请我军继续前进，并攻打拦在路上的阿格里真托。他告诉我如果我能先进行军事侦察，再以小规模的战斗夺取那里的话，他没有意见。"事实上，此时的巴顿已经决定攻打西西里首府：巴勒莫。如果成功将为美军在此次战役添上浓墨重彩的一笔，也将让部队在夺取下一个目标——墨西拿之前获得补给。他假装站在第8集团军的立

---

① Distinguished Service Cross，杰出服役十字勋章。巴顿于1943年8月3日因在杰拉的表现，再次收获杰出服役十字勋章。

场上向亚历山大解释进攻阿格里真托的原因，以掩盖自己的真实意图："我们必须夺取这个港[①]，这样补给就无须运往锡拉库扎港再由陆路运到这里，两地相距 300 公里，而且路面崎岖不平；第 8 集团军也可以独享由锡拉库扎中转的补给。

"另外，夺取阿格里真托也让我们不必再从海滩获得补给。运输船往海滩上卸补给很困难。"

亚历山大同意对阿格里真托进行侦察，没有料到巴顿正在欺骗他。7 月 14 日，巴顿与第 2 装甲师师长特拉斯科特开始着手拟定计划，他说："夺取阿格里真托几乎不会有什么损失，对我们的补给体系有不可估量的好处。行动越早越好。

"我想一旦战场稳固——应该是在 7 月 19 号，我们就可以让第 3 步兵和第 2 装甲师快速前进，攻取巴勒莫。只要时机成熟，我就向亚历山大提这个建议。"

7 月 14 日

一队属于法军的北非摩洛哥步兵营今天下午在利卡塔登陆。我在路上赶上他们时，用法语向他们喊话，告诉他们我很高兴能和他们并肩作战。他们的指挥官以极其军人化的方式向我致敬，并且说："多亏了您——我的将军，我们才得以在 7 月 14 日出现在这里。"

15 日，美军迅速占领了阿格里真托和恩培多克勒港。但一个意想不到的事发生了，布莱德利向巴顿报告说，一名军官过度地解读了他的关于尽可能杀死敌人的训诫，他残忍地处决了 30-70 名战俘。巴顿写道："更糟的是他让战俘排好队，然后残忍地杀死他们。我告诉布莱德利如果让那个军官说那些战俘

① 巴顿指恩培多克勒港。

全是狙击手或者全都试图逃跑，听起来太夸张了；但如果这事传到报纸和民众的耳中，我们的麻烦会没完没了。不管怎么说，既然他们已经死了，那也没什么办法了。”

致比阿特里丝，1943 年 7 月 16 日

亲爱的比阿特里丝，正如你在报纸上看到的，我们又展开了一场进攻……当我们从檀香山返航时，我们又俘虏了上千名敌军，摧毁了大量坦克，俘获数吨物资和枪支弹药。

我军的损失很小，但还是牺牲了不少优秀的将士。你应该可以猜到我现在所处的城市，就是德军宣称已经占领的那个。他们差一点就得逞了，但最终还是被我们彻底打败。我亲自指挥了这场战斗，打得酣畅淋漓。

他们中的一些人差点就冲到我们跟前，但被我击退，很可能是我挽救了战局。

蒙哥马利正准备把所有的功劳都据为己有，也许在“他的神圣上帝”①的帮助下，他可能会得逞。到目前为止，我们俘虏的敌人是英军的三倍。

在所有我去过的国家中，这是最差的一个：到处都是灰尘、污垢、臭虫和当地土著。

我住的地方很好，就是厕所坏了，里面满是臭虫和虱子。当地人处在饥饿的边缘，看起来充满绝望。他们对我们没有好感，四处伏击我们，这对我们很不利，但最终吃亏的还是他们。

我的指挥部设在一个曾经是异教徒朝圣的遗址上，现在只剩下一根摇摇欲坠的柱子。

---

① 此处指艾森豪威尔。

7月15日，巴顿飞往突尼斯城，向亚历山大请示攻打巴勒莫。

7月17日

亚历山大想让第7集团军守备英军后方，这样做是把美国人摆在次要位置，不多不少地让美军继续扮演他们预定的角色。我们有能力更好地结束此次战役，我飞往突尼斯城的目的就是要和他谈谈。

我肯定他和他的参谋们根本就没有考虑过关于第7集团军具体的军事任务，也丝毫不了解我军的能力。他们也没有想过原先的决定会带来什么样的政治后果。

我准备向亚历山大解释目前的战况，并试着让他明白如果美军不能享有和英军同样的荣誉，那么他将遭遇政治上的尴尬。我准备了一份地图向他说明具体的行动步骤，以此来表明我认为接下来应该怎样做……

威德迈[①]和我12点10分起飞，13点29分到达突尼斯城。亚历山大将军向我们解释说，他事先已经准备让我们去做今天我们向他汇报的事，但他的参谋长忘了通知我们。

他批准了我的计划，条件是我们必须牢牢地控制住通往卡尔塔尼塞塔的道路……现在，我无须考虑后果，只要想做我就去做。我发誓。

夹在各方中间的亚历山大仔细地听取了巴顿的汇报后，同意了他的计划。

---

① 马歇尔驻西西里代表。

第二十三章　巴顿VS蒙哥马利：终点墨西拿

7 月 15 日，凯瑟林元帅向最高统帅部报告：意大利的海岸守备部队已经彻底崩溃，仅靠德军无法守住西西里岛，但并不能因此轻易撤退。这样做只会打击意军士气，甚至可能导致意大利退出战争。

为此，装甲军上将胡贝和他的第 16 装甲军在盟军登陆的几天后被派往西西里。希特勒命令胡贝在埃特纳火山阻击盟军，并接管西西里轴心国部队指挥权。另外，凯瑟林决定从巴尔干和法国抽调空军强化胡贝军团左翼。德军将领认为英第 8 集团军承担美英联军的重点突破任务。

7 月 17 日，阿格里真托一线的防御在美军的进攻下彻底瓦解。古佐尼下令当地的守备部队必须拼死抵抗，并调遣意第 12 军、奥斯塔师和埃希塔师去东部增援。焦虑的古佐尼向德最高统帅部求助，从西西里撤退已不可避免。

虽然美第 2 军重要的进军路线被蒙哥马利掌控，但巴顿还是找到了其他的办法。7 月 15 日，他派第 3 步兵师进行火力侦察，后把第 82 空降兵师和第 2 装甲师组成临时军团加强部队左翼力量，这样安排的目的是尽快攻占巴勒莫。看到轴心国部队主要集中在岛的东北部，巴顿命令部队进攻巴勒莫。7 月 20 日，凯伊斯指挥临时军团向巴勒莫进发，并于两天后夺下该城。同一时间，布莱德利率领的第 2 军也抵达位于北部海岸的泰尔米尼伊梅雷塞。

直到此时亚历山大才发现他被巴顿骗了，但他仍对后者的战果表示祝贺。

相反，蒙哥马利听到这个消息时犹如被一盆冷水从头浇下。在美军发动快速进攻的同时，英第 8 集团军却在卡塔尼亚动弹不得。这段时间巴顿抢了英军的风头，细细品味着复仇的快感："英国人把 113、120 号[①]公路给我们，并极其满足地让我们待在那里……第 7 集团军占领了岛的绝大部分。"但显然，巴顿的志向不止于此。

7 月 19 日

中午在"法西斯宫殿"吃的午饭，那里几乎没有受到炮火损毁。宫殿很豪华，到处都被天鹅绒和锦缎覆盖着，椅子是包金的，我们在一间奢华的饭厅吃了"C 套餐"，桌布是丝绸的。

我的打法很正确，就是不断地进攻，攻势越猛烈，敌人抛弃的物资就越多。虽然失败不可避免，但意大利人还是打得可圈可点。他们应该很快就撑不住了。

我预感到英国人在墨西拿半岛会有麻烦，很可能得去帮他们。如果当初他们同意让我们独立进攻卡尔塔吉龙和恩纳，我们两天就能拿下那两个地方，这样的话现在就已经到达北部沿岸了。

亚历山大绝对不了解我军的战斗力和机动能力。我们的行军速度是英军的两倍，进攻也比他们更犀利；但为了保住英国的威望，第 30 军被赋予迂回包抄的任务，以至于英国人现在骑虎难下。昨天他们派了整整一个师去卡塔尼亚，结果只向前推进了 400 米……

英国人的打法是：遇见敌人——停下来——集结部队——进攻。与之相比，我军的战法要好得多。应该注意敌人可能的动向，这是我军在这里可以做到而亚历山大在突尼斯城无法做到的。

---

① 这两条公路在岛东部，通向墨西拿。

7月20日

9点43分我军攻下恩纳……8分钟后加拿大军队也赶到了……我向亚历山大发报说我们是同时到达。十之八九加拿大人会宣称首先抵达恩纳的是他们……

7月21日

英国人在卡塔尼亚以南焦头烂额。他们调去了第78师[①]，就在上周他们还声称不需要这样做。

7月22日

我的车子在行进的队伍中往前开……一路上纪律严明。当我开到第2装甲师前方时，士兵们先是向我致敬，然后欢呼。这让我感到热血沸腾。

一路上，我看见很多设置精巧的反坦克障碍……但对于一支能征惯战的队伍而言，只有死亡才能阻止他们前进的脚步，而这些防御性的障碍只会腐蚀建造者的决战之心。

我相信战争学院将把此次巴勒莫之战列为经典的装甲战例。我先把坦克布置在离前线足够远的后方，为了使敌人无法预判我军的进攻路线。一旦步兵打开缺口，坦克集群就以最快的速度朝那猛扑过去。这种战法可以以最小的伤亡获取胜利，但它对现场指挥官的要求非常高，而凯伊斯就完全具备这种能力，他配得上一切对于此次胜利的赞美。

我们在夜色下进入刚刚占领的城市，这种感觉让人兴奋不已。22点，我们走进“王宫”——临时指挥所就设在那里，凯伊斯和加菲已

---

① 英第78步兵师为预备队，在北非待命。

经睡着了，第 3 步兵师负责城市守备。我们把他们俩叫醒，向其表示祝贺，大家喝了几口酒。

亚历山大发来电报："祝贺这次重大胜利。我向你本人以及你威武的战士们表示最诚挚的祝贺。"我曾经对他说过，一旦美国人接受了贺词，他们一定会一直记着。

巴顿对于攻取巴勒莫的报告，1943 年 7 月 23 日

我们穿过密集的村庄，路上挤满了人，他们喊着"打倒墨索里尼""美国万岁"。

当我们开进城里时情况也是一样。白天人们把鲜花撒在进城部队前进的路上，并送来了大量的柠檬和西瓜。

市长逃跑了，但我们俘虏了两个意大利军官。他们表示能够被我们俘虏非常幸运，因为他们认为西西里当地居民不是人是畜生。

当天，我们抓获的战俘有 1 万人左右。23 号早晨视察港口时，我经过一队俘虏，他们全部起立向我敬礼，然后欢呼起来。

港口本身受损并不严重，但它四周的街区被炸得惨不忍睹……

我们把指挥部设在所谓的王宫，并组织俘虏对它进行清扫，这很可能是自古希腊占领这里以来的第一次清扫。我们还让俘虏清理街道上成堆的垃圾，填平码头上的弹坑……

红衣主教前来拜访我，我告诉他意大利人的愚昧和勇敢让我吃惊。说他们愚昧是因为他们为一个不可能成功的事业卖命，说他们勇敢是因为他们是意大利人。我请他把这些话转告意大利人。我还补充道，我们已经展示出彻底消灭意军的实力，如果他们执迷不悟拒绝投降，我们会毫不犹豫地消灭他们。

事实上，我已经取消了预定的空袭和舰炮射击，因为我觉得死的人已经够多了，而且单凭第 2 装甲师的进攻就足以占领这里，从而避

免给敌人带来我们认为毫无意义的伤亡。

我相信若干年后，当人们进行历史研究时，他们会发现凯伊斯的部队遭遇的抵抗比德军在其著名的闪电战中经历的更加激烈，而且我军做得更好、更快。

不论怎样，我们都没有浪费时间，我们从今天上午开始占领北部的公路，并调来了炮兵，准备支援第2军在接下来的几天将要进行的最后攻击。

致艾森豪威尔，1943年7月24日

看起来我之前去亚历山大将军那里产生了效果，因为他批准了我们攻打巴勒莫，并以此缩短我们的交通线以及更加便捷地卸载物资。

在我看来，我在西西里组建的临时军团干得非常好，他们的攻击可以说是装甲战的范本……

不论是步兵还是装甲兵，他们都展现出了非凡的实力。至于指挥官凯伊斯将军，他更是值得赞扬。如果他的名字能出现在报纸上，我会特别高兴。

据我所知，我军的300多辆坦克只有5辆因机械故障抛锚……

对于我军的军官们，我只有赞美之词；我对部队的耐力、勇气和效率表示钦佩……

我军的补给十分充足，我得向负责补给的人致敬。我也十分感激你把第9师剩下的部分派到这里，我们很可能需要这部分兵力，因为接下来的战斗也许会很艰苦。我们的行动越迅速，损失就会越小。

最后，我还要再次感谢一直以来你对我们的帮助，我始终是你忠诚的战士。

夺取巴勒莫几天后，巴顿飞往锡拉库扎会见蒙哥马利。他记录道："蒙哥马利和他的那群参谋在那里。我们急着见面显然是一个错误，虽然他也犯了同样的错误，但是是我迈出了第一步。他在汽车引擎盖上摊开地图，上面标着美英两军的'国界'。"他们商讨了第7、8集团军的进军路线。巴顿始终保持警惕，他担心英国人再次"玩阴的"："他如此轻易地向我表示同意，以至于我担心是不是有什么企图，但目前还没看出来。路线刚确定下来，他就表示不理解为何我军不去占领整条117号公路。考虑到这条公路对双方都没有太大的用处，如果我军占领它，他应该不会有任何异议。"

巴顿和蒙哥马利快速地制订出一套方案。美军由岛内120号公路和沿海113号公路行进，英军占领阿德拉诺至兰达佐一线的114号公路。巴顿写道："在一切都谈妥的时候，亚历山大来了。他看起来心情很不好，并且突然一反常态地让蒙蒂汇报计划。后者表示我们已经都谈好了。亚历山大有些生气，命令蒙蒂向他汇报计划。蒙蒂说完之后，我也做了汇报。亚历山大批准了我们的计划，同时让我们听听米勒[①]的发言。

"米勒的中心思想就是要把我的坦克登陆舰（LST）缩减到35艘。

"我坚持45艘，他极不情愿地勉强同意，并告诉我最终的数量得由海军司令坎宁汉决定。

"这时，比德尔·史密斯突然对米勒说坦克登陆舰的分配应该由盟军司令部决定，而后者似乎忘了司令部的存在。

"我补充道，为了在北岸进行几次小规模的登陆行动，我军除了坦克登陆舰，还需要至少能运送一个加强营的运输舰。亚历山大对此毫不关心，但最后还是表示试着为我们争取。

"我还提到需要巡洋舰的支援，查理森说他务必保证我们的要求，但我怀疑他能不能做到。

"会议就这样结束了，他们甚至没有想到给我们提供午餐。我觉得在亚历

① 盟军司令部第4参谋部人员。

山大和我的眼里蒙蒂的表现显得很没有教养，他给了我一个 5 块钱的打火机作礼物，他那里应该有一大盒这样的东西……

“经过 1 小时的飞行，我们 14 点 30 分回到巴勒莫，剩下的参谋人员也刚好乘车抵达。

“凯伊斯领着仪仗队和第 3 步兵师的军乐队前来迎接。我们都返回王宫……”

致比阿特里丝，1943 年 7 月 27 日

在我看来，即使是我们在“绿草原”甚至是“阿瓦隆”的房子都无法与这座意大利皇家宫殿相比。必须穿过 7 道门厅和一个 15×20 米的饭厅才能到我的起居室。

凯伊斯住在另一头，但他那里只有 3 道门厅……

这宫殿建于公元 1600 年，经历了现代化改造，但很不干净。当我使用被当年那些便秘的皇族熏得臭气熏天的厕所时，有一种莫名的快乐。

我睡的床下面是床绷，上面放了 3 个羽绒垫子，和豌豆公主里描述的一模一样，但可惜你不在这里。

我们吃饭的地方巨大无比，它大概有 15 米宽 30 米长。我们每天都在这里用萨瓦省的瓷器吃饭。

斯蒂勒这个毫无情调的家伙看了一眼宫殿后对我说：“我的将军，请允许我为您找一个比这间小旅店更加舒适、豪华和现代化的住所。”

就这个所谓的“小旅店”有两栋楼这么大：一端是办公区，中间是教堂，另一端是起居室。

红衣主教和我现在关系很密切。我昨天去看他，今天他就来拜访我，一同来的还有总主教和两个主教。我们拿出从德国人那里缴获的香槟和培根招待他们，大家相处得很融洽。红衣主教对我而言用处很大，他很有影响力，是维持此地稳定的重要人物。

战争还远未结束，但最终的胜利一定属于我们，而且我们会赢得非常漂亮。我们正在与兄弟部队也就是英国人比赛，我们目前更有优势。我很想知道国内对此是如何报道的，BBC 的报道几乎只字未提我军的存在。

西西里战役结束后，我的任务是什么我完全不知道。但只要能打仗，派我去何地与何人交手都不重要。战争是所有游戏中最精彩的游戏。

罗斯福给我寄来一张他亲笔签名的照片。照片上，我站在他旁边接受丘吉尔的祝贺；至于艾克，他总是一言不发。

对盟军而言，接下来的任务并不轻松。一方面，美英部队计划分别从岛的两侧夹击墨西拿；另一方面，德军在前线就地构筑防御工事阻止盟军前进。7 月 24 日，德军发现较之英军，巴顿的第 7 集团军攻势更加猛烈。撤退到埃特纳防线后方的德意联军准备构筑新防线牵制美军，让部队有序撤退到墨西拿，然后渡海撤退到意大利半岛。

此刻，巴顿的目标只有一个，那就是先于英军攻下墨西拿，这既关系到美军也关系到他自己的荣誉。他梦想着身披荣耀，让蒙哥马利相形见绌。但拦在荣耀之路上的一个障碍就是美军的必经之路——113 号公路狭窄曲折非常不利于大部队行军。

致米德尔顿，1943 年 7 月 28 日

这是一场真正的比赛，它关系到美军的尊严。我们必须先于英国人攻下墨西拿，请尽你一切所能帮助我们赢得比赛。

8月1日

我们开始按计划行动，快速进军，不做丝毫停留……这些山路是我见过最难走的。我不知道我们的战士要用多大勇气才能走出这片山林，但可以确定的是我们决不能松劲，因为只要保持目前的压力敌人就会垮掉。总之，无论如何我们都要赶在第8集团军之前攻下墨西拿。

告第7集团军全军书，普通令第10号，8月1日

此令传阅全体将士。

第7集团军及第12空军战术联队全体官兵：

在海军和空军的协同支援下，你们已经成功登陆，并在21天的时间里连续作战，击毙和俘虏了总共87000余名敌军，缴获和摧毁了371辆汽车、172辆坦克、928辆汽车、190架飞机。你们是英勇的战士！盟军总司令艾森豪威尔将军和集团军司令亚历山大将军为你们的战绩感到欣慰和自豪。

现在，你们正和英第8集团军一起乘胜追击。你们的攻势将势如破竹。胜利就在眼前而且必将属于我们。下一站，墨西拿！

8月3日

我在医院略作停留，与350名新来的伤兵聊了聊。一个可怜的小伙子在战斗中丢了一条胳臂，他一直在哭；另一个士兵一条腿没了。大家都很勇敢也很乐观。还有一个士兵已经是第二次负伤住院了。他看到我就笑了起来，并说道如果再负伤，他就要申请调回本土。我恰巧在几个月前对马歇尔提过，所有受伤的下级军官和士兵都应该被送回自己的家……

八月初，美军向墨西拿进发。第7集团军大部和第45步兵师（后由第3步兵师代替）沿113号公路前进，第1步兵师沿120号公路前进。一路上，美军经受着烈日、疾病和敌人顽强抵抗的考验。第1步兵师花费数日才攻下由德第15装甲掷弹兵师防守的尼科西亚，德军采用迟滞战术边打边撤。

之后，德军在意奥斯塔师余部的支援下，在美第1步兵师的下一个目标即特罗伊纳四周的制高点筑壕固守。美军用了一个星期才夺取该地。德军结合地形建立防线，他们在战壕前铺设地雷，用机枪扫射暴露在空地上进攻的美军，步兵结合坦克在炮兵的支援下发动反击。对美军而言简直是一场噩梦！8月4日，第1步兵师师长特里·德·拉·梅萨·艾伦投入两个团对敌侧翼发动进攻，巴顿也调来炮兵和摩洛哥步兵营投入战斗。8月6日，美军才进入敌人放弃防守的空城。

113号公路的情况也好不到哪儿去。第3步兵师被德第29装甲掷弹兵师阻挡在圣夫拉泰洛。巴顿命令前线部队火力吸引德军，同时让第88特遣舰队把士兵和装备运送到德军后方。但由于美军缺少小艇，一次只能运送一个营。德第15装甲掷弹兵师的撤退暴露了准备缓缓撤退的第29师的左翼。8月9日，巴顿决定对圣阿加塔迪米利泰洛发动两栖作战，德军再次后撤并构筑防线延缓美军。对墨西拿志在必得的巴顿命令布莱德利登陆布罗洛。一个营的步兵趁夜偷袭德军，后者也展开反击。第2天，由陆路赶来的部队与登陆营会合，但德军仍然成功撤退，并再次组织防御。巴顿拒绝了布莱德利和特拉斯科特的提议，坚持由海上对法尔科内发动了最后一次突击，但德军已经撤退。

致弗雷德里克·艾耶尔，1943年8月6日

经过3天苦战我们刚刚夺下一座城。此刻我感觉非常好，因为蒙蒂之前发电报说要来帮我们，而现在以及今后我们都不需要了。他和我正在比赛，终点就是这里的最后一座主城。目前比分很胶着，但我有信心能赢。

这里（特罗伊纳）一切都糟透了：气候、苍蝇、蚊子、地形和当地居民。

我的黑人传令兵乔治·米克斯中士总结得很精辟，他说："当您和我在墨西哥时，墨西哥人不怎么友善；当我们在摩洛哥时，阿拉伯人比墨西哥人还要差；当您在突尼斯指挥第2军时情况更加糟糕，我们原以为在阿尔及利亚的遭遇已经是极限了，但答案是否定的；当您在这里指挥集团军时，当地居民比阿尔及利亚人还要恶劣。"我认为他说的很有道理。

8月6日

我在战地医院转了一圈……有两个士兵被震耳欲聋的炮击吓坏了，到现在都没有回过神来。医生告诉我，他准备给这俩人打针，这样他们就能入睡了，根据以往的经验，睡着后会好很多。

还有一个士兵头盖骨被炸没了，我们只能眼睁睁地看着他断气。这种场景让人心酸，而时间又不允许我过分伤感。我不能因为个人的怜悯就不把这些士兵派上战场，这是一个将军的悲哀。

德国人用远程大炮炮击我的司令部。刚开始我有些害怕，后来我为自己的懦弱感到羞愧，现在已经适应了。我让自己始终保持冷静，今后即使炮弹就落在身边，我也能做到谈笑风生。现在看到别人随着炮弹爆炸不停地眨眼或者在炮击时看别人的表情，我甚至觉得这是一种乐趣。

8月9日

布莱德利认为我们应该把之前枪决俘虏的两个责任人送上法庭……他还说有3个意大利籍美军士兵逃跑了，他们穿着便服混在平民中，但还是被我们抓了回来。我要派人枪毙他们，这3个临阵逃跑的下流胚子！

8月10日

今天去了另外一处医院探视伤员……一个士兵一条腿断了，他对我说："您是巴顿将军吗？我看了所有您写的文章。"大家看到我来显得很高兴……大部分人状态都不错，只有两个士兵，医生说他们很快就要死了……

凯伊斯19点45分打电话给我，他说布莱德利和特拉斯科特都认为应该取消预定的登陆计划，因为距离过远第3步兵师无法按时赶到支援登陆部队。我告诉凯伊斯，无论如何都要按原计划行事。然后特拉斯科特要和我单独谈谈，他强烈反对我的意见。我告诉他说计划必须被坚决执行，他回答说："既然如此那好吧。"

我决定跟着他亲自前往港口，路上遇见盖伊，我和盖伊一起看着登陆舰出发。20点45分，我们走到第3师指挥部。在指挥部遇见的第一个人就是戴维森海军司令的参谋长——戴维斯舰长。他告诉我登陆必须取消，因为行动时间已经比原计划迟了一个小时，这样的话得到凌晨4点才能登陆。我回答他说，就是到6点我也不会取消计划。

特拉斯科特手里拿着地图边走边看，一脸的绝望，我对他说："特拉斯科特将军，如果你坚持认为不该登陆，那我就找人接替你。

"我的将军，如果你想免除我的职务，你绝对有权这样做。

"我决无此意，正是因为你的表现，我才授予你杰出服役十字勋章，提升你为少将。作为一名老运动员，你应该可以想到我们决不能推迟比赛。

"你也是一位老运动员了，你知道这种情况有时确实会发生。

"这次不一样，船已经出发了。

"但我无法让炮兵准时到达战场，步兵也是如此，他们无法支援登陆作战。”

“你应该记住腓特烈二世的名言：勇气，始终保持勇气。[①] 我肯定你会成功。虽然成功的道路崎岖坎坷，但你应该去指挥战斗而不是待在这里。”

就在这时，布莱德利给我打来电话，问我计划是否照常进行。我回答是的，并强调如果失败我承担一切后果，如果成功功劳全归他和特拉斯科特。

接下来，我对特拉斯科特再次申明我对他绝对有信心。为了表示对他的信任，我把接下来的事都交给他，然后回去睡觉。

回去的路上，尽管我认为一定能赢，但还是有些担心。我喊醒豪斯将军，让他向我保证明天海军航空兵一定会出动飞机支援作战。我还嘱咐他要出动全部飞机支援第3师。

也许我太固执。但我确定，尽管遭到了很大压力，我还是尽到了自己的责任，而且我也展现出一名指挥官高超的能力。

8月11日

今天我没有去前线，因为我不想让人们觉得我对特拉斯科特没信心。

致比阿特里丝，8月11日

昨天，我认为自己很称职。我们之前准备实施一场小型的两栖登陆战，已经一切就绪。昨晚20点，奥马尔（布莱德利）和卢西恩（特拉斯科特）建议我取消登陆，因为太过于冒险。我坚持自己的观点，目前进展顺利。昨天晚上，我想起腓特烈二世说的：“勇气，始

---

① 法国人通常认为这句话出自丹东（1759—1794法国革命领袖）之口。

终保持勇气。”我还想起尼尔森拿着望远镜说道：“一切顺利，先生们。我观察得很仔细，我看不出有任何理由要撤退，请发出继续进攻的信号。”

我刚接到特拉斯科特的电话，他准备反攻。我告诉他这是杀死德国鬼子最好的时机，果断进攻吧。他显得很激动也很高兴。

枪炮声又响起来了，我去看看进展如何。

电报，艾森豪威尔致巴顿，1943年8月12日

我唯一能做的就是向你祝贺。

8月12日

3架德国飞机飞过我们头顶，弹仓打开。由于我们在公路上，一边是海一边是悬崖峭壁，我们只能眼睁睁地看着敌机投弹，无处躲避。

就在这时特拉斯科特赶过来。我对他的勇气热烈赞扬。

8月13日

发烧了，很严重，卧床休息。

8月14日

病还没好，但我还是去了第3步兵师司令部。

致比阿特里丝，8月15日

我得了当地的一种发热病，我们估计是通过蚊子传播的。这里的温度有40摄氏度，大家什么都吃不下，一天到晚浑身是汗。这种情况还要4、5天才能好转，我真希望明天病就能好。这太耽误事了，

因为我估计战役已经到了收尾阶段。

我给你寄去一件床罩，它快赶上1893年巴勒莫刺绣的价格了。我花了90块钱，希望它值这个钱……告诉别人我生病了没有什么益处，会有很多人对此窃喜。我还没完全恢复，我要上床躺一会。

相信你很快就会在新闻上看见我，因为我军即将攻下墨西拿。

8月15日

今晚，我们准备进行第三次两栖登陆战。①

8月16日

特拉斯科特和布莱德利又来劝我取消预定的登陆计划，理由是第3师已经越过法尔科内（预定登陆点）。而我坚持原计划。因为方案已经制定完毕，而且我手上还有一个预备团。

巴顿一心想要赶在英国人前面占领墨西拿，布莱德利则对此感到十分不满，他指出，为了这个虚荣的胜利，美军付出的代价是伤亡不断增加。从某种意义上说，德国人胡贝才是这场比赛的赢家。虽然德军无力守住西西里，但胡贝成功地组织了部队撤退。当第29装甲掷弹兵师和赫尔曼戈林装甲伞兵师阻击盟军时，德第15装甲掷弹兵师经墨西拿撤退至意大利。意第14军中的70000名士兵、300辆汽车、80门火炮也成功撤走。8月16日，德第29装甲掷弹兵师和赫尔曼戈林装甲伞兵师大部也从西西里撤至意南部。至17日，共有60000名德军从西西里撤退。②

---

① 和巴顿一样，蒙哥马利也计划实施岛内登陆战。8月16日，英军组织登陆突击队蛙跳进攻，随后占领墨西拿。

② 这个战役期间，轴心国总共从西西里成功撤走了11万名士兵、1万辆汽车、200门火炮、50辆坦克、1000吨武器弹药、1000吨柴汽油、15000吨装备。

8月17日

8点50分，卢卡斯、盖伊和我从派珀飞机上下来，在第3师司令部没见到凯伊斯，然后我们又从司令部开车到墨西拿旁边的山上。布莱德利也不在那里，也许他没有收到我们的消息。我随后打电话告诉他我很遗憾，因为他没能和我们一起列队进城。

1944年5月22日

我刚刚得知比德尔·史密斯在墨西拿表现出的另一面。当我们开始向城里进发时，他和雷姆尼泽赶到了。他们决定保持一段距离跟在我们后面，以确保即使路上有危险也由我们去解决。盖伊的副官默南领着他们。到山顶时，史密斯问默南他们是否在敌人的大炮射程之内，后者回答是的。就在这时，我军的一个155毫米炮队隔海向意大利方向炮击。看到飞来的炮弹后，他立刻跳到战壕里，即使雷姆尼泽和默南向他保证没有任何危险，他也不出来。当我见到他的时候，他还是脸色灰白、浑身发抖。

在与蒙哥马利的比赛中，巴顿赢了，他对此欣喜不已，但布莱德利认为为了这场可笑的比赛牺牲了太多的士兵。事实上，求胜心切的巴顿对上级表现幼稚，对士兵冷酷苛刻、不断把他们逼到肉体和精神上的极限，对敌军战俘和平民过于残忍。至于比德尔·史密斯，他未能领教巴顿在指挥作战时的高高在上和为达目的不惜一切代价的态度。

8月17日

我开车带着史密斯去第3师吃午饭。就第7集团军内部人员晋升问题，我和他讨论了很久。他提醒我当第7集团军组建的时候，我们就被告知无权进行人事上的提拔。我回答他说我很清楚这一点，但我们经历了无数战火的考验，这不是恩赐，而是我们应得的权利。我肯定他会尽一切可能制造麻烦。这个史密斯真是个狗娘养的……

我感觉精疲力尽，从激烈的体力和脑力对抗到完全平静下来太累了。

一直以来主对我实在是太慷慨了。如果让我重新指挥西西里战役，我不会在战法上做任何改变。历史上几乎没有一位将军可以像我一样（对之前的战斗挑不出一点瑕疵）。

自从爆发这场战争以来，我觉得自己就像是一根枯瘦的树枝随着命运之风摇摆，但我表现得很好。目前，第 7 集团军前景暗淡，但我坚信陪伴我走到现在的好运将会一直陪我走下去。

从巴顿在北非的第一场战斗开始一直陪伴他的好运很快就要离他而去，一个巴掌差点断送了他的前程。

第二十四章　掌掴事件

8月18日，巴顿收到各式各样的祝贺，罗斯福和马歇尔对他和蒙哥马利面对轴心国部队取得的胜利不无赞美。但巴顿的满足感并未持续多久。8月20日，他收到一份紧急电报，上面指出卢卡斯将要抵达巴勒莫，并且随身带了一则十分重要的信息。其实早在这封电报之前，盟军总部健康中心主任布莱斯就交给巴顿一份艾森豪威尔的私人信件。

艾森豪威尔致巴顿，1943年8月17日

（由军医布莱斯转交）

我在信里附上关于你个人行为的调查报告，报告内容让我十分震惊。我真希望你能向我保证报告中对你的指控毫无依据，但里面描述的细节让我认为这些指控决不可能空穴来风。我非常清楚为了确保实现预定目标，必须有严厉的措施和非常的手段，但这不能成为暴力、尤其是虐待病人，亦或是在下属面前控制不住脾气的借口。

我不准备就报告中的两起事件展开官方调查。处理对一名将军如此严重的指控是一件非常折磨我的事情，尤其是当这名将军指挥美军获得让我引以为傲的战绩时。我知道在过去的几个星期里，你对美军和盟军取得了不可估量的成绩；但尽管如此，如果信中的指控有相当数量的证据予以支持，那我将严重怀疑你是否还有良好的判断力和自制能力，并怀疑你能否继续胜任未来的职务。目前我的观点是，现实情况比报告所提程度轻得多，而且这是由于为了取得胜利，战斗中你的压力过大所致。因此，与其严厉地责罚你不如将此事盖过。在战争部以及对手的眼中，你在过去几个星期中的指挥方式证明了你的坚韧，也正因为这样，我相信你完全有能力承担接下来的艰巨任务。但无论如何，你必须引以为戒，务必保证绝对不会再犯类似的问题，不再让我对你的前途困惑，只有这样我才能放心地把所有任务交给你。

除了我个人的机密文档外，这封信没有副本。我希望你也能以个人秘密的方式给我回信。另外，根据这些针对你并且是建立在事实基础上的指控，我强烈建议你在向当事人诚挚道歉之后再给我回信。

在我的军事生涯中，还没有一份像这样难以措辞的信，不仅仅是因为我们深厚的友谊也因为我钦佩你高超的军事才能。最后还要提醒你，无论是谁，无论他的军衔有多高，报告中提到的事件绝对是不允许的。

北非战区美军健康中心佩林·H·隆中校提交的报告①
关于第15和93战地医院虐待伤兵事件调查

事件一

查尔斯·H·库尔，第1步兵师、第26团、L连士兵，怀疑患有“疲劳症”，于1943年8月2日前往第1医疗大队C连战地医务室就诊。记录显示，这是该士兵在西西里战役期间第三次因为同样的病症前往医院。之后，他从医务室被转送至医疗分选中心，医生给他开了“巴比妥钠”药方。8月3日，他的就诊病例记录道：“神经功能焦虑

① 附在艾森豪威尔给巴顿信件中的报告。

症，严重中等程度（该士兵在之前的十天内已两次住院治疗，明显无法再上前线）。”之后，士兵库尔由医疗分选中心被转移至第15战地医院。当他在等候区候诊时，乔治·S·巴顿中将在主治医师和另外两名医生的陪同下进入医院，与在场的伤兵交谈并详细询问病情。当将军走到该士兵面前并询问情况时，后者回答：“我估计我撑不下去了。”将军立刻勃然大怒，他认为这个士兵是个懦夫，手套还没来得及取下来就扇了库尔一巴掌，然后揪住衣领把他扔出帐篷。抬担架的卫生员扶起该士兵，把他送到另一个帐篷里。后来人们发现该士兵发烧39度，并伴有腹泻，一天之内要去厕所10-12次。第二天，该士兵仍在发烧，化验显示他身上带有疟疾病菌。该士兵8个月前入伍，6月2日被调拨至第1步兵师。

事件二

士兵保罗·G·伯奈特，第17炮兵团、C中队，于1943年8月10日被送往第93战地医院。该士兵21岁，已在陆军服役4年。从3月起，其所在部队隶属于第2军。直至8月6日以前，该士兵一切正常。8月6日，他的一位关系密切的战友受伤，当晚，该士兵由于焦虑无法入睡，他害怕落在四周的敌军炮弹。第二天，对战友的担心更加重了他的焦虑。医生给他开了镇静剂使其入睡，但他并未减轻焦虑。虽然该士兵拒绝离开部队，但还是被送至后方。

乔治·S·巴顿中将走进帐篷，询问在场的士兵境况。当他问到伯奈特时，后者回答：“我就是紧张。”并开始哭泣。将军开始发怒，问道：“你说什么？”对方哭着说：“我紧张，我再也受不了那些炮击了。”将军吼道：“你紧张，你个骗子，你就是个该死的懦夫，狗娘养的……”然后，将军扇了该士兵耳光，并说道：“不许哭，我可不想让这些受伤的勇士看到你在旁边哭。”接下来，他再次扇了该士兵耳光，并转身大声命令医生："谁也不许接收这个狗娘养的，他一点病都没有，我可不想让医院里挤满了这种没胆上战场的狗杂种。"接着他转向该士兵，后者试图立正，但因为四肢发抖一直站不起来。将军说道："你必须立刻去前线，也许你会死在那里，但你必须去战斗；否则我就让你靠在墙上，喊人枪毙你。"同时，将军掏出手枪，"我应该亲手毙了你，该死的懦夫。"将军一边喊着应该让这个狗杂种上前线，一边离开了帐篷。许多在场的伤兵和医护人员可以证明此事。

报告内容沉重，但仅仅是冰山一角。巴顿曾经给士兵下达过苛刻的指令，他始终想把士兵锻炼为战士。在西西里战役期间，很多士兵变得嗜血成性。之前布莱德利对巴顿提到的枪杀战俘的队长——隶属于第45步兵师的韦斯特中士，"解决"了37名俘虏之后，第二天又枪决了100名德意战俘，而这些在调查中并未被提及。布莱德利曾经警告巴顿约束开始失去控制的士兵。当然，必须指出的是，巴顿从未命令部下强杀已经被解除武装的战俘。但军中发生的这些事情还是被一些士兵通过书信传了出去。另外，巴顿对下级和士兵的态度以及他对西西里当地居民的种族言论也产生了不良影响。他曾经开枪打死了走在部队前面的一户西西里人的骡子，之后他宣称当地人虐待自己的动物，而且他们比北非人更脏更爱抱怨。

出于个人感情以及欣赏巴顿的才华的原因，艾森豪威尔试图把这些事情压下去，但打耳光事件还是流传开了。有几位记者，其中包括《周六晚间邮报》的记者德玛丽·贝丝，听闻了此事。经过私下调查后，他们决定在公开发表之前找艾森豪威尔谈一谈。后者表示一定会对巴顿有所节制，并要求记者不要泄露此事以防损害美军声誉、打击部队士气。最终，记者决定暂不发表这些文章。

8月20日

战地医生布莱斯将军带给我一封艾森豪威尔质问的信件，内容是关于我教训两个我认为懦弱的士兵。确实，我没有经过深思熟虑就发脾气。不过，我的初衷是好的，我们不能容忍一个士兵因为怯战就躲起来，这会影响到其他的士兵。我也意识到我的方式可能有问题，我会尽一切努力去道歉。艾克对这件事很生气，这更让我感到内疚，我最大的愿望就是做到让艾克满意。

卢卡斯18点到这里，他告诉我艾克对此事个人的看法。

我的心情差到极点。

巴顿曾经在日记中也提到了这两起在战地医院的经历。为此，他特地编写了一份内容详尽的细则并下发给部队，目的是管教“那些懦夫”。

8月3日

在医院，我碰到了一个在整个集团军中都没有遇见过的真正的懦夫。那个士兵坐着，尽一切可能把自己装得像个伤兵。我问他受了什么伤，他只是回答说他受不了了。我骂了他，并用带着手套的手扇了他一巴掌，然后把他扔出医院。必须以各个连为单位，注意是否存在这样的人。如果哪个士兵没有尽到自己的义务，那就应该把他送上军事法庭。明天我就要写一份关于这方面的注意事项。

注意事项，下发给第7集团军各军、师、独立部队，1943年8月5日

我注意到有极少数士兵以精神紧张不能战斗为借口去医院。这样的士兵都应被看作是懦夫，他们让所在部队名誉扫地，他们毫无顾忌地躲在医院里逃避战争，让战友独自面对敌人的炮火。你们必须采取必要手段在各自的连队内解决这些问题，保证这些怯战的士兵不会被送到医院。那些拒绝战斗的士兵都将以畏敌的罪名被送上军事法庭。

8月10日

在另一所战地医院，我又看见了一个自称精神紧张的懦夫。我命令医生把他送回所在部队。然后他就开始浑身发抖，我狠狠地骂了他，直到他闭嘴。我希望我拯救了他的灵魂，如果他还有灵魂的话。

8月21日，巴顿听从艾森豪威尔的建议向两名伤兵道歉，但并非心悦诚服。

8月21日

今天，我找到保罗·G·伯奈特向他解释道，也许我对待他的态度很粗暴，但本意是希望能帮他振作起来，我对所发生的一切感到非常后悔，真心地希望他能原谅我。他接受了我的道歉。没过多久，约翰·A·克兰告诉我伯奈特又没有请假擅自离队，他让医务员把他送到后方，向他们讲述自己在炮兵队的经历。在我看来，一名指挥官由于受到胆小怕事的上级压力进而容忍士兵贪生怕死的行为，这不应受到任何指责……

8月22日

今天我把所有目睹两次事件的医生、护士和士兵召集在一起，向他们讲述我在一战时的一个战友和那两个贪生怕死的士兵有同样的经历，但没人去帮助他，最后那个战友自杀的故事。我向他们解释我这样做的目的只有一个，就是避免类似的不幸再次发生。

8月23日

士兵查尔斯·H·库尔15点到我的办公室。他是我因为怯战而责罚和打骂的两个士兵中的一个。我告诉他为何我做出那样的表现，向他解释我之所以这样做的目的是试着让他对我发火，是为了让他重

> 拾信心。为了让他找回男子汉的血性，我表示希望他能和我握手，他同意了。

事后，库尔说巴顿向他真诚地道了歉："他是一位伟大的将军，他当时看起来太累了，他还承担着整场战役的压力。"

卢卡斯致巴顿，1943年8月23日

> 一切都过去了。那些制造麻烦的人都已经被告知不要再提这件事，他们都同意了。艾克刚刚给我读了一份他寄给马歇尔的报告，关于你的部分都是恭维的措辞。

报告中，艾森豪威尔详细阐述了各个指挥官在西西里战役中的表现。以下是关于巴顿的部分："首先，他指挥此次战役并获全胜，证明了他的能力、决断和持续的进攻性。但同时他再次表现出大家都熟知的性格中的缺陷：经常过分要求下属，有时甚至是滥用职权进而伤害普通士兵。如果现在他还没有改掉这个毛病，他就无法继续指挥任何战斗。但我个人认为他已经改正了，不仅仅是因为他的忠诚，更因为他的内心如此想以一位伟大的将军被他人认可，因此他会尽一切可能改掉威胁到这一目标的习惯。"

艾森豪威尔强烈地指责巴顿这种极端的不合时宜的举动，并认为巴顿不能达到他本人期待的地位。在8月27日给马歇尔的电报中，艾森豪威尔说道："从本质上说，巴顿是一名战士。很少有人注意到战事进展之所以缓慢，很大程度上是因为指挥系统的狐疑、小心谨慎和懈怠。但显然巴顿和他的部队从未出现过这样的问题。在西西里战役中，他手下的多名军官表现英勇。如果他们察觉到巴顿有悲观和推诿的情绪，他们就不会这样。巴顿时而会表现得性格极端，判断失误。但当你总结你的老部下特点时，他的优点决不能被抹杀。"

在得知艾森豪威尔给马歇尔的信件内容之后，巴顿大为感动，并给艾森豪威尔写了一封表面上看起来极度忏悔的信："首先请允许我对你以个人而非官方的名义给我寄来一封语言中肯的信表示感谢。

"我找不到一个合适的词语来表达因为让你不快而产生的懊恼，为了你我可以做一切事情，甚至是牺牲自己的性命。

"我可以向你保证，我从未想过在这两个士兵面前扮演凶狠的角色。我唯一的目的就是让他们真正认识到自己是一名士兵、一名战士。

"第一次世界大战期间，我的一位战友由于忧虑无法自我控制，当时的情形和今天这两个士兵一模一样。接下来的几年里，他一直生活在焦躁和恐惧之中，最后以自杀结束了自己的生命。

"医生向我肯定地说，如果当时有人能适当地让他警醒，他本可以恢复得与常人无异。

"当我看到这两个士兵的时候，我就自然而然地想起了当年的那个战友，并试着把医生当时给我的建议用在他们身上。每次我都对身边的军官解释道，也许我拯救了一个灵魂。"

8月29日

我到卡塔尼亚的时候，艾克刚下飞机，他不像以前那样热情，我们一起在蒙蒂那里吃了午饭。午餐很丰盛，显然蒙蒂试着让我忘记过去那些平庸的午餐。艾克给他颁发了"大十字荣誉勋章"。

我把道歉信交给艾克。他没看，仅仅是把它放进口袋里。

我当时觉得很热，现在感觉好多了。

8月30日，巴顿前往第1步兵师和第2装甲师做公开道歉。他受到了英雄般的欢迎并得到了士兵极高的评价。之后，他又前往第3步兵师，当他登上讲台准备道歉时，士兵们开始小声议论，然后大声喊道："不，我的将军，您不需要道歉！"他们将巴顿视为偶像。顿时，巴顿热泪盈眶、感慨万千。

第二十五章 暂别战场

巴顿以为这次“愚蠢”的扇耳光事件就此结束了，但艾森豪威尔决定让他暂时离开战场，仔细反省一阵子。

当盟军在西西里战斗时，苏联逐渐掌握了苏德战场的主动权。经过库图佐夫行动和鲁缅采夫行动[①]，苏联红军重新夺回奥廖尔和哈尔科夫，彻底解除了德军对库尔斯克的威胁。德国人虽没有被彻底击败，但大势已去。就此，斯大林要求盟军开辟第二战场，减轻苏军压力。

8 月 17—24 日，盟军在魁北克召开代号为“象限”的军事会议。罗斯福和丘吉尔决定于 1944 年在法国发动大规模的登陆作战，但盟军内部对到 1944 年春之前在何处进攻产生分歧。考虑到苏军的进展，英国人再次建议在巴尔干登陆。美国人拒绝，他们认为轴心国在欧洲防守最薄弱的环节在意大利[②]。最终，盟军决定于 1943 年 9 月 9 日在意大利萨莱诺登陆，行动代号“雪崩”。[③]

---

① 库图佐夫行动，1943 年 7 月 12—18 日，解除了苏德战场苏军“中线”的压力。鲁缅采夫行动，1943 年 8 月 3—23 日，苏军夺回哈尔科夫，迫使德军撤过第聂伯河。

② 希特勒也非常清楚这一点。为此，他从库尔斯克战场抽调“阿道夫 · 希特勒 SS 卫队师”派往意大利。另外，7 月 25 日，墨索里尼被废黜，由巴多格里奥接替。后者开始与盟军谈判。1943 年 9 月 12—13 日，墨索里尼被党卫军上校奥托 · 斯科尔兹内救出。

③ 雪崩行动的主要任务是在萨莱诺高地登陆。它包含两个支援性的行动，即在卡拉布里亚登陆的湾城行动和在塔兰托登陆的闹剧行动。

直到9月初，巴顿还认为第7集团军将在接下来的作战行动中占据主导地位，但一封电报浇灭了他的幻想：正式取消第7集团军编制，第2装甲师和第1、9步兵师调往英国；第82空降兵师和第45步兵师划拨至第5集团军，由克拉克统一指挥；第3步兵师派往意大利。巴顿还得知雪崩行动将由克拉克指挥，布莱德利前往伦敦策划登陆法国。艾森豪威尔命令巴顿前往北非，了解雪崩行动事宜。对此，巴顿写道："我感觉自己只是男三号，但无论如何我都会夺得第一。"

8月31日

我前往穆斯塔加奈姆参加关于雪崩行动的会议。晚上住在克拉克那里，也是我曾经住过的地方。晚饭后他去了办公室，因此我没有机会和他交谈。

9月1日

我来到格伦瑟的办公室。他问我对雪崩计划有什么看法。我表现得很注意措辞，但还是忍不住提醒他：既然以塞莱河作为英第10军和美第6军的战场分界线，那么美英双方都不会派兵驻防塞莱河及其周边地区。我又补充说，毫无疑问，德军会在这里发动反攻。①

他反驳道，在发起登陆的那一刻，会有相当数量的炮兵一起登陆，防止敌军反扑。

显然，没有任何一场行动可以完全按照预定计划展开，尤其是涉及登陆作战。我提醒他慎重考虑，但他似乎没有听进去。

---

① 巴顿再次展示了卓越的远见。9月13日，德军用两个战斗群沿塞莱河以及支流卡洛雷河在美英两军的结合部发动反击。

9月2日

前往阿尔及利亚。艾克帮我洗头。我意识到在这次愚蠢的事件里(掌掴事件)，我的反应过激了，我接受艾克的批评。我想他应该是很关心我的。

他告诉我第7集团军将被解散，布莱德利将前往英国训练部队，准备下一场登陆行动。

我提醒他我也能很好地制订计划，但他说，对你而言，我不希望你去干这事。这算不算是称赞？

显然，艾森豪威尔在用外交辞令回答巴顿的提议，但后者还是无法接受让布莱德利策划行动这一事实。巴顿认为他被艾森豪威尔和布莱德利骗了，在他看来，理应是他而非布莱德利组织这一场决定性的登陆。

9月3日

我开始重游阿尔及尔。

9月4日

会越来越好的。

9月3日，蒙哥马利第8集团军下辖的第13军越过墨西拿海峡，在卡拉布里亚登陆，这是“湾城”行动的一部分。一路上英军几乎未遇抵抗。凯瑟林认为这只是盟军的牵制攻击，真正的登陆地点应该在萨莱诺或是那不勒斯或是罗马，他命令第76装甲军后撤，并炸毁桥梁延缓英军前进。

致比阿特里丝，1943年9月4日

每次到阿尔及尔都需要三天时间适应。我们每天都得穿上防弹服外出，要不是形势使然，这样穿戴还真显得挺滑稽的。英勇的第7集团军我看起来会暂别战场一段时间。奥马尔·布莱德利将前往伦敦和杰克·德弗斯会合（德弗斯在那里负责ETOUSA[①]）。约翰·卢卡斯接替布莱德利的职位。他们告诉我，我太冲动无法承担布莱德利即将做的工作。显然，我更适合指挥战斗而不是在那里高谈阔论。

不管怎样，直到现在我的运气都很好，不要为我担心。

9月6日

今天收到两封电报，其中一封让我彻底泄气。

这太让我绝望了。除了1942年12月9日我得知克拉克任第5集团军司令那一晚，我还没有像现在这样生气过。我感觉自己每次都已入席，但很快就不得不离开，无法享受盛宴，一直都是如此。

我召集所有师一级军官开会，把两封电报读给他们听。

我对他们说："先生们，我刚才给你们读的东西要保密，禁止私下交谈，也禁止告诉下属。虽然你们中的部分人不相信，我坚信没有任何东西能改变第7集团军未来的命运。当然，如果有人想寻找更好的职位，那就去做，我会尽一切可能帮助你们。也许对你们而言，现在的职位就像是一匹劣马，亦或是把自己的车厢挂在无力的火车头上。但无论如何，你们都应表现得对此事毫不知情，像以前一样工作，让敌人一如既往地感受到第7集团军的压力惶惶不可终日。"

我感觉他们没有一个人想离开。

虽然巴顿感到沮丧，但他并没有被上级真正遗忘。马歇尔准备了一份晋升永久军衔的名单，巴顿的排名相当靠前。

① 军驻欧洲战区事宜（European Theater of Operations United States Army）。

艾森豪威尔致马歇尔，1943年9月6日

就巴顿而言，我不理解为何你的军功晋升名单中没有出现他的名字。他在突尼斯训练第2军成果斐然。另外，他指挥第7集团军几近完美，打法也堪称经典。也许在将来的行动中，他那些古怪的行为又会让你后悔晋升他的军衔。你很清楚他的优点和缺点都很醒目，但我坚持认为我已经帮他改掉了不少缺点。在我们看来，他的忠诚足以让我们赋予他比任何其他人都要艰巨的任务。在西西里战役中，他面对那两个士兵表现得极不冷静。事后，我立刻采取了强有力的措施，我可以肯定，类似的事件决不会再次发生。巴顿积极且赋有进攻性，加上他有足够的判断力，他可以圆满地完成他的工作。顺便说一下，我认为如果我们把他派往欧洲大陆，他可以表现得更好。

就布莱德利而言，在我看来，他是我在美军中见过的最优秀的军官。虽然他缺乏巴顿在危急时刻表现出的惊人的毅力，但他是最好的。

致比阿特里丝，1943年9月7日

你教我的对待战场上士兵的方式不乏幽默，但现在我却深受其害。因为我似乎把他们打造成了嗜血的战士，要做到人人满意确实太难了。

我终于明白为何第7集团军的事迹极少见诸报端了。这样做无非是为了保留他们的颜面，也许必须这样做。

布莱德利即将返回美国，再前往伦敦拜访巴顿并向其告别。

9月7日

我们谈了很久，我给他提了很多需要转告马歇尔的建议。我本不应该告诉他这些，也许亲自跟马歇尔提会对我有好处，但这不是我的风格。这些建议越早实施对我军越有利。

布莱德利也许会帮我，也许会在马歇尔面前说我坏话。我希望他能帮我说好话，但我没有提任何关于这方面的要求。

乐观的性格对我帮助很大，今天我的心情也不错。我应该对未来始终保持信心，也许我需要做很大的努力才能走出目前的困境。

9月8日

刚刚宣布与意大利停战。[①] 作为一名军人，我对协议不大放心。如果意大利人不能或不愿意投降呢？告知全军已签署停战协议是一个错误。（当部队在萨莱诺登陆时，）如果他们遇到的是敌人的抵抗而非友好的欢迎，后果会很严重。

致比阿特里丝，1943年9月10日

今天上午起床后心情好极了，我当时准备给你写一点关于这个宫殿里的鬼故事。8点30分，我收到一封信。信上说，我做了一些本不应该做的事，而应该做的事我却没做。总而言之，信的内容就是说我帮倒忙。我一天的好心情都没了，我也不准备给你说那些鬼故事了。

我现在唯一的希望就是克拉克的行动可以转移人们的注意力，那些挑剔的眼光不要再在我身上晃来晃去。否则，我只能回家帮你修剪树上的树枝。

我害怕除了你之外我一无所有，同样我也害怕我拥有一切却失去

---

① 停战协议由维克多·艾曼努尔三世于9月3日签署，并由艾森豪威尔和意大利政府先后对外公布停战。

了你的爱。

掌掴事件让巴顿觉得犹如被关在囚笼一般。看着其他的将军在各自的战场上厮杀，尤其是看到克拉克[①]在意大利登陆，他心急如焚。枪杀战俘事件甚至使他陷入了偏执的妄想之中："我一直在想这究竟是不是对我有预谋的陷阱，惩罚一个赢得一场战役的将军太不正常了。盖伊声称每件事情后面都能看见我们可爱的英国人的影子，因为我曾经羞辱了蒙蒂。"

巴顿和亚历山大飞往比赛大，出席意大利海军起程前往马耳他的仪式。他对此记录道："一路上英国人有说有笑。他们说，之前英国皇家空军和海军声称他们已在多次行动中将这些军舰击沉（但事实上没有），所以面前的这些军舰一定是那些所谓被击沉军舰的鬼魂。"

9月13日

今天，盟军司令部司法长迪伦将军来我这里，说我在西西里犯的错误违反了《日内瓦公约》。我对他一直很客气。我建议他去拜访一下大主教，并和后者聊一聊我对意大利战俘实施的所谓不人道的、虐待的手段。接着迪伦去拜见了大主教，并谈到了我让他说的内容。大主教告诉他，我就像父亲一样对待那些战俘。我希望这件事可以终结那些说我冷酷的谣言。

9月13日，德第10军指挥官维廷霍夫接到命令，要求他牵制盟军在萨莱诺登陆使美英军队无法会合。

利用美军登陆沿线过长且登陆后过于向内陆突进的特点，德军在美英军结合部发动猛烈反击。美军始料未及，不得不放弃外围防御并收缩防线，克拉克

---

① 巴顿认为克拉克之所以能获得指挥权完全是由于他的犹太血统。

也做好了放弃滩头的战备。美军一方面调来舰炮支援；另一方面，为了延缓德军的进攻速度，第 36 步兵师发起数次突击。之后第 82 空降兵师赶到，并构筑一条新的防线稳固美军防守，德军发动数次进攻都无功而返。15 日，德军注意到英军距离美军还有 80 公里远，凯瑟林元帅命令发动最后一次攻击，目标是将美第 5 集团军赶下海。9 月 15、16 日发生激烈交火，但美军守住了防线。之后，德军向北徐徐撤退。

9 月 14 日

第 5 集团军进展不利。昨天夜里第 82 空降兵师的一个团在那里实施空降，协助防守。我不禁想起一个月前，当我提出同样的要求时，他们告诉我 82 师太宝贵，不能单独作为步兵师使用。幸好我们最后还是打赢了。我的第 3 步兵师明天准备奔赴意大利。我想他们应该能按时抵达。克拉克现在应该急需这支部队，因为他正在全力防守。

下午，特拉斯科特来我这里（准备随时前往意大利事宜）。他告诉我，艾克认为我是唯一能激励士兵发起进攻的将军。他能这样说太好了，他应该给我机会让我去证明这一点。

为什么被派到意大利的不是我？但可以肯定的是，我的好运并未离我而去。

9 月 17 日

艾克前往意大利视察第 5 集团军，途中顺便来看我。克拉克想让道利指挥第 6 军，但这必须要得到艾克的同意。我请求艾克把这个位子留给凯伊斯，或者让卢卡斯去也行，然后让凯伊斯接替卢卡斯指挥第 2 军。我还表示想去战斗，即使是在克拉克的辖制下指挥一支部队也行。艾克说我和克拉克相互不睦，因此他不会这样做。当我得知他来这里的时候，我还在想也许能接替克拉克，但现在看来是不可能了。也许我应该去英国找一支部队，很可能受杰克·德弗斯辖制，这个优秀的军人却从未真正地上过前线。

致比阿特里丝，1943 年 9 月 17 日

杰夫·凯伊斯可能会去指挥别的军。这样的话我会失去他，就像之前失去其他军官一样。至少到目前为止，我还有能力把他们送出去。

第 5 集团军那边现在稳定下来了。卢西恩（克拉斯科特）和特里（米德尔顿）都在那边。

9 月 18 日

调令下来了。卢卡斯取代道利前往第 5 集团军，我猜想应该会同意让凯伊斯指挥第 2 军。我很满意。

致比阿特里丝，1943 年 9 月 19 日

昨天一想起卢卡斯和凯伊斯要走，我就觉得自己就像是《老水手》那首歌里唱的："一个人，一个人，始终只有我一个人。"

我现在越来越像个孤家寡人，但我曾经经历过类似的遭遇，而且挺过来了。

致比阿特里丝，1943 年 9 月 21 日

我接触到两支 1940 年被困在这里的法国部队我们一起吃了两顿饭。我发现虽然有两个月没有说法语，但我的法语进步了。

9 月 21 日

我意识到，在西西里我尽到了自己的义务但一点都没有把握分寸，同时我的表现一定使掌管战争的诸神感到满意，我不应再有什么苛求。

此时巴顿认为自己就是一个被所有的人出卖的可怜虫。然而正当他在西西里自怨自艾、失去人生目标时，艾森豪威尔为他准备了一个军事计划。在艾森豪威尔看来巴顿是美军不可或缺的将领，“一个具有某种先天洞察力的战争掌控者”，“一个即使只剩下一个营也要进攻的战士”。这就是为何艾森豪威尔准备让巴顿指挥一支部队参加诺曼底登陆的原因。他将这个提议呈报给了马歇尔。

致弗雷德里克·艾耶尔，1943年9月26日

到西西里后，我经常去天主教堂，主要是出于政治上的考虑，但同时我也认为这是向主表达敬意的方式之一。我认为主是无所不能的。

一天，我召集所有的非天主教神父，斥责他们提供一些毫无意义的服务。我告诉他们，我将把所有喋喋不休超过十分钟的牧师——不论他们说的是什么内容——送回美国。我想这很可能召来这个教会的咒骂。

今天下午我和一个意大利银行家及其全家一起外出郊游。他们似乎不太了解战争的可怕。他的两个女儿十分漂亮，但他的妻子将近150公斤！这两个女孩绝对不应该经常和她们的母亲在一起，因为显然她们正在模仿母亲的习惯。

发生在我身上的事情有时会让我感到困惑，尤其是当我意识到过不了多久，我就要独自一人骑着自行车在哈密尔顿的绿草原上散步的时候。现在，我每次外出都会有摩托车鸣笛开道，后面跟着好几辆装甲车。有一次，外出保护更是达到极致：我乘着专列在我个人的专用轨道上行驶，前面是一辆火车用来确保前方没有地雷，后面还跟着一辆火车保护后方。

这听起来很可笑，但我现在完全体会到了某些将军的自负。那些排场让我感觉很滑稽，因为我觉得我不会有什么危险。

9 月 26 日

艾克把我的名字加到行动人员名单里，让我去英国指挥一支部队。我之前已经得知了这个消息，我不明白他本可以让其他人去，为何要选我。不管怎样，我有了第三次机会。克拉克正在努力完成第 5 集团军在二战中的首个任务，目前他进展得不算快。

布彻说英国人正试着把蒙蒂打造成战争英雄，也许这就是为何他们不太喜欢我的缘故。一个英国军官告诉雷姆尼泽，巴顿太恶毒，如果我们放任他不加约束，他会要了蒙蒂的命。当然，我确实可以随时对付这个自命不凡的小人。

10 月 6 日

凯伊斯和他的第 2 军司令部今天动身前往意大利。看着他走我心里不好受，因为不论是谁只要在克拉克手下打仗，就时刻有危险。我告诉他绝对不要提起第 7 集团军，要始终设法赢得战争。

我真心希望克拉克那里能有所进展。

第二十六章　掌掴事件后续

受掌掴事件影响，巴顿一直在西西里“休假”，但他已经引起了德国人的注意。巴顿在哈士奇行动中的表现，尤其是在西线为了夺取墨西拿而发动的一连串进攻让德军印象深刻。巴顿在所有盟军将领中受到了最严密的保护更让德西线敌军情报部[①]把所有注意力都放在了他身上。事实上，艾森豪威尔得知巴顿吸引了德军情报部门的注意力后，决定利用这一点迷惑德军。[②]10 月 28 日为了转移德军注意力，巴顿在法国人的陪同下前往刚刚收复的科西嘉岛，后又返回西西里。原以为可以重返战场的巴顿又一次失望了，但他的噩运并未结束。11 月底，在得知美国记者德鲁 · 皮尔森在全美广播公司公开了掌掴事件后，巴顿写道：“显然，德鲁 · 皮尔森在华盛顿做了好几场针对我的演讲。我也预料到了这种情况，我认为如果当时能立刻承认这件事就好了，因为我所做的是对的。”

记者详细报道了巴顿虐待士兵一事，并指出他并未受到处罚。军方不得不承认巴顿除了“被流放”到西西里，并未受到其他形式的惩戒。美国人震惊

① 德国西线特遣队最高情报机构。在西西里登陆后不久，它总结道，虽然美军经历了突尼斯战役的洗礼，但战斗素养仍不及德军。

② 1944 年为配合霸王行动，盟军虚设了根本就不存在的坚忍行动，在所谓的坚忍行动中巴顿扮演着核心人物的角色，目的就是欺骗德军，让他们相信盟军的登陆地点在加来地区而非诺曼底。

了，无数市民写信给议员将巴顿比作纳粹，要求将他立刻从军中除名。战争部长史汀生责令艾森豪威尔提交一份详细的调查报告。后者在 11 月 24 日提交的报告中指出，虽然巴顿对待士兵严厉苛刻，但他是西西里战役获胜不可或缺的人物，而且他已经对巴顿做出训诫、让巴顿遵守军规，其本人也已经向当事人道歉。艾森豪威尔总结道，无论如何都不应开除这样一名刚强的、受士兵爱戴的将军。12 月，罗斯福和史汀生收到大量支持巴顿的信件，至此他们才相信巴顿确实受士兵喜爱甚至是仰慕。

11 月 24 日

如果战役中唯一获得胜利的将军命运取决于像德鲁·皮尔森这种记者不负责任的报道，那我们的国家就大错特错了。虽然我确实很担心，但我坚信主会帮我走出困境，我的事业不会就此终结。

艾森豪威尔致巴顿，1943 年 11 月 24 日

（译码员，请将此信发于巴顿，切勿发于他人）

今天，华盛顿各大报纸均刊登了关于上次事件的文章。在我看来这场风暴很快就能平息，因为当地的记者已经详细报道了一切，包括我对此事的反应，以及你所做的补救措施。但我还是不得不再次提醒你，以后不论何时一定要三思而后行，绝对不要因为你的脾气再次让自己陷入不利的境况。

如果一直没有记者采访你，你就直接了当地向他们阐述事实，我认为这是个不错的选择。另外，必要时可以邀请记者实地采访你指挥过的部队，让他们亲自了解士兵的看法。

最后，我建议你目前不要以官方的名义发表申明。

致艾森豪威尔的电报，11 月 25 日

抱歉我给你带来的麻烦，我会按照你说的做。

11 月 25 日

今天是感恩节，我想不出有谁值得让我感恩。我没有做感恩仪式。

一些支持巴顿的信件使他内心逐渐平静下来。在第一次世界大战中结识巴顿的原大红一师师长萨默罗尔气愤地写道："媒体总是抓着这种微不足道的小事大做文章。无论你做了什么，那一定是受到了某种挑衅所致。以前他们（被掌掴的两名士兵）会被枪毙，而现在他们竟然会受到鼓励……只有那些能主导战场命运的人才知道激励士兵战斗有多难。目前，你在这一点上做得比任何其他人都要好……你离开部队是国家的灾难……你已经在历史上留下了辉煌的一笔。"与萨默罗尔相反，潘兴公开谴责巴顿的做法，从此两人再无往来。

但对巴顿最有效的支持也许来自于他的妻子比阿特里丝。在就掌掴事件接受华盛顿邮报采访时，她表示丈夫是"一名十足的完美主义者"、"为了祖国顽强作战的战士"，并说巴顿从来都不让士兵去做连他自己都做不到的事。同时，一本名为《真情告白》的杂志刊登了描写巴顿的文章，并引用了比阿特里丝的话："他很吵闹，但事实上他很温柔。在他看来，一个面对战火敢于声称自己不害怕的人不是骗子就是傻子。但这个人不应被看成懦夫，除非他让恐惧控制了自己。"

致比阿特里丝，1943 年 11 月 25 日

就我个人而言，我坚信自己远没有被打倒。我越来越强烈地感觉到我的使命还远未终结。

我恨这个德鲁·皮尔森。

我爱你。

这段时间，巴顿的任务就是从战场上消失，因为艾森豪威尔想要以此来迷惑德军。

就在巴顿在西西里“赋闲”的时候，盟军于 1943 年 11 月 28 日至 12 月 1 日在德黑兰召开会议。除了罗斯福和丘吉尔，约瑟夫·斯大林也首次参加盟军会议。“三巨头”计划于 1944 春在法国发动攻势，行动代号“霸王”。艾森豪威尔通知巴顿，届时他将被调往英国指挥一支部队。出人意料的是，巴顿对此再次感到失望，因为他希望指挥驻英全部美军。

在此期间，巴顿继续在地中海一带“旅游”以迷惑德军。他先后前往马耳他、巴勒斯坦和埃及。他对开罗评价道：“这真是一座让人恶心的城市，埃及的农民比西西里人还要矮，我之前以为西西里人是全世界最矮的了。”在开罗，他会见了亨利·梅兰特·威尔逊爵士，并对其评价道：“身材高大，有些胖，看起有点傻，但也许他是个优秀的军人。我和他相处得很融洽，他表现得比蒙哥马利和亚历山大有风度得多。他的参谋们不停地贬低蒙哥马利，并试图让我也表示同意，但我出言谨慎，始终没有表态。看起来英军的常备军官对蒙哥马利没有好感。”巴顿还遇见了安德斯将军，并写道：“一个真正的军人！他受过 7 次伤……他笑着对我说，如果他的部队处于德军和苏军之间的话，他还真不知道想去打谁。”

致比阿特里丝，1943 年 12 月 21 日

前段时间我过得不好，不得不吃安眠药才能入睡，但这一切都结束了。这对我而言是一次难得的经历。我成长了，会比以前做得更好。

12 月 24 日

真心希望在我重返欧洲战场之前，战争不要结束，打完德国后，他们不得不选择我去打日本。

致比阿特里丝，1943年12月24日

红衣主教给我寄来了一个写有祝福的蛋糕。如果我把它吃了，我一定会再找他要一个。

情况开始逐渐明朗，下一个行动很可能比以前的规模大得多。

12月27日

我乞求主能够让艾克带着史密斯赶紧离开，在地狱里指挥战斗都比在天上为别人服务强。

致艾森豪威尔，1943年12月27日

直到今天上午听到广播我才知道你已经走了[①]。如果能早点知道，我一定会去阿尔及尔为你送行。

我真心希望你能感觉到我对你由衷的钦佩和百分之百的忠诚，感激你给予我的巨大的帮助以及在我看来坚定不移的忠诚——所有伟人都固有的忠诚，易对上级保持而难以对下属做到的忠诚。

你的离开让我们感到失落，但同时又为你能够主持史上最大规模的行动感到高兴。

致史汀生，1943年12月29日

这段时间我遭受了太多的磨难。但正如百炼成钢一样，一个军人的灵魂在磨难中得到升华。我学到了很多东西，今后不会再犯同样的错误。

---

① 在霸王行动中，艾森豪威尔被委任为盟军远征军最高司令部司令。他离开阿尔及尔前往伦敦。

致比阿特里丝，1943年12月29日

我认为我是唯一一个在战争中领会了荣誉的人。

只要与士兵在一起，我就一直带着头盔。这就是我的特征。

12月31日

我希望1944年的战斗规模更大，进展更顺利。

1月5日

马耳他骑士必须进行3项宣誓：贫穷、贞洁和服从。但他们只保留了第三点特质。

致比阿特里丝，1944年1月11日

科德曼、杰夫·凯伊斯以及他的副官和我，我们游览了一个破败的塔楼。

回程的路上，我停下来拍了张照片，然后转身往公路上走去准备继续赶路。就在这时，有4颗德军炮弹同时落在我们身边。其中两颗在公路上爆炸，如果我没有停下来拍照，我们应该正好行驶到那两个炮弹爆炸的位置，另外两颗不偏不倚地落在我们刚刚离开的位置。

一颗岩石碎片溅到了科德曼的头盔上，有半片弹头落在离我脚边25厘米处，它应该是从爆炸点弹过来的，因为它弹到我脚边时已经没有威力了。

理论上说我不可能活下来，因为这4颗炮弹都落在离我10米之内的距离，然而我没有死，甚至连一点伤都没有。这给了我极大的信心。

致比阿特里丝，1944年1月12日

目前我的处境很混乱，但汤姆·汉迪和其他一些人告诉我一切都会好起来。我预感我将会受奥马尔·布莱德利指挥，他将指挥一支大规模的部队。我已经经历了比这还要糟糕的事，但我会是最后的胜者。你想象不到11号的那4颗炮弹有多么鼓舞我。我知道他们需要我！只要能知道我的任务，我就能很好地完成。

1月18日

今天早晨一切都很好。米克斯中士早饭后告诉我，他昨天从广播得知布莱德利被任命为美陆军驻英总司令。我估计他会指挥一支超大规模的部队。我原以为那个位子是我的。对我而言这又是一个坏消息，但我从来就不缺坏消息，而且它们最终都会变得对我有利，虽然这一次我还不知道会怎么发展。

布莱德利为人太过温和。当他在本宁堡负责工作时，那里的纪律就不怎么样。在加夫萨，当德军可能突破我军右翼时，他建议将指挥部撤至富里亚奈，我拒绝了。在西西里，当45师接近切法卢时，因为担心德军在泰尔米尼以东登陆，他下令停止前进，以至于我不得不命令他继续进军，并告诉他由于他的胆怯让我们浪费了一天的时间。他还出于安全的考虑试图终止在东奥兰多角的第二次登陆行动，我告诉他如果失败了我承担一切后果，如果成功功劳全归他个人。在8月16日夜至17日，由于担心部队无法按时会合，他又让我取消预定在东米拉佐的登陆。

当然，布莱德利拥有很多成为一名指挥官的特质。他戴着眼镜，下巴突出，话不多，嗓音低沉，是参谋长[①]的好友，还是一名忠诚的战士。我认为他是我军最好的将军之一。

我想所有的安排都是为了让我对他们说：“见鬼去吧，我回家不

① 指马歇尔。

干了。”但我不会让他们如愿，我坚信自己的命运。

1月22日，巴顿收到电报得知他被解除第7集团军司令一职，并即刻经阿尔及尔前往伦敦。他写道：“我仔细想了想，一切都顺理成章了，但我不明白的是他们怎么花了这么长时间才做出决定，为什么把我的参谋全调走了。现在他们步履维艰，我亦是如此。”

致比阿特里丝，1944年1月23日

我刚刚把办公室的东西全部整理装箱，这是离开美国后的第四次了。我很想更多地了解我的任务。目前我唯一知道的就是明天上午动身去见埃弗雷特，也许从他那里能得到一些消息。

顺便提一下，比德尔·史密斯现在是中将了。上帝还真是保佑我们……

我肯定最近的事情对你造成的困扰比对我大得多。我不禁想到自己就像是鸵鸟，什么也不看什么也不听。

1月25日

12点，乘C54离开阿尔及尔。到马拉喀什后，我住进泰勒酒店，机场专门把它用来接待外国中转旅客……

夜里12点，乘C54前往普雷斯蒂克。[①]

漫长的“休假”结束了，但巴顿仍然不满意。他想要一支集团军，并确保会被派上前线。虽然得到了一支部队，但他始终不知道艾森豪威尔给他安排的是什么角色。

---

① 苏格兰格拉斯哥普雷斯蒂克机场。

第五部分

巴顿归来

第二十七章　角色分配

1944年1月，盟军主要将领从地中海陆续抵达伦敦。布莱德利早在1943年10月就已到伦敦，蒙哥马利于1944年1月初到达，接着艾森豪威尔到伦敦的时间是1月14日，巴顿于1月26日到苏格兰格拉斯哥的普雷斯蒂克机场后乘火车前往伦敦。

1月26日

我去艾克的办公室报到，他告诉我我将指挥第3集团军。这支部队全是新兵，而且它隶属于布莱德利的第1集团军。这离我期望的相去甚远，但总比什么都没有强。

艾克留我吃晚饭。一起用餐的还有盖伊、布彻、一个英国副官和一个女上尉。每次盖伊在场艾克总表现得不高兴，这次也不例外。

我终于有一支部队了，轮到我表演了。

在我印象中，这是我从军以来的第27个职位。每次我都能赢，这一次我会赢得更漂亮。

正如巴顿日记中提到的，第3集团军毫无战斗经验。当他在伦敦时，第3集团军还在美国受训，因此巴顿不得不从零开始锤炼这支部队。他首先组建高素质的参谋班子，并对选拔出的军官说道："如果谁不想打仗，我就让他滚蛋！"第3集团军情报处（二处）主任科赫建立了一个类似作战办公室的地方，供巴顿制订作战计划、浏览造词简报、与各师师长会面。巴顿鼓励师长大胆地说出自己的想法。

霸王行动的作战大纲已经制订完毕，计划分为两个阶段：首先，沿圣梅尔埃格利斯（法国芒什省的一个市镇）至乌伊斯特勒昂（法国卡尔瓦多斯省的一个市镇）建立滩头阵地，夺取卡昂和瑟堡（法国西北部港市）；接着，向布列塔尼（法国西北部的一个地区，由四个省组成）进发，控制勒阿弗尔至图尔（法国安德尔-卢瓦尔省首府）的进军路线。J日即登陆日定于1944年5月1日。

艾森豪威尔任霸王行动总司令，特德为副司令，总参谋长为比德尔·史密斯。蒙哥马利指挥第21集团军，下辖邓普西的英第2集团军和布莱德利的美第1集团军。克利勒的加拿大第1集团军和巴顿的第3集团军在邓普西和布莱德利的部队建立完桥头堡后才上岸。之后，蒙哥马利不再指挥美第1集团军，而是改为英第2集团军和加拿大第1集团军。美第1集团军也改由霍奇斯指挥，他和巴顿的部队被编为第12集团军由布莱德利统帅。

艾森豪威尔将霸王行动比作"一场大规模的十字军欧洲远征"。但巴顿却高兴不起来，因为他的部队不在第一攻击波次的序列中，尤其是当他看到蒙哥马利甚至连布莱德利和德·拉特尔都将参与首波攻击。而他作为西西里战役的主角，只能像其他普通军官一样指挥着一支无足轻重的部队进行着与他期望的规模相差甚远的行动。

但与以往一样，巴顿还是开始努力工作，搜集相关资料，仔细研究作战细节。他批评布莱德利的计划："登陆点离得如此之近，以至于只要敌人攻击海滩上的任何一支部队都会牵连到所有的部队。"这种批评究竟是出于计划本身还是出于不得不服从原下属的不忿，我们不得而知。巴顿还了解到第3集团军将向布列塔尼推进直至塞纳河畔。

1月27日，巴顿离开伦敦前往位于柴郡（英国英格兰西部的郡）的裴沃庄园的集团军司令部。在那里，他仔细阅读了关于英王威廉一世的文章。之后会见了第3集团军的高级将领和士兵，并与他的爱犬“威利”反复视察了补给基地、医院和军需仓库。返回伦敦后，他遇见了比德尔·史密斯，对此他记录道：“我们谈笑风生。他的护士也在场，我尽力让他表现得高大伟岸。他一直说个不停，我在旁边听着，时而吹捧几句。回去后，我仔仔细细地刷了刷牙。”

从巴顿的记录可以看出，他很有可能相当不喜欢比德尔·史密斯，这种厌恶源于艾森豪威尔。巴顿嫉妒史密斯总是能说服艾森豪威尔，同时也瞧不起后者竟然会对他的参谋长言听计从。但较之与个人的不睦，巴顿最不能忍受的是，当他决心带领部队在战斗最激烈的地方厮杀时，他不得不面对盟军远征军最高司令部以及司令部的参谋们和其中各种不同的派系。

致比阿特里丝，1944年2月3日

我的司令部设在一个面积巨大的庄园里，它最后一次修葺是在1627年……

布莱德利、蒙哥马利和我似乎注定每次都要为了同一个目标在一起工作，我希望我们能赢。布莱德利很具有合作精神，斯帕茨也是。下星期我要去见蒙哥马利。

出名的感觉真好。在剧院，有一半的人不是在看我就是在谈论我。

致比阿特里丝，1944年2月9日

昨天我做了5场讲话，其中两场持续了一个小时，今天又做了3场讲话，刚开始时声音听起来像个感冒患者，现在听起来还是很搞笑。

杰克·德弗斯很正派，他把我以前的部下全部调回了我的部队。

2月11日，巴顿和布莱德利前往蒙哥马利的司令部与后者的参谋长邓普西和德·甘冈一起研究登陆计划。在巴顿看来，蒙哥马利“是一个演员而非疯子”。当蒙哥马利解释霸王行动时，巴顿从中得知在意大利安济奥的行动进展不利[①]。他写道：“我们很可能要丢掉安济奥，这太可怕了……这次行动从一开始计划时就有缺陷，而所有的人都对此避而不谈。他们在12天内只前进了12公里。我已经去过罗马了，我真担心他们会把我派回去收拾残局。”

2月16日

科德曼凌晨1点半接到布彻的电话，他请我们立刻去艾森豪威尔那里。我们6点出发，10点45到格罗夫纳广场20号（艾森豪威尔的办公室）。

我一进门，艾克就对我说：“我恐怕不得不又要把你派回去受苦了。”

我说：“我又做了什么？”

他回答道：“不是你的问题。我可能要派你去意大利指挥登陆部队挽救局势。”

我立刻表示，对我而言，这不是什么苦差事，而是对我的信任和荣誉，只要能打仗，我可以接受任何职务，即使是从排长做起都行。

接着，他把亚历山大的电报[②]递给我。

致比阿特里丝，1944年2月16日

今天收到了自己在部队里变得毫无分量以来最漂亮的恭维，虽然方式有些奇特……我想极少有人（像我一样）真正热爱战争。

明天我就能收到新军装了……如果我要去打仗的话，首先应该穿

---

① 盟军在德军古斯塔夫防线的卡森峰止步不前，盟军计划于1944年1月22日在安济奥发动两栖突击，行动代号“鹅卵石”，然后向罗马进军。

② 电报由英总参谋长布鲁克转交艾森豪威尔。美第6军司令卢卡斯在安济奥滩头进展缓慢，以至于亚历山大不得不召集威尔逊、德弗斯和克拉克商量对策。

戴整齐。

2月17日

上午，我去了米德尔塞克斯医院，用X光治疗嘴唇上的斑。艾克的一个副官打电话来通知我可以返回纳茨福德（柴郡的一个小镇）了，其他的他什么都没说。

大家都很失望，战斗取消了①。那里很危险，但可以收获荣耀。

① 2月23日，卢卡斯被正式解除职务，由第3师师长特拉斯科特接替指挥，而非巴顿。这样安排是合理的，因为特拉斯科特身处前线熟悉战况，同时也避免了巴顿可能与克拉克爆发冲突。

第二十八章　欧洲要塞

巴顿还需要再等待几个月才能重返他魂牵梦绕的战场。对于所有参加霸王行动的人而言，这次登陆绝非易事。

从 1943 年下半年起，第三帝国彻底改变了战略方针。1943 年 11 月 3 日，希特勒签署第 51 号令，西线防御成为重中之重。德军从挪威至法国西南部的吉伦特河口沿海岸修建防御工事。德国的这种战略转变是因为鲁尔工业区距离受盟军威胁的海岸仅 300 公里，另外，西欧良好的基础设施建设有利于机械化部队的快速推进。

面对盟军可能发动的进攻，德国人想尽一切办法防御海岸。大西洋壁垒仅仅是“欧洲要塞[①]”的第一道防线，由隆美尔[②]主持修建。

盟军计划中的霸王行动千头万绪。每一个环节都得反复推敲，与登陆有关的一切事情都必须精心准备：物资、人员、设备、两栖车辆、补给、运输、人工港和海底输油管道等。为了最大限度地保障登陆成功，盟军策划了一个欺骗计划，为了让德军相信他们会在其他地方而非诺曼底登陆，代号为“坚忍”行

---

① 在盟军发动诺曼底登陆时，大西洋壁垒各段的建造进度不同，起到的实际防御效果也不一样，但总体而言它们并未起到预期的效果。

② 从实际拥有的兵力来看，隆美尔的任务非常艰巨。仅苏德战场就已经几乎耗尽了德军的机动兵力，意大利战场也牵制了部分兵力。

动[①]。欺骗计划成功地让希特勒认为盟军会在加来地区登陆，并在那里部署了大量兵力[②]。

在“坚忍”行动中，巴顿扮演着核心人物的角色。盟军组建了一支实际上并不存在的部队，它的任务就是假装登陆加来地区，在这支部队中指挥第 1 集团军的正是巴顿。整个行动被称为“水银”计划。

并不存在的美第 1 集团军驻扎在英格兰东南部的肯特郡，并模仿现实情况设有参谋部、伪装好的地面设施以及用来存放武器弹药的场地。集团军下辖的 12 个师严格按照同级别单位的日常通讯量进行联络，并配备了各种橡胶材料的物资模型：飞机、坦克、卡车、吉普车、大炮以及在港口里挤满了用于登陆的驳船模型等，所有这些都出自美国国固特异公司。同时盟军故意让部分德军侦察机突破空中防线对这些地区进行拍照。另一方面，德军通过盟军的反间谍机构获得的虚假情报源源不断地从法国发往柏林。

2 月 18 日

今天见到艾克……他看起来很放松，跟我聊起了一个叫科利特的家伙，据说此人在太平洋战场几近完美地拿下了一个岛。（他没有亲自参战，因为他没有登陆。）艾克想要把第 19 军交给他指挥。

我提醒艾克我们之前干得很好，可以独立完成霸王行动，不需要别人。

听完我说的他显得不悦。艾克总是低估他手下的部队，把英国人和其他战区的美国人吹捧上了天。

我希望他能更像个战士而非政客……

---

① 坚忍行动是一系列欺骗计划的一部分，整个计划被称为“保镖”行动，由一个名为“伦敦控制部门”的秘密机构策划执行。

② 德第 15 集团军将近 24 万士兵被部署在加来地区。最高统帅部之所以认为登陆地点在加来，是因为此处是英吉利海峡最短的地方。但也有部分德军将领认为登陆地点应该在诺曼底，虽然希特勒认为盟军的主攻方向在加来，但他也不排斥这种假设。

接下来我又去见了比德尔·史密斯，和他套近乎。

致比阿特里丝，1944年2月19日

马歇尔认为我是唯一一个能打硬仗的将军……这个评价以及上次亚历山大请我去安济奥挽救战局都让我彻底振作起来。

2月23日

我们严重缺少像样的军官，没人懂得指挥的艺术。艾克对于在前线指挥战斗更是一窍不通，因为他从来就没有经历过实战。

致比阿特里丝，1944年2月26日

我很高兴你去找玛米（艾森豪威尔的妻子）聊了聊，因为目前她的丈夫对我很好……

告诉你一个秘密，不要对别人说，昨天我打了几杆高尔夫。今天我买了两个球杆，另外我还沿着牧场追几头母牛。我已经有23年没有像今天这样玩了，虽然身手不够敏捷，但最后还是抓住了那几头牛。

我本来还可以打猎，但我不想浪费太多时间以致弄砸了即将发生的大战；也许我已经玩得得意忘形。

这里的人对我们都很好。我之前和本地的神父一起吃午饭，接下来还要去莱斯特·华伦家里赴宴，他只请了我一个人，然后再去另外一个人的家里喝茶。因为前期准备工作还没有完成，我们没有太多能做的，我有很多闲暇时间。但这里一到晚上就死气沉沉，晚饭后我一直工作到22点。

按艾森豪威尔的说法，我们会非常想念潘兴，但我想我们没什么能做的。

3月6日

今天我见到了艾克。他对着电话另一头说道:“听着阿瑟(指特德),我受够了总是谈论这群‘争风吃醋的娘们儿’。你告诉他们如果他们不能和平相处,并且别再像孩子一样打来打去,我就不干了,让首相换个人来指挥这场该死的行动……”他还说了一会儿,一直重复说如果特德不能让两国的海、空军和睦,他就“不干了,回家”。

这一幕让我震惊,他表现出我从未见过的坚定,虽然解决问题的人应该是他而非特德。

他对我们有求必应……

让我失望的是他总是过于听从英国人的意见,甚至不论蒙哥马利说什么他都不会反对。

第二十九章　训练第3集团军

1944年三四月间，巴顿除了“指挥”虚构的第1集团军，他还积极地训练第3集团军的军官。3月6日，巴顿首次给军官下发指示信，“用以指导军官在各自部队指挥作战时，需要遵守的指挥原则、作战程序和行政规范。”这封带有浓郁巴顿风格的指示信简洁、明快、直言不讳。

每位军官在指挥时都应该亲力亲为。任何没有达到目标的军官，只要他没有阵亡或是负重伤，都被视为没有尽责。

所有高级指挥人员以及参谋都应该每天上前线视察，但不要干涉（前线部队）……表扬比批评有用得多……作为军官，你们的首要任务是亲自查看部队；当你们视察时，这一切都会被基层士兵看在眼里。

制定和下达命令只占你们任务的10%，剩下的90%是保证这些指令被及时、有力地执行。

得不到休息的人是无法坚持工作的，但必要时，所有的人都得连续工作，当然这种情况并不常见。

指挥部越靠近前线，浪费在往返前线的时间就越少。

那些认为只要在安全的指挥部里研究地图就能获胜的想法是错误的。

为了了解整个战况以及制订周密的作战计划，地图必不可少……研究地图可以发现关键的战斗会在何处爆发，进而决定何处是关键区域。

作战计划应该简明扼要并且具有灵活性。它应该由具体实施的人制订。

侦察越详细越好，永远没有足够的时候。

情报就像鸡蛋，越新鲜越好。

命令必须简短，它应该命令别人做什么而非怎么做[①]。它应被看成是一个备忘录，由发布该命令的人对此命令负责。

战斗中，让老兵上前线比让新兵从前线撤下来容易。

警报命令生死攸关，应该及时有效地下达，不仅仅下达到作战部队，也包括医疗部队、通讯部队、后勤部队和工兵部队。因为这些非作战部队也需要时间制订计划、调动人员。如果这些部门不能正常运转，你们就无法打仗。

应采取一切办法在战前、战后让部队知道需要做的和已经做的。

补给任务应该由提供补给的部门和被补给的部队共同完成。

指挥官应亲自前往战地医院慰问伤兵，而且要经常这样做。

勋章应及时交到士兵手里。

如果不能约束、保持部队纪律，你们无异于在戕害自己的部队。

疲劳会使人胆怯，身体好的人不会疲劳。

最后，鼓起勇气，不要屈服于内心的恐惧。

---

① 在完成一项任务时，巴顿给予下属很大的空间发挥。这不禁让人联想到为了鼓励各级指挥官敢于负责做独立的思考和行动，毛奇发展的一套“任务导向指挥系统”。二战中，该系统在德军中占有重要地位。德军指挥官信任各级军官以及士兵的能力和判断，因此德军指挥系统在战时有很大的弹性。

致比阿特里丝，1944年3月12日

我应该做的是再打一仗。我是一个传奇式的英雄。所有的人都说，如果乔治在萨莱诺或在安济奥，那将是另一番景象，我也这样认为。当下一次战斗开局不利时，他们会迫切地希望我能帮一把，我会这样做的。

3月24日，巴顿接待了第3集团军司令部的人员；之后，在裴沃庄园面对数千名士兵以及正副军官发表了热情洋溢的讲话。后来成为情报处副主任的罗伯特·S·艾伦对巴顿的装束和强有力而又不失风趣的演讲记忆犹新。巴顿当时站在演讲台上，手持马鞭，上身穿着带有金属纽扣的军装，下身穿着马裤，脚上的马靴油光可鉴，身旁站着盖伊和他的捕鼠犬“威利”。士兵们完全被巴顿的这一身装扮吸引。罗伯特·S·艾伦记录道：“当巴顿将军迈过三级台阶站在演讲台上时，大家与其说惊奇倒不如说是激动。我们中的大多数人都没有如此真切地见过将军。当进行曲响起时，我们一动不动。这应该是我一生中印象最深刻的场景了。

“大家始终保持立正的姿势，直到音乐结束。看着将军如此穿戴，我们就像是被电击了一样站在那里。音乐停了，将军往前迈一步。

“将军的嗓音有点尖，但十分坚定地对我们说道：‘稍息，先生们。我想你们看到我而非霍奇斯将军站在这里一定有些吃惊[①]，这就是战争中的不确定性。但我向你们保证，第3集团军一定会成为美国历史上最伟大的部队，我们将会是第一支攻克柏林的部队。为了达到这一目标，我们必须有良好的纪律。我将带领大家去比地狱还要可怕的战场，但一品脱的汗水可挽救一加仑的鲜血。我们要在战场上打死那些德国狗杂种，我更想活剥了他们的皮。但先生们，我担心我们中的部分士兵那时又会指责我过于冷酷。’

---

① 特尼·希克斯·霍奇斯，1943年2月—1944年1月任第3集团军中将司令。

“说到这里巴顿将军狡黠地笑着，我们每个人也都在偷笑。

“他说了半个小时，我们被他无以伦比的口才和魅力折服。

“当他说完时，我们都有一种如蒙神宠的感觉。他的确是一个大家愿意随之出生入死的将军。”

艾伦还写道巴顿重点解释了三个进行这场战争的原因：捍卫自由、消灭纳粹和战斗的乐趣。

致比阿特里丝，1944 年 3 月 24 日

我刚刚给他们鼓了鼓劲……我还让他们对未来放心，并告诉他们我和霍奇斯将军一样关心他们的安危……我一直讨厌热衷于演讲的人，但似乎命中注定我必须不停地演讲……

部队开始逐渐成型，但我希望士兵们能有一种杀戮者的精神状态，而他们想的更多的是慷慨赴死而非杀死敌人。我告诉他们为祖国捐躯的愿望是好的，但更高明的是让德国人为他们的国家捐躯。从来没有人对他们说过这些……

英国人吃了不少苦，他们现在一心想去打仗，当然不是和我们打……

从他们丢失了征战的欲望，满足于现状的那一刻起；从沉重的赋税摧毁了各行各业和私人企业，迫使人们不得不离开城市的那一刻起，罗马文明坍塌了。

历史总是在轮回。

我爱你，爱你的回信。

4 月初，英陆军元帅艾伦 · 布鲁克子爵代表皇室给巴顿授勋。布鲁克告诉巴顿他比任何一位美国将军都有资格获得这枚勋章。巴顿对此记录道：“他很可能对每个授勋的人都说过这样的话，他是坐在办公室里的那种人。”

在训练第 3 集团军期间，巴顿对步兵作战和装甲兵作战写了两封指示信。

第三十章 战前准备

5月15日

所有的高级指挥官和他们的参谋长都被召集到圣·保罗学院做最后一次战前陈述，国王、首相和斯马茨元帅[①]也出席了会议。

艾森豪威尔做了简短的开场白，他强调从即日起必须解决陆海空军可能出现的协同问题。

接着，海军上将拉姆塞解释把部队送上岸有多难。

空军司令李·马洛里介绍了空军的计划；之后，轰炸机群司令亚瑟·哈里斯说轰炸机会对登陆点进行战术轰炸，但我认为这样做很不合适。

布莱德利和斯帕茨的发言简明扼要。

国王说了几句话，但我们很难听明白，因为他在极力掩饰自己的口吃。

午饭时，我坐在丘吉尔对面，他问我还记不记得他。在得到肯定的答复后，他立刻给我倒了一杯威士忌。

午饭后，我们继续开会。下午的会议当数丘吉尔关于战争的长篇

---

① 南非著名政治家和将军，1941年授英国陆军元帅军衔。

大论最出彩。为此，我不禁要写封信给他以示祝贺。

在战前的这段时间，巴顿对第3集团军发表了几次著名的即兴演讲，我们今天将其称之为“那场演讲”[①]。演讲内容有若干个版本，但基本相同。

士兵们，有一种传言，我不知道从哪传出来的，说我们美国人不想打仗，想置身事外，这是胡扯。美国人向来就爱打仗，所有真正的美国人都享受战场上的刺激和碰撞。美国人崇拜征服者，鄙视失败者，唾弃懦夫。美国人做任何一件事的目的就是要赢。这就是为什么美国从来没有，将来也不会打败仗的原因。

你们不会全部战死。今天站在这里的人只有百分之二会在一场重大的战役中牺牲。你们不要害怕死亡，所有的人都有死亡的一天。每个人首次上战场都会害怕。如果有人说他不害怕，那他绝对是个骗子。一些人会感到害怕，但他们仍然会参加战斗并将恐惧抛之脑后。那些虽然害怕但仍顽强作战的人才是真正的英雄。有些人到了前线只要一分钟就能克服内心的恐惧，有些要一个钟头，还有些要花上好几天。但一个真正的战士从不会让他对死亡的恐惧胜过自己的荣誉感、对自己祖国的责任感和天生的男子气概。

在你们的军旅生涯中，你们一直在抱怨训练和纪律。和军队里其他的特定科目一样，它们都有着特定的目的。这个目的就是确保对命令的服从以及时刻保持警惕。这必须印刻在每个士兵的头脑里。每个士兵只要他想活着就必须做到这一点。否则就会有狗娘养的德国人拿着装满大便的袜子突然出现在他身后！在西西里有四百个排列整齐的坟墓，这都是因为一个士兵在值班时睡着了。但那都是德国人的墓，

---

① 1944年3月至6月间，巴顿前后6次对第3集团军的各部队发表演说。

因为是我们首先发现了那个睡觉的杂种。一支部队也是一个团队，他们一起生活、睡觉、打仗和吃饭。个人英雄主义在这里就是一坨马粪。那些给《周六晚间邮报》写这种文章的人都是一群胆汁过剩的混蛋，他们对真正战争的了解不会比干女人了解得多！

军队中的每一个人都扮演着至关重要的角色。每个人都有自己的任务，必须完成它。要是每个卡车司机都不喜欢头顶呼啸而过的炮弹，突然把车开到沟里躲起来，那该怎么办？要是每个人都对自己说："见鬼，他们不会想到我的，我只是几百万人中的一个。"那该怎么办？要是那样的话，我们会变成什么样？我们的国家，我们所爱的人，我们的家，甚至整个世界会变成什么样？不，感谢上帝，美国人不会那样。每个人都在尽他自己的义务，为了一个整体而工作。副炮手在他的位置上给大炮提供弹药，这样才能保证这部巨大的机器正常运转。后勤部门的人给我们提供衣物和食物。每个人都有他的职责，甚至是给我们烧水喝的小伙子，因为他们我们才不会拉肚子。

士兵们，要提醒自己你们不知道我在这里，在信里绝对不要提及此事。所有的美国人都在不停地想：该死的，巴顿去哪了。我不能让外界知道我在指挥这支部队，甚至不能让人知道我在英格兰。让那些德国人第一个发现我在这里吧。总有一天我要让那些德国人惊讶地瞪大眼睛喊着："天哪，又是该死的第 3 集团军和那个狗娘养的巴顿！"

结束了这边的战斗之后，我们就去把日本人打得屁滚尿流。回家最短的路线就是经过柏林和东京的路线！我们将最终赢得这场战争，但获胜的唯一办法就是让敌人明白我们有而且永远都有比他们强烈的求胜之心。

当战争结束你们回到自己的家乡后，你们会有无数激动人心的故事说给身边的人听。二十年后当你坐在壁炉边，坐在你腿上的孙子问你，在这场战争中你都做了什么的时候，感谢上帝，你不需要把他抱到另一条腿上，然后咳嗽一声说道："我在路易斯安那铲粪。"

6 月 1 日，蒙哥马利请巴顿去他那里一趟。

6 月 1 日

布莱德利和我乘飞机 15 点 30 分出发前往朴茨茅斯去见蒙哥马利，他在索思威克。我们喝了点茶，然后在他的办公室在没有任何参谋在场的情况下检查行动计划。

蒙哥马利对第 3 集团军的行动非常在意，我提前两个晚上复查了辛普森的所有问题，他对此十分满意，这也让我和他说话时言之有物。

他对布莱德利说了两遍："应该把布列塔尼的行动交给巴顿，也许雷恩的行动也应该交给巴顿。"

6 月 2 日

吃完早饭后，我们向蒙哥马利告别。他告诉我这次的会议让他很满意，今后我们会相互了解。

晚上，布莱德利在奥古斯塔号军舰上开始行使他的第 1 集团军司令职务。

6 月 4 日

今天我们都去了教堂。我坐立不安，我太想打仗了。

致比阿特里丝，1944 年 6 月 4 日

不要对汽笛声太敏感，我的部队还没有开始行动。

直到J日前夕，德军还完全不知道盟军何时在何处登陆。隆美尔的海军副手，鲁格海军准将认为天气恶劣盟军不可能登陆。德国气象部门认为6月10日后风浪才可能暂停。因此，隆美尔返回德国为他的妻子庆祝生日，之后向希特勒要求向诺曼底增援几支装甲部队。6月5日，德海军决定取消芒什海峡的巡逻。英国皇家海军的扫雷艇得以没有干扰地工作。但傍晚BBC的一条新闻还是引起了驻防加来地区的德第15集团军的警觉。

原计划于6月5日开始的霸王行动因天气原因推迟到6日。5日夜，1200架飞机搭载着隶属于三个师的23000名伞兵离开英格兰。英第6空降兵师和美第101、82空降兵师的任务是保障登陆区域的安全。

6日凌晨1时，当B集团军司令隆美尔的参谋长施派德尔正准备睡觉时，他收到报告说盟军伞兵部队已开始空降。霸王行动的帷幕正式拉开。巴顿6月6日通过BBC新闻得知登陆的消息。

6月5日

也许今天就要登陆……但我们一点消息都得不到。我打电话给休斯让他通过无线电向亚历山大、凯伊斯和克拉克转达我祝贺他们在意大利取得的胜利（盟军刚刚攻下罗马）。

致儿子，乔治，1944年6月6日

今天早上7点，BBC称德国广播刚刚报道了登陆的消息。

所有的人在开战的那一刻都会心生怯意，不论是第一次参战还是最后一次，他们都会害怕。懦夫就是那种让胆怯控制了自己反应的人。你不可能是那种人，因为你的身体里流淌着我和你母亲的血。

显然，有两种人会成功：一种是小心谨慎的人，一种是对想得到的东西纠缠到底的人。我属于后者，这种人很少见且不受欢迎，但这就是我的风格。必须选择一种方式并坚持到底，不能以本色示人的人

成不了大器。

在西西里，通过我的观察、情报以及我的第六感，我确信敌人不具备再次发动大规模攻击的条件。我拿我的衬衣做赌注，我赢了。

我之所以能取得胜利是因为我始终坚信自己对战局的判断是正确的。很多人不同意我的观点，他们都错了。在我们死后，历史会证明我是对的。

士兵都崇拜英雄。那些具备指挥才能的军官了解这一点，并在他们的行为举止和着装上展现出必要的素质，努力使士兵也具备他们表现出的素质。

我指挥的部队永远都着装整齐，他们敬礼标准，战斗中行动迅速、果敢。因为我给他们做出了榜样。

一个人影响着成千上万的人，我无法形容这种奇迹。

最后，这看起来像是一场说教，但别以为它是最后一次，它不是。我的任务还没有完成。

致比阿特里丝，1944 年 6 月 6 日

艾克通过无线电向欧洲占领区广播，他说得不错。

还没有一支属于第 3 集团军的部队参与作战，但我怀疑敌人已经知道了这支部队的存在。我们尽力让这支部队给敌人来个措手不及。

我不能告诉你我们何时出发……但我的行李早就收拾好了，准备着那一刻……

没能上场而看着荣誉从你身边溜走，这太可恶了。我想这里的人都已经待烦了。

我去看一会《圣经》。

第三十一章 J日

6月6日，盟军庞大的舰队出现在诺曼底海岸：5000艘登陆艇，6艘战列舰，4艘轻型战列舰，23艘巡洋舰，104艘驱逐舰，152艘护卫舰和277艘扫雷艇；139000名士兵准备登陆。其中56000名美国士兵被安排在犹他和奥马哈海滩，83000名英加士兵在黄金、朱诺和宝剑海滩登陆[①]。登陆前的5日夜至6日凌晨，美战术空军第9航空队轰炸了德军海岸的炮兵阵地。之后，海军用舰炮轰击海岸，对岸上和碉堡里的德军而言犹如炼狱，但盟军登陆前的火力覆盖缺少精准性。6时27分，舰炮停止射击，满载士兵的登陆平底驳船冲向海滩。

6月6日

我十分担心还没有轮到我上场战斗就结束了，但我知道这不可能，因为命中注定我会出现在那里……

我开始收拾行李，其中极其微小的一部分原因是我始终希望有人战死沙场，然后我去顶替他。

至6日晚间，虽然部分战术目标未实现，而且奥马哈海滩损失过重，但总

① 由菲利普·基弗指挥的177名法国“绿色贝雷帽”突击队士兵在宝剑海滩登陆。

体而言盟军成功登陆，德军已经无力将盟军赶下海。当隆美尔返回位于拉罗舍居伊翁（法国瓦勒德瓦兹省的一个市镇）的司令部时，德军还未采取任何有效的行动。最高统帅部禁止调动装甲样板师[①]和第12希特勒SS青年团装甲师[②]的一兵一卒。直至盟军登陆，希特勒还坚持认为诺曼底只不过是盟军的牵制攻击，真正的登陆点在加来。

盟军方面，艾森豪威尔也备感压力。虽然英军已成功登陆，并决心夺取身为交通枢纽的战略要地卡昂，但战役初期德军始终牢牢把守该地。蒙哥马利率领的英加军队进展缓慢、战斗激烈。接下来，英军需要经过长达六周的时间才能击溃德武装亲卫队顽强的防守；至少需要经过四次战役，即埃普索姆行动、温莎行动、查恩伍德行动和古德伍德行动才能占领卡昂。

美军于6月6、7日分别占领阿若曼榭（奥马哈海滩附近的一个市镇）和巴约（位于法国下诺曼第大区）后，在卡朗唐（下诺曼底大区芒什省的一个镇）遭遇德军顽强抵抗，直至登陆后的第六天才夺取该地。6月底，美军终于占领盟军用来卸载作战物资的首要港口瑟堡。

之后，在法国北部的乡村树林地带爆发了一系列惨烈的战斗，双方利用地形、策略和战术你来我往。每一个村庄都成为战斗的焦点。盟军展现出惊人的毅力，以惨重的伤亡为代价逐村逐村地往前推进；德军也利用地形想尽一切办法防守。在卡朗唐至佩里埃的公路上，德第6伞兵团在第17古兹·冯·伯利辛根SS装甲掷弹兵师和SS帝国装甲师的配合下，6天里让美军吃尽苦头（7月4—10日）。法国北部的乡村战斗持续了两周，盟军伤亡4万人，但收获有限。

随着时间的推移，战况对德军越来越不利。至7月18日，德军已损失2360名军官，10万名士兵。而柏林方面只能往诺曼底增援10078名士兵，

---

① 该师荟萃德军装甲精英，装备最先进的坦克，但从东线调往诺曼底的路上遭受盟军机群轰炸，损失惨重。

② 由于需要希特勒的批准，该师直至14点30分才到达前线。

因为在东线，苏联刮起了一场“红色风暴”。6 月 22 日，苏军发起巴格拉基昂行动[①]。数周内，德国中央集团军群被击溃，苏军摧枯拉朽地歼灭了德国 35 个师。

致比阿特里丝，1944 年 6 月 7 日

今天是人生中最漫长的一天，因为除了等待我们无事可做。

也许在诺曼底的行动会很顺利……我们希望一星期以后就能上战场，但如果需要的话，我只要十分钟就能出发。

6 月 8 日

法国那边传来的消息不多……显然进展不理想，那边的部队似乎满足于现状，不思进取。

致比阿特里丝，1944 年 6 月 10 日

我有一个供起居的旅行挂车。它很棒，布置得有点像游艇里的小房间，但它的高度可以让我在里面站着。有一张铺着充气床垫的床、一个洗手池、一个挂衣壁橱、一张办公桌、一个文件收纳柜、暖气、110 伏的插座和一个收音机。入口处还有一个帆布遮阳棚，我可以坐在下面想事情。这里既远离血腥的战场，也没有令人心惊的捕兽器。我可以把窗户遮得密不透光，也可以在大办公桌上摊开地图工作到深夜。它由一辆旧卡车改装而成，但很不错，至少是比较不错。

好了，我要出去走 7、8 公里顺便跑一跑，为了在战斗中能够追上德国人——当然不是为了逃跑。

---

① 苏联对白俄罗斯发动大规模攻势的代号。

6月10日

从J日开始我就一直把放左轮手枪子弹的肩带挂在身上，让自己时刻保持即将上战场的紧张感。我觉得自己只不过是部队中的一员在履行自己的职责，但我始终都梦想成为一名英雄，也许当我能够满足这份野心的时候，我就成为了英雄。

致比阿特里丝，1944年6月12日

我刚刚在报纸上看到德国人认为我在法国指挥第59师。我到现在还没有缓过神来！也许我得用今天一上午的时间让自己冷静下来。

致比阿特里丝，1944年6月12日

我们仍然在待命。我希望不要还没轮到我们上场，战斗就结束了。

致比阿特里丝，1944年6月14日

大家都很担心没有我们上场的机会了。

致比阿特里丝，1944年6月17日

前天晚上，利斯夫人带我去曼彻斯特剧院。开幕时，主角莱斯利·汉森说他曾经在非洲为第8集团军演出过，而且其中一位将军的夫人就坐在剧院里，大家都为之鼓掌。接下来他又说，还有一位美国最著名的将军——一个嗜血战士也在这里。看着那些女士，我没好意思发言。所有的人再次鼓掌，并爆发出阵阵欢呼声。演出结束后我们走到后台，当我们离开剧场时，一大群人围在我们的车周围向我们喝彩。我无法阻止记者谈论这件事。

致比阿特里丝，1944 年 6 月 24 日

我很抱歉让你以为我在登陆的海滩上使你担惊受怕。有两个原因让我道歉：首先是我不在那里，其次是很多人都以为我在那里。

盖伊已经去了法国，为了了解那边的情况和准备我们的临时营地。

有时我在想，我是不是真的和人们想象中的一样好。我知道我的缺点而别人不知道。当然，从遇见你开始我就一直运气不错，你就是我最大的好运。

致比阿特里丝，1944 年 6 月 29 日

部队还是在待命，但我们的指挥所挪到了索尔兹伯里（英国英格兰南部城市）以南的一块地方……除非我们已经得到了具体的任务，否则这仅仅表示我们离战场更近了，没有其他含义。

7 月 5 日

15 点见到艾克。他刚从法国回来，看起来心情不错，但对英军的进展缓慢颇有微词。他越来越强烈地想要亲自指挥作战，但还在等待时机。他不能退缩。

7 月的第一个星期结束后，盟军意识到离夺取胜利还很远：己方伤亡不断增加，而德军仍在稳固防守，盟军部队的士气已经下降大半。第 734 坦克营下士比尔 · 普雷斯顿忧虑地写道："我们的部队把战术、运动理论忘得一干二净。"在第 2 装甲师菲利普 · 莱斯勒中尉看来，"诺曼底战场变成了另一个德摩比利战役[①]。”事实上，诺曼底的树林让美国人神经紧张，布莱德利还在夺取圣洛（法国诺曼底大区芒什省首府）的泥潭中挣扎。7月6日，巴顿飞往法国，策划为了让美军从诺曼底解脱的行动，即“眼镜蛇行动”。

---

① 波希战争中的一次战役。公元前480年发生在北、中希腊交界的德摩比利隘口，也称作温泉关。斯巴达三百名战士在国王的率领下英勇抵抗波斯侵略军，因众寡悬殊，全部战死。随后波斯侵入中希腊。

第六部分

从诺曼底到洛林

第三十二章　眼镜蛇行动：走出诺曼底

7月6日，巴顿在奥马哈海滩不远处降落。他写道："很多人都认识我，他们想和我合影。但不论是手持5美金莱卡相机的普通士兵还是拿着专业相机的人，我都得让他们明白今天的事情必须保密。"

为了让德军以为美第1集团军（实际上不存在）准备在加来发动大规模进攻，巴顿的行踪不能让外界得知。但巴顿出现在奥马哈一事还是在军中迅速传开。一下飞机，巴顿就忍不住发表演说，给围在他周围的士兵鼓劲，并赢得阵阵喝彩："我很骄傲能和你们在这里并肩战斗。我们要去把德国佬的肠子拽出来切成几段，让柏林变成地狱。我会像打一条蛇一样去亲自朝这个狗娘养的混蛋（指希特勒）的画像开枪。"

在将司令部设于内乌这个秘密的小村子之前，巴顿拜访了布莱德利。他记录道："这里太吵了，也许我已经忘了战争是什么样。我们周围的部队和其他部队的炮击让帐篷抖动了整整一夜。"他给妻子的信中写道："威利一点都不喜欢这里。它从帐篷里跑出去好几次想看看发生了什么，我也是。"

巴顿顺便参观了圣索弗莱维孔特（法国芒什省的一个市镇），并记录道："一副凄凉的景像：一个封建时期的古堡、规模宏大的古堡几乎彻底被炸成废墟，太凄凉了……它是封建时代要塞的代表。"

7月11日，为了熟悉地形，巴顿匿名参与了布莱德利对圣洛的攻击行动。被敌人的炮火压制时，一个士兵让他注意隐蔽。对此，巴顿回答道："该死的，管好你自己的事，士兵！"①

7月12日

艾克和布莱德利都表现得不好。艾克被英国人弄得束手束脚，而他还没有察觉到这一点，真是个可怜的疯子！我们实际上没有核心人物——一个能告诉下属该做什么不该做什么的最高指挥官。真是一个可悲的局面，我看不到任何改变的可能。

7月14日

布莱德利说，只要条件允许他就立刻让我指挥战斗。如果他能强势一些的话，他可以马上就这样做，这样对他有好处。但蒙蒂不会希望我上战场，因为他担心我会抢了他的风头，而我正有此意。布莱德利问我是否反对把第4装甲师布置在防御阵线上，我不反对，我们越早把部队投入前线，情况就会越早得到改观。

巴顿认为布莱德利总是视其他战线的战况再下决定，过于畏首畏尾。如果总是幻想各条战线的部队能同时推进，那就意味着不会有部队前进。巴顿主张集中力量，以装甲部队为先锋，在空军持续有效轰炸的配合下，朝某一特定区域发动攻击。②

7月16日

7月已经过半，我军伤亡不断，但没有丝毫进展。英国人没有大

---

① 安东尼·比弗，《D日和诺曼底之战》，卡尔曼·莱维出版社，巴黎，2009，P314。

② 雅尼·卡达利，《巴顿传》，佩林出版社，巴黎，2011，P220～221。

的作为，甚至连牵制他们面前的德军都做不到。德国人从那边抽调了两个师到我们这里。

美军还在诺曼底的树林里停滞不前，英军也迟迟攻不下卡昂。在仔细听取巴顿的建议后，布莱德利和第7军军长柯林斯①准备发动眼镜蛇行动。这一举动打破了诺曼底的僵局。布莱德利准备对佩里耶尔（法国芒什省的一个市镇）至圣洛的公路进行饱和轰炸，将德军的防线撕开一个缺口后派部队冲击缺口，打穿敌军防线，并一直突进至阿夫朗什（位于芒什省的一座城市）。行动由第30、第9步兵师承担，第1步兵师跟进。巴顿指挥的7个师朝阿夫朗什和布列塔尼推进。

7月17日②，巴顿前往瑟堡会见战争部长史汀生，并记录道："史汀生叮嘱我不要再批评任何人，用行动证明自己。"他还与国务卿谈了一整天，写道："我让奥马尔做了大部分陈述，但我发现这是一个自我表现的好机会。"

当眼镜蛇行动快要最终确定时，德军截获了一条含有部分行动细节的无线电情报。原因是巴顿手下负责公共关系的军官向美第1集团军的记者透露了与行动有关的消息。布莱德利立刻质问巴顿，后者写道："因为机密情报被泄露，他怒不可遏，我也是。"巴顿找到战地记者的营地并向他们陈明利害关系："我无须解释这样做的危险性，它违反了规章制度，也让我们相互间的信任降低，更危及到我们士兵的性命。

"情况已然如此，但我们不能一错再错，你们中的每一个人都不能再提及此事。我希望大家能理解，这不是威胁，我也不需要威胁你们。但作为一名爱国的公民，我希望你们能意识到这次事情的严重性。"

---

① 约瑟夫·劳顿·柯林斯（Joseph Lawton Collins, 1896—1963），美国陆军上将，第18任陆军参谋长；1944年3月从太平洋调往欧洲战场，任美第1集团军第7军军长。

② 同一天，隆美尔乘坐的汽车被盟军飞机扫射并受重伤，由陆军元帅冯·克卢格接替。之后，希特勒认为后者与盟军有秘密联系，指派瓦尔特·莫德尔接替克卢格。克卢格于被审讯前不久自杀。瓦尔特·莫德尔全名奥托·莫里茨·瓦尔特·莫德尔，德国陆军元帅，因防御能力出色，被称为"防守大师"，狂热的纳粹信徒。

之后，巴顿让泄露事件的军官前去谈话，他记录道："显然，他因为愚蠢错误地理解履行职责的含义，而做了这样的事情。我认为他老实但不聪明，如果把他送上军事法庭，我会很难过，但我不得不按照布莱德利的意思去办[①]。相反地，我想把他调离这个岗位，但必须是眼镜蛇行动结束之后，因为这种人事调动可能会引起行动的再次泄密。"

7月22日，美军集结在佩里耶尔至圣洛的公路一带准备发起眼镜蛇行动。但同一天，德军对已经在诺曼底树林中备受煎熬的第90步兵师发起猛烈进攻。一个团向德军投降，另外两个团慌忙撤退。巴顿写道："今天是耻辱的一天，第90师的表现糟糕至极。"[②]

然而，此时的德军已陷入绝境。自6月6日起，激烈的战斗让德军伤亡巨大，英加部队对卡昂的猛烈攻击牵制并大量消耗了德装甲部队。尤其是7月20日，士兵得知他们的元首遇刺受伤[③]，凶手竟然是国防军军官，更是严重打击了部队士气。胶着的战线已使德军处于崩溃的边缘。

7月23日

去见了布莱德利和霍奇斯，向他们询问眼镜蛇行动之后的安排。辛普森也在那里。在我看来眼镜蛇行动其实太过保守，但布莱德利和霍奇斯都认为已经很冒险了。不管怎么说，它是到目前为止最好的计划之一[④]，我希望能成功。

在因天气原因而多次推迟日期后，7月24日眼镜蛇行动开始。但盟军轰

---

① 布莱德利充分吸取了巴顿掌掴事件的教训。

② 安东尼·比弗，《D日和诺曼底之战》，卡尔曼·莱维出版社，巴黎，2009，P372。

③ 施道芬贝格将装有炸弹的公事包放在希特勒右方橡木桌的桌腿侧。希特勒在爆炸中受轻伤。

④ 巴顿当然会这样认为，因为他是行动策划者之一。

炸机在投弹时误炸了第 30 步兵师，导致 25 人死亡 131 人受伤！行动不得不推迟到 25 日重新开始。德军在第一时间判断美军之所以脱离战场是为了与英军会合进攻卡昂。之后，德装甲样板师师长拜尔莱因接到前线焦急的电话，得知部队遭到美空军的猛烈轰炸。眼镜蛇行动由美军大面积的空中轰炸拉开序幕。美军先后派出 P-47“雷电”战斗轰炸机、B-24“解放者”和 B-17“空中堡垒”轰炸机向德军阵地总共投下了 62000 枚各式炸弹。但轰炸过程中空军再次误炸友军，莱斯利·马克奈尔就死于此次轰炸。同一时间，蒙哥马利发动春天行动以迷惑德军，时间选择得恰到好处。

德装甲样板师和第 275 步兵师在空袭中遭到毁灭性的打击。被炮弹犁过一遍的地面上满是弹坑，战场上堆满了报废的汽车和坦克以及数不清的尸体，德军在精神上受到了严重打击。

致比阿特里丝，1944 年 7 月 24 日

我已经等够了。一年前，我们沿着西西里北部海岸朝墨西拿进发。多么遥远的事啊，我的上帝。

7 月 25 日，巴顿飞到战场检查空袭效果。他写道：“有一大批牛也死于空袭。地上到处都是已经肿胀的牛的尸体，得立刻把它们埋了。在埋的过程中，这些牛尸的气味飘到空中，至少有 300 英尺高，几乎达到了飞机飞行的高度。”

7 月 26 日，面对德军依旧顽强的防守，柯林斯决定投入装甲部队绕过德军侧翼。这一举动取得了效果，因为此时的德军已是强弩之末。装有“库林收割机”[①] 的美军坦克成功突破了德军防线。德第 17 师决定撤退，避免被整体包围。27 日，布莱德利决定派巴顿追歼德军。

---

① 由于德军在海滩上设置大量的障碍物，美国人发明了这种安装在坦克前部带有锯齿的犁耙，发明者是美第 102 侦察队中士柯蒂斯·G·库林。在眼镜蛇行动中，60% 的坦克安装了这种设备。

致艾森豪威尔，1944 年 7 月 28 日

布莱德利干得非常好。唯一让我忧虑的就是他想在派我上场之前就赢得胜利，但我不会对此有任何反对意见。

7 月 28 日，布莱德利让巴顿指挥米德尔顿的第 8 军，但巴顿必须听命于布莱德利的调遣，因为原则上在 8 月 1 日前，巴顿的第 3 集团军不得有任何行动。米德尔顿对此记录道：“在油料补给站旁边，他让我立刻返回司令部。我 16 点 45 分赶到那里，并得知我部将和第 15 军一起被部署在左翼。

“我立刻和海斯利普、加菲、哈金斯以及哈蒙赶往第 8 军准备相关事宜，但我始终保持谨慎为了避免引起部队不必要的兴奋。

“我很高兴能够参战，也许我最终会沉迷于战争中。”

发动突击前，艾森豪威尔给巴顿发去电报：“祝你好运。我不需要激励你去打仗，因为我知道这是你梦寐以求的事。”

巴顿把伍德的第 4 装甲师和格罗的第 6 装甲师安排在中央，步兵在两侧展开，装甲部队作为集团军的先头部队快速冲向德军阵地。

速度成为制胜的关键，为此巴顿放弃了侧翼的防守。他说道：“一直以来如果我担心侧翼的话，那我就不要打仗了。”巴顿将部队混编成类似德军的战术小组，即由摩托化步兵、坦克和步兵组成。这样的安排使部队更加灵活、具有韧性。考虑到主要公路会有德军重兵把守，巴顿选择二级公路作为进军线路。他认为德军不会在路面坑坑洼洼或是在设有障碍的地方部署大量兵力，是整个防御体系的软肋。

第 3 装甲师切断库唐塞（法国芒什省的一个市镇）与圣洛地面联系的同时第 2 装甲师朝维莱迪厄（法国芒什省的一个市镇）推进，第 4 装甲师快速插向库唐塞并消灭在那里的 SS 第 2 帝国装甲师。此时的德军才明白自己已陷入绝境，危险不是来自卡昂南部的英军，但为时已晚。

7 月 29 日夜至 30 日，隶属于德第 275 师和第 17 师以及第 2 师的部分部队组成一支强大的混编攻击波，试图在塞朗斯（法国芒什省的一个市镇）东南部撕开一个缺口，但被美炮兵击退。德军开始向西北撤退，巴顿趁势让第4、6装甲师沿各自的路线快速前进，最终在阿夫朗什会合。巴顿写道："我们要做的就是不停地进攻，让他们没时间部署。"7月31日，第4装甲师开进阿夫朗什。

7月31日

我向参谋们在这段时间未能参加战斗而表现出的耐心表示感谢。我告诉他们投入战斗后不要让我失望，必须时刻保持进攻的姿势。

晚饭后，我走到第8军指挥部。米德尔顿见到我十分高兴，因为他不知道下一步该做什么，而他又没有联系上布莱德利。他已经抵达预定地点赛伦内河，但还没有渡河。我告诉他，纵观历史很多战争的失败都是源于没有渡河。同样地，28日开始作战时，我就应该命令部队必须渡河。当我们讨论如何在蓬托博尔（法国芒什省的一个市镇）架设浮桥时，我们接到电话，获悉虽然原先的那座桥遭到破坏但可以继续使用。这是一个好兆头，而且第4装甲师刚刚夺取了水坝。我命令第6装甲师立刻前进。

从阿夫朗什只有一条公路通往蓬托博尔大桥，再往南去，公路开始分叉。我们可以往西朝布雷斯特方向，或是往南朝雷恩方向直至卢瓦尔河，还可以是往东朝塞纳河方向。

巴顿继续写道："收到他们的消息后，我命令米德尔顿指挥部队开赴布雷斯特和雷恩。"巴顿准备让第6装甲师和第79步兵师前往布雷斯特，第4装甲师和第8步兵师前往雷恩。

8月1日，巴顿心情好极了，因为部队刚刚打了一场漂亮的胜仗，而且这一天第3集团军正式成立。

第三十三章　势不可当

8月初，巴顿的装甲部队在布列塔尼狂飙突进，这让布莱德利第12集团军的参谋人员头疼不已，因为他们无法明确巴顿的各个部队究竟在何处。此时的第3集团军与1940年隆美尔的“幽灵师”极为相似。[①]

第4、6装甲师如此迅速地突破甚至引起了部队间的联络问题。另外，巴顿和米德尔顿对接下来的战术也有不同的看法：前者认为应该利用敌人暴露的弱点尽可能地快速进军；作为步兵出身的后者则表现得谨慎和仔细。巴顿更喜欢第4装甲师的伍德，后者在作战时颇有巴顿风范，人称“巴顿二号”。8月初美军连克数城，4日雷恩，5日瓦讷（法国布列塔尼大区莫尔比昂省的一个镇），6日莫尔莱（法国布列塔尼大区菲尼斯泰尔省的一个市镇），12日南特（法国西北部大西洋沿岸重要城市）。但巴顿和米德尔顿相互矛盾的命令很快就使部队产生了混乱。如果再加上目标是夺取勒瓦尔（法国北部加来大区诺尔省的一个市镇）的第15军，情况则更加让人眼花缭乱。对巴顿而言，主要问题是部队的油料补给。他让所有满载油料的卡车改线，给它们贴上第3集团军的标签，试图独占整个部队的补给，并征调用于给步兵补给的卡车。

---

① 1940年5、6月间，隆美尔的第7装甲师因为快速与捉摸不定的行动而被冠上了“幽灵师”的称呼。

8月1日

一上午我都很紧张。因为我不可能及时收到部队的确切消息，摆钟似乎也坏了。中午，第3集团军各部队正式开始行动。布莱德利15点到我这里，在此之前，沃克和海斯利普已经在这了。布莱德利给我们标出集团军的作战区域。这块地方太小了，至少对于第3集团军而言太小了。因为这样的话，我军不得不从阿夫朗什和圣西莱尔（法国芒什省的一个市镇）之间的狭长地带通过。

第4和第6装甲师的先头部队已经通过了阿夫朗什的狭长地带，在布列塔尼地区分别向雷恩和布雷斯特进军。但阿夫朗什的所有公路都拥挤不堪，剩下的部队正在路上蠕动。

布莱德利担心德军会从东边的莫尔坦（法国芒什省的一个市镇）发起攻击，我个人认为这不太可能，[①] 但我还是调第90步兵师防守部队暴露的侧翼。我让卡车都动起来。

8月2日

在阿夫朗什以东，我们赶上了正在沿塞河（芒什省内的河，全长78公里）和赛伦内河行军的第90师。这个师不怎么样，纪律松散，士兵穿着不整，军官无精打采。很多人把自己的肩章扯下来，把头盔的标记盖上……

8月3日

第7军的柯林斯十分担心莫尔坦的西北面，但他和我们聊起了更严肃的事，他想让第3集团军的后部给他的第7军垫后，尤其是在通

---

① 在这一点上，巴顿判断错了。为了重拾主动权，希特勒准备发动进攻切断美第1、3集团军的联系。在希特勒看来，丢失诺曼底就意味着丢失整个法国。在这种背景下，卢提西行动应运而生，整个行动就在莫尔坦附近展开。

往布雷塞（法国芒什省的一个市镇）北面的路上。

……18点，好消息来了。第79师到了富热尔（法国布列塔尼伊勒—维莱讷省的一个市镇），第5装甲师已经到了第79师和第90师之间。[①]

……第4装甲师绕过雷恩，朝瓦讷进发。第6师已经过了迪南，第83步兵师的一个团紧随其后。欧内斯特包围了圣马洛（法国布列塔尼伊勒—维莱讷省的城市）。至于我，什么都没做。

8月4日

上午10点，我和科德曼以及斯蒂勒出发。一路经过了阿夫朗什、蓬托博尔、蓬托尔松（法国芒什省的一个市镇）、孔布尔（法国伊勒—维莱讷省的一个市镇）和梅尔德里尼亚克（法国布列塔尼阿摩尔滨海省的一个市镇）。途径第6装甲师司令部，格罗正准备从那里出发。第6师太过保守，我告诉他胆子大一点，一直往前（直到布雷斯特）。

8月4日，巴顿在第6师指挥部命令格罗朝布雷斯特快速进军，但米德尔顿命令后者的部队只能前进至圣马洛。在巴顿看来，格罗是在偷懒，他咆哮道："你他妈的怎么还把屁股放在椅子上？我已经命令你了，向布雷斯特进军！"在领教了巴顿的暴风骤雨之后，第6师立刻起程。打发完第6师，巴顿把目光放在了塞纳河以东，他希望在那里将德军包围歼灭。

8月6日

赶到第8军司令部，看看怎么还没有攻下圣马洛。[②]一个明显的

---

① 这三个师组成第15军。

② 美军直到8月17日才夺取圣马洛。按照希特勒的命令，德军在几个港口修建了强大的防御工事，圣那泽尔、拉罗谢尔、鲁瓦扬以及洛里昂直至1945年才被攻克。

事实就是这些该死家伙的进展缓慢，无论是精神上还是肉体上，他们都没有自信。我对这种软弱的人感到反胃，我的自信之火比以往任何时候燃烧得都要强烈。

巴顿意识到布列塔尼已不再是首要战场，这就是为何他接受了布莱德利的安排：将海斯利普的第15军派往勒芒（法国卢瓦尔河地区大区萨尔特省首府）至阿朗松（法国下诺曼底大区奥恩省首府）一线的马耶讷省（法国卢瓦尔河地区大区所辖省份）攻击德军侧翼，将沃克的第20军派往昂热（法国卢瓦尔河地区大区曼恩-卢瓦尔省的一座城市）和卢瓦尔河保护第3集团军的南面。巴顿给机械化专家凯尼恩·乔伊斯写道："我们打赢了一场战役，其精彩程度是你从未见过的。这是一场典型的机械化作战，拿以前的例子来比喻，就是'士兵们一手拿枪一手拿刀冲向各个方向'。"

8月7日

通往昂热的桥完好无损，但我们的电话线被炸断了。于是我派加菲在第5装甲师挑选一个战斗群进攻昂热，并指挥一个营赶往南特。我事先没有和布莱德利商量此事，因为我肯定他又会觉得这太过冒险。这确实有一定的风险，但战争就是如此……

应该指出，巴顿嘲笑布莱德利的谨慎是错误的，后者在8月初始终担心德军可能会在莫尔坦附近发动反击。事实上，8月7日，卢提西行动在莫尔坦附近的美军阵地展开，但由于丢失了制空权以及美第30步兵师卓越的防守，行动以失败告终。①

① 在设计卢提西行动时，希特勒和很多德军将领希望通过一次决定性的战斗彻底改变战场形势。但最终这种决战思想落空了。卢提西是比利时城市列日的德语名字，在30年前即第一次世界大战期间，德军将领鲁登道夫于1914年8月占领了这座城市。

在得知海斯利普于 8 月 8 日攻克勒芒后，巴顿准备将第 15 军派往阿朗松和塞河，之后迅速向沙特尔（法国中北部城市，厄尔—卢瓦尔省首府）以及法国北部迂回，彻底包围诺曼底的德军。他愤怒地写道："但布莱德利不同意我这么做。"作为第 12 集团军司令，布莱德利准备进行一场钳形攻势，蒙哥马利与巴顿的部队就是钳臂，钳口在阿让唐（法国奥恩省的一个市镇）和法莱斯（法国位于下诺曼底卡尔瓦多斯省的一座城市）之间闭合。届时，美第 15 军将与加拿大部队会合。

致比阿特里丝，1944 年 8 月 9 日

我们干得和在西西里的时候一样好，但对于这样一支庞大的部队——其中只有 12 个师属于我，后勤补给的规模可想而知。

如果我有足够的自主权的话，我的战术会比现在冒险得多。

我前后三次提出冒险的方案都被否决了，但冒险是有道理的。

8 月 9 日

路过第 15 军司令部，确认了他们在继续向北推进……在马耶讷和勒芒之间，也就是在第 1、3 集团军之间有个大的缺口，出于谨慎我已经派第 80 步兵师过去了。

8 月 11 日

去了第 15 军司令部，没找到法第 2 装甲师的勒克莱克师长，他去了前线。尽管出于安全考虑我本不该这样做，但我还是追了上去。

回到司令部后，得知加菲为了让我们能够把第 4 装甲师从布列塔尼调走，还没有让第 8 军上路，我十分生气。

8 月 12 日，巴顿命令海斯利普继续向北部推进："夺取阿让唐后，缓慢朝法莱斯方向前进，到法莱斯后继续缓慢进军直到与友军会合。”之后他向布莱德利请示批准合拢包围，遭到拒绝；几个小时后他再次向布莱德利提及此事，再次遭到拒绝，这意味着第15军必须在阿让唐停下来。巴顿偏执地认为这一定是蒙哥马利的主意，目的是给他制造麻烦。

应该说，巴顿派部队向北迂回包围德军的计划有可能成功但相当困难，因为配备了88毫米反坦克炮的德军在此处布防严密。另外，计划中的部分区域超出了美军的作战范围，与英第12集团军的部分作战区域重叠。英军拒绝重新划定英美部队的战场分界线，给号称“血胆”的巴顿第3集团军让路。事实上，8月7日，英军展开总计行动（也称为托塔利泽行动），计划派遣加拿大第1集团军攻占法莱斯以北的高地，以期先于美军抵达阿让唐。

8月13日

今天上午，考虑到第20军没有明显的目标，我把该军派往勒芒东北以东。第15军攻占了阿朗松和赛斯至阿让唐一线，现在在面向北部布防。这支部队本可以轻而易举地攻占法莱斯，彻底完成合围，但我们收到命令停止前进，因为英军投下了大量的定时炸弹。我敢断定，停止进军大错特错，因为英军很可能攻不下法莱斯（事实上是由加拿大军队从卡昂向法莱斯发起进攻）。

8月16日，巴顿写道：“接到利文·艾伦[①]的电话，他让我们停止进军……12点15分我打电话问他，现在是否允许我们向前进军（向北，越过阿让唐）。我告诉他，继续前进的话，计划很有可能成功。但艾伦只是重复布莱德利的命令：停止前进，就地防御。

“我估计这是第21集团军下的命令。这种命令要么是因为英国人嫉妒我们

① 布莱德利的参谋长。

取得的战果，要么是出于对战场形式的无知，或者两种可能性都有。让第15军停止前进太可惜了，因为他们可以攻下法莱斯，与加拿大部队在该城西北会合，彻底封死德军退路。”

美军攻取了阿让唐，但加拿大军队却出了问题，他们在法莱斯北面遭到德武装亲卫队第12装甲师的反攻损失惨重，不得不停止进攻。盟军的包围圈没有彻底形成，约十万德军从法莱斯成功撤退。

面对在阿让唐待命的指示，巴顿恼怒异常。因为英加军队未能堵上法莱斯至阿让唐的缺口，致使盟军不得不重新规划路线完成对德军的包围。之后，巴顿计划“让第20军前进至德勒（法国厄尔-卢瓦尔省的一个市镇），12军开到沙特尔，15军原地不动。这样我军就完成了从北到东南的转向，无须分割部队，也无须重新编组各个军下辖的师”。

“只要上帝保佑，并且别让蒙蒂知道，这样的部署就会大获全胜。”

致比阿特里丝，1944年8月13日

到目前为止情况比在西西里时要好得多，规模也宏大得多。这比我之前希望的还要好。“勇气，勇气，始终保持勇气。”[①]

我们以极小的损失击毙了5000德国士兵，俘虏30000人。这种生活很惬意，就是到处都是灰。

当我不再默默无闻时，关于我的消息将铺天盖地。我现在是战场上的红人，但媒体还不能对我做过多的报道……

毫无疑问，他们会尽快尽可能全面地搜集关于我的事迹。

8月14日

飞去见布莱德利，向他提交我的计划。他不但批准了计划，甚至

---

① 巴顿日记为英语，但该句话在日记中用的是法语。

同意了我对计划的修改：把第20军派往沙特尔，第15军开往德勒，第12军前往奥尔良（法国中北部城市，在巴黎西南124公里处，是中部大区卢瓦雷省首府，水陆交通枢纽）。他还把第80步兵师调拨给我，并从第1集团军下面调拨一个步兵师给米德尔顿，替换在布列塔尼驻防的第6装甲师。

这的确是一个高明的计划，完全出自我手，我试着让他相信他自己也曾经有过这样的想法："天哪，我们通过迷惑敌人编了多大的一张包围网啊！"

我和他都很满意。

所有的部队在20点30分开始行动，即使蒙蒂想捣乱，那时也已为时已晚。

巴顿将第80、90步兵师和勒克莱克的法第2装甲师派往阿让唐，派第15军余部前往德勒。

8月14日，蒙哥马利发动温顺行动。为了最终完成合拢包围，加拿大军团猛攻法莱斯。蒙哥马利将部队做了些调整，把用于支援加拿大军团的第7装甲师派往利雪（法国上诺曼底大区卡尔瓦多斯省的一座城市）。加拿大军团遭到了德军的顽强抵抗又一次攻击受挫，加军每前进一米都要付出巨大的代价。①

8月15日

帕奇和第7集团军刚刚在法国南部登陆。②

自从部队都开始行动起来后，"战斗疲劳症"（对士兵怯战情况的

① 温顺行动中，加拿大军团伤亡18444人，其中5021人阵亡。

② 此处指的是龙骑兵行动。包括拉特尔·德·塔西尼指挥的法第1军在内的151000名盟军士兵在法国普罗旺斯登陆。

新称呼）和自伤事件锐减。士兵们都愿意跟随胜利之师作战。

法第2装甲师的勒克莱克来见我，显得很激动。他说，如果别的部队都开动了，而他的部队不能往巴黎进发的话，他就辞职。我用法语跟他尽量客气地说，他就是个孩子，我不想看到师长跑来告诉我说他想去何处战斗，另外，他的部队已经经历过了最危险的考验。最后，我们友好地道别。①

8月15日

布莱德利赶来见我，看起来很紧张。他听到谣传，说有5个德军装甲师可能部署在阿让唐附近，他想让我军在沙特尔、德勒至沙托丹（法国厄尔-卢瓦尔省的一个市镇）一线停止前进。他的那句话似乎已经成了他的口头禅："停止前进。"

我按照他的要求做了，但我估计明天我就能说服他同意继续进军。

我多想成为最高指挥官啊！

① 出于政治的考虑，艾森豪威尔后来授权勒克莱克的部队成为第一支解放巴黎的部队。

第三十四章　法莱斯包围战与冲向塞纳河

相较第二次法莱斯包围战，巴顿的目光更多地集中在塞纳河畔。他命令第3集团军向东迅速前进，到达指定区域后快速展开部队。8月16日的巴顿心情舒畅，因为第15军连克数城：沙特尔、德勒、沙托丹和奥尔良；但更让他激动不已的是艾森豪威尔刚刚赞扬了部队朝塞纳河的推进。第3集团军在眼镜蛇行动中的表现也被媒体大肆报道，巴顿的虚荣心得到了极大满足，他再一次成为战场的主角。另外，为表彰从1943年9月2日起巴顿在战场上的表现，他的永久军衔被晋升为少将。

致比阿特里丝，1944年8月16日

我想你已经猜到了。我们攻下了布列塔尼、南特、昂热、勒芒、阿朗松以及目前还处于保密状态下的其他地区。但此刻，出于对德军战力的担忧，我们又一次在更辉煌的战果面前止步不前。我想即使没有任何外力的帮助，我也能独自赢得战争。但每当提起德国部队时，我们那些高层又开始愁眉苦脸。

8月16日

赶到我们刚刚攻下的沙特尔，在桥上遇见了沃克……

之后又赶到位于芒特附近的第15军司令部……

不久，我们回到了第3集团军司令部。布莱德利18点30分打来电话，让我用法第2装甲师和第80、90步兵师攻占几乎位于法莱斯缺口正中一个叫特兰（法国奥恩省的一个市镇）的地方，之后与加拿大军队会合，完成包围。他还说第1集团军中第5军的杰罗一两天后到那里，并接管第2、80和90师组成一个新的军，因为杰罗原先的部队已经被调拨至别处。

我告诉他，在杰罗还未到的这段时间里，我想临时将这三个师组建一个军由加菲指挥。后者带着明日早晨进攻的命令于20点动身前往阿让唐。

23点30分，布莱德利打电话告诉我，暂停进攻特兰直到他给我新的命令。

我把他的命令传达了下去。

人生不如意十有八九。

巴顿不理解为何在即将完成包围圈让德军无力反抗时布莱德利下令取消了进攻。事实上，后者担心美加两军从相对的两个点向中间会合时，有可能出征点被敌人占领，进而出现被反包围的情况。

8月17日

7点，杰罗从阿让唐北部加菲的指挥部通知我，他带着少量的参谋人员已到那里，准备接管部队。

我告诉他，既然之前是由加菲准备进攻计划，而且进攻时间也已经推后，不如暂且让加菲继续指挥部队，一旦准备工作完毕就交接指挥权。

这个安排不能通过无线电通知布莱德利，这样做太危险。我决定亲自乘飞机去找布莱德利。

由于天气原因，直到中午飞机才起飞，12点50分到第12集团军司令部。霍奇斯也在那里，我告诉他是杰罗在指挥部队。

暂由加菲指挥的军呼叫第1集团军，这很正常，因为这支部队即将由杰罗指挥。

考虑到杰罗迟早要接管部队，在离开第3集团军司令部前我告诉盖伊，如果要交接指挥权，我会打电话给他，命令会很简短，就是“换马”。

8月17日，身处第12集团军司令部的巴顿与第3集团军的盖伊通话如下：

巴顿：换马。开始进攻。首先前进至预定地点东南6公里处，接着朝目的地（指特兰）前进，接下来继续前进。

盖伊：何为继续前进?

巴顿：另一个敦刻尔克。

最后一句是巴顿的玩笑话，但包含的感情十分复杂。事实上，这句戏言在巴顿请求布莱德利批准部队从阿让唐继续进军时就已经说过。他当时对布莱德利说道：“让我们继续进军吧，我把这些英国佬再次赶到海里去。”巴顿之所以用“再次”是因为1940年5月，英法联军从敦刻尔克撤退。战地记者立刻报道了这句明显对英军没有好感的玩笑话。巴顿对盖伊下达的命令其实很简单：如果杰罗的部队先于加拿大军队攻下特兰，那就尽可能远地继续前进。杰罗将进攻时间定于18日。被包围的德军在包围圈外友军的支援下，利用这24个小时尽可能地向外撤退。德第2装甲师为了保证袋口即撤退通道的安全向特兰发起攻击，同一时间，身处包围圈内的德第7集团军拼命地向第2装甲师靠拢。被包围的两个集团军（德第5装甲集团军和第7集团军），计4个军和13个师，最终只有一个军和两至三个师被盟军歼灭。其他部队从尚布瓦、圣朗博、特兰与迪夫河畔图尔奈之间被称为“死亡之路”的乡间小路逃走。事实证明巴顿之前的预言是对的：8月16日布莱德利命令停止进攻使大量的德军得以逃走，这些部队日后活跃于战争末期的德国战场。[①]

8月19日，尽管出现了油料补给问题，但巴顿还是命令部队向塞纳河进军。布莱德利告诫巴顿说，在允许后者建立桥头堡之前，第3集团军已经向东突进太多。显然这对巴顿没起到什么作用，他趁法莱斯包围战激战之际，在20日让第3集团军的大部越过了塞纳河。他写道：“我问道，能否让第79步兵师在塞纳河畔的芒特建立桥头堡，他拒绝了。

“我又问道，我们能否进攻默伦、枫丹白露（位于巴黎市中心东南偏南55公里处）和桑斯；届时，考虑到我军在芒特建立的桥头堡，塞纳河一线就已几乎掌握在我军手中。

“布莱德利认为那样太危险，但我成功说服他，如果我们在20日24时之前没有接到撤销攻击命令的话，我试着在周一即21日发起进攻。

“布莱德利不同意我把第6装甲师从布列塔尼调走，他担心德军可能在卢瓦尔河以南发起进攻。在我看来，这几乎不可能：所有的桥都已被炸断，卢瓦尔河南岸只有少量德军，他们想进攻的话只能靠两条腿行动。这就是为何他们即使渡过了河，也不会有大的作为。

“战后的生活一定无聊透顶——不会再有狂热的人群向你抛洒花瓣，也不会再有飞机供你调遣。我坚信一个将军最好的结局就是死于战场上的最后一颗子弹。这就是命运的归宿。[②]”

巴顿认为距离全面胜利已不再遥远，他坚信自己是终结第三帝国的尖刀。第3集团军向东部纵深挺进，以至于巴顿不得不舍弃吉普车，乘飞机穿梭于各

---

① 8月12—20日，在诺曼底进行的法莱斯包围战未能成功复制斯大林格勒战役。德军5万人被包围，8000人阵亡，约10万人成功撤退。

② 巴顿日记为英语，但该句话在日记中用的是法语。

条战线："我们的部队向四面八方铺开，我不得不借了一架派珀飞机把我从一个地方运到另一个地方。我不喜欢这样，我感觉自己就像是射击比赛中的飞盘。"

8月19日

乘飞机到圣雅梅（芒什省的一个市镇）的第12集团军司令部。布莱德利刚刚结束同艾克和蒙蒂的会面回到这里。他有了一个新的计划：为了包围阿让唐以东剩下的德军，他让我把第15军的第5装甲师派往北部，沿塞纳河西岸向北直至卢维埃（法国厄尔省的城市）；同时第1集团军的第19军在左侧跟随。他向英国人提过此事，但对方回答说无法如此快速地转移部队。

斯蒂勒的记录，未标明日期

我们刚刚达到塞纳河芒特至加西顾尔一线。我们一进司令部，参谋长就说布莱德利将军正在来这里的路上，他要见巴顿将军。

十分钟后他（指布莱德利）到了。一进门就直奔主题，对我们说，在一次高级别的会议上，人们认为第3集团军不应该越过德勒至沙特尔一线和塞纳河，这给德军在法莱斯包围战中留下了一个逃跑的缺口。

听到这，巴顿将军问道，那该怎么办，我军已经到了塞纳河。甚至今天上午他刚往里面解了小便。我们在这里等他到底为了什么，他要退缩吗?

经过长时间的讨论，他终于承认了巴顿将军有权这样做，甚至同意巴顿将军封锁德军撤退的道路，而之前那次高级别会议上人们认为不应封锁这条路。最后，他十分友好地向巴顿将军告别，并说道，与如此坚定、自信的人谈话绝对是一件愉快的事。

他走后，我对巴顿将军说道："我想你又一次给他鼓劲了。"

“我对他做了什么？”

“你给他鼓了鼓劲，我想他不会立刻又担心起来。”

如果没有塞纳河这条通道，蒙哥马利还在他的卡昂待着呢。[①]

巴顿在日记中写到：“……一直以来在执行这样的战斗时，我总有一种很奇怪的感觉。我反复思考着计划，似乎没有任何遗漏，但当我发布命令之后，又感觉相当紧张。我不得不告诉自己：‘不要被自己的恐惧左右。’之后便是一往无前。这种经历很像参加赛马时的感觉，我的脑子里只有比赛，但当上马的铃声响起时，我又感觉紧张不安。当出发的令旗落下，开始比赛后，紧张就消失了。”

致比阿特里丝，1944 年 8 月 20 日

我们马上又要再次行动了，除非两小时之后我收到停止前进的命令。从地图上看似乎冒的风险很大，但我不这样认为。

当我给曼顿·埃迪下命令时，他问我应该给予部队侧翼多大程度的保护。我告诉他这由他担心的程度决定。

他认为每天前进一公里为宜，我告诉他每天必须推进五十公里。听到这个数字，他脸都白了……

这里的人们放下手头的工作，夹道欢迎我们，向我们抛来飞吻，给我们拿来苹果、酒和各种各样的礼物。人们热烈地向我和我的手下欢呼。

战后的生活一定平淡无奇，听不到丝毫的欢呼声，但每一个人都必须面对这种生活。

---

① 在美语俚语中“can”有“在……之后”之意。此处斯蒂勒的意思是，蒙哥马利的部队将无法突破卡昂一线。

刚开始时，我会挥手致意，但现在我只是微笑着点点头，十分威严。

8月21日

此刻有一个绝好的战机可以尽快夺取胜利。只要他们同意我用两个军在前一个军垫后，直扑梅斯（法国洛林大区首府）—南锡（洛林大区默尔特—摩泽尔省省会，巴黎正东300公里处）—埃皮纳勒（法国东北部城市，洛林大区孚日省省会）一线，10天之内我们就能到达德国边境。这里的公路铁路网十分发达，可以轻而易举地实现计划，只需3个军计3个装甲师和6个步兵师。那些瞎子们竟然没有意识到这些显而易见的事。

致比阿特里丝，1944年8月21日

今天我军快速突进了100公里，一举拿下桑斯、蒙特罗（塞纳—马恩省的一个城镇，位于法国中北部）和默伦，以至于敌人都没来得及把桥炸断……

我现在准备停下来，读一会《圣经》寻求主的支持。明天他们要开会讨论我军的下一步行动。

8月22日

瑞典驻巴黎领事的哥哥，一个叫拉尔夫·诺丁的人[①]带着一份意见书在几个巴黎民政官的陪同下来到我的营地。我立刻意识到他们是想传达德军投降的意图。但事实上，他们只想终止敌对行动以保住巴黎，或许想保住的还有那里的德国人。我把他们送到布莱德利那里。

---

① 拉尔夫·诺丁，瑞典驻巴黎领事的哥哥。他要求盟军在德军摧毁巴黎前解放此城。

巴顿计划让部队穿过洛林地区，成为全军首支到达莱茵河的部队。他写道："朱安来我这里说了一大堆赞扬的话，说我的勇气堪比拿破仑。在他看来，齐格菲防线最薄弱的环节就在南锡缺口。我独自研究地图得出了与他相同的看法。如果你能找到多条有用的公路，进军会顺利得多。我对敌军的防守情况毫无兴趣，因为我相信美军有能力突破任何一条防线……

"为了能够有效地向东推进，我需要增加两个师的兵力。我得去一趟布莱德利那里，因为我可不想只用 4 个师向东进军。

"他告诉我我军得向北而非向东进发。我准备让第 20 军从默伦和蒙特罗出发，第 12 军从桑斯出发，这是最快的进军办法。我们先向博韦（法国皮卡地大区瓦兹省首府）进军，第 15 军可以事先轻松攻下博韦，然后在芒特渡过塞纳河，为英军和加拿大军队打开渡河通道。这样，补给可以在芒特运过河，比目前减少 50% 的人力运输。

"这是迄今为止我想到的最绝妙的主意，我把计划发给了艾伦。如果布莱德利同意，那么他发给我的电报是'计划 A'。"

这个与阿让唐行动有异曲同工之妙的计划主要目的就是向博韦进发，切断德军退路将其彻底包围。但这个计划的前提是英军同意美军借用他们的主要行军道路进军，蒙哥马利显然不会支持巴顿的决定。巴顿写道："我不明白蒙蒂为何坚持要把 4 个军留在加来，然后朝布列塔尼进发，坦克在那里几乎毫无用处（当地水网发达），到了冬天情况也不会有丝毫改观。不幸的是他总是有办法说服艾克同意他的观点。

"我告诉布莱德利，如果他们不同意向东进军的话，他、霍奇斯和我就提出辞职，这样艾克很可能会批准计划，但布莱德利不这样看，他认为我们应该留在战斗岗位上。因为如果提出辞职的话，艾克很有可能会批准。

"我觉得他一定有别的想法。我想，如果我们和艾克开诚布公地谈谈，他不敢解除我们的指挥权。"

巴顿此时提出的计划也正是盟军高层面临的问题：下一步该往哪打？事实

上，由于美英两军的战略目的不同，8 月 19 日盟军高层就产生了意见分歧。蒙哥马利倾向于集中兵力线形推进，占领塞纳河、北加来、德军 V1V2 火箭发射阵地以及芒什海峡和北海的港口，之后再朝德国本土进发，让英军成为首支抵达莱茵河的部队。艾森豪威尔则准备用宽大战线尽可能地消耗德军的有生力量。最终决定：英加部队经比利时一路进攻安特卫普港、荷兰、莱茵兰（指德国西部莱茵河两岸的土地）和威斯特法伦（即北莱茵—威斯特法伦州，简称北威州，位于德国西部，是德国人口最多的联邦州）；巴顿的第 3 集团军朝洛林快速进军，直至萨尔州（德国西南部的一个州，与普法尔茨、法国洛林区接壤）和普法尔茨州（德国的一个州，位于西南部莱茵河中游）。

8 月 24 日

BBC 在今天早晨广播：巴顿的第 3 集团军解放了巴黎。这个富有想象力的报道很快就会被人揭穿，但不会有人在意。[1]

8 月 25 日

布莱德利打电话给我，让我 11 点去沙特尔他的司令部见他。教堂[2]没有受到战争的破坏，很漂亮。人们卸下了所有的窗户，这样采光会好很多。我祈祷我军能乘胜追击。

霍奇斯已经在司令部了，我们收到了最新指示：第 1 集团军将带领 9 个师在第 3 集团军占领的默伦和芒特渡过塞纳河。霍奇斯的部队将前往里尔方向。第 3 集团军将带领 7 个师向梅斯 - 斯特拉斯堡（法国东部城市，阿尔萨斯大区首府）一线前进。这正是我建议的进军路线。

---

① BBC 过早地发布了巴黎被解放的消息。事实上，8 月 25 日，法第 2 装甲师在美第 4 步兵师的支援下才攻克巴黎。

② 司令部设于教堂。

8月26日

我们经过内穆尔（法国塞纳-马恩省的一个镇）后从蒙特罗出发，到了欧文的第5步兵师司令部。他们干得很漂亮，锐气正盛。我表扬了他们，并给欧文的几个下属颁发了勋章。

回到第20军后，我们同第3装甲师一道在默伦从浮桥上渡过塞纳河，第3师的士兵们向我欢呼。之后，到了第7装甲师司令部。我非常严厉地告诉西尔维斯特（第7装甲师师长），我对该师的现状及进展都很不满意，他最好尽快扭转这一局面。

接下来，我赶到第12军司令部，并在桑斯至特鲁瓦（法国奥布省首府）的公路上找到了埃迪[①]。当时伍德报告第4装甲师刚刚攻克了特鲁瓦。

今天应该把第80步兵师调拨到第12军，让他们执行新的命令。埃迪问我何时行动，我回答他28日0时。他显然还没有适应我的节奏，看起来有些吃惊。

回到我的司令部后，得知有一批红十字会的年轻姑娘到了我们这里。[②]

致儿子，乔治，1944年8月28日

……目前，我遇到的主要的问题不是德国人而是汽油补给。如果我有足够的燃料，我可以去任何我想去的地方。

致比阿特里丝，8月28日

我们夜里会前进到一个有大教堂的城市。目前，我军前后距离足

---

① 曼顿·埃迪接替库克成为第12军军长。巴顿习惯让他的师长不停地带队进攻，如果进攻不利或师长认为部队损失过大，巴顿就将其撤换。

② 巴顿的侄女简·戈登也在其中。

足有 650 公里。我的部队还从未分布在如此宽阔的距离上，简直不可思议。

8 月 28 日

布莱德利 10 点 30 分到我这里。我费了好大劲几乎是乞求他允许我军前进到默兹一线。我受够了这样的日子。

8 月 29 日

我告诉埃迪让他明日凌晨进攻科迈斯（法国默兹省的一个市镇），并把盖伊派到沃克那里，让他进攻凡尔登。

当我在第 12 军司令部时，我得到报告，不知出于何种原因，本该运到的 14 万加仑汽油还没运到。也许有人想用这种方式间接告诉我不得再继续前进，我不敢肯定。明天早上我要去见布莱德利，把这件事问清楚。只能用无线电联系是个大问题，这有可能被敌军窃听。如果敌人在监听的话，我就不能提起我军油料短缺的事。[①]

8 月 30 日

在沙特尔见到了布莱德利、布尔（艾森豪威尔的作战部长）和利文·艾伦。我坚持自己的看法，即：迅速朝东前进，在德军尚未在齐格菲防线集结完毕之前，对其展开进攻。布莱德利支持我的计划，但我猜想布尔和艾森豪威尔的其他参谋不会同意。他们会让蒙哥马利对艾克施压，让后者同意北线计划。这显然是一个严重的错误，若干年后历史学家会对其进行严厉地批判。英国人可以继续进军了，为了保

---

① 艾森豪威尔对美英间的燃油分配做了新的方案：保障芒什海峡沿岸安全的英军优先获得燃油，因为德军从芒什沿岸向伦敦发射 V1 火箭。这个决定是出于政治考虑，因为巴顿的部队已经表现出具备可以快速攻到莱茵河的能力。

证他们能得到足够的汽油，就放弃了对我军的补给。此外，我们还得保障巴黎人的生活所需。[①]

回到司令部才知道在我不在场的情况下加菲批准埃迪的部队在圣迪济耶（香槟-阿登大区上马恩省的一座城市）停止前进，因为后者告诉加菲，如果前进到科迈斯，部队的汽油将告罄。我立刻告诉加菲，必须继续前进，汽油用完了就步行前进，我们必须渡过默兹河才会成功的。上一次战役中，我把四分之三坦克的汽油抽出来，为了让剩下四分之一的坦克可以继续前进。埃迪也必须这样做。

停止进军是不可容忍的，即使是停在默兹河畔。我们有能力穿过莱茵河抵达沃尔姆斯（德国莱茵兰-普法尔茨州东南部的一座直辖市，位于莱茵河的西岸）一带。我们行动越迅速，伤亡和补给需求就越少。没有人能够像我一样做到“不浪费每一分钟”，很快我就能找到这样或那样的方法继续前进。

致比阿特里丝，1944 年 8 月 30 日

我到了默兹河的一个河湾处，我们很快就会越过这条河……

我军每前进一米都是用血与火换来的。但阻挡我前进的并非德军，而是“他们”……

没有人能够像我一样迅猛地攻击，但他们正在效仿我。目前，步兵正搭乘坦克、大炮和一切能动的东西前进，这看起来不太优雅，但很实用。看看地图吧，只要能设法弄到些汽油，我就能赢得战争。我们不得不让一个黑人运输队[②]从一个精心设计的事故中弄了点汽油给

---

① 巴顿接到命令，为保障巴黎人的日常生活，必须储备 3000 吨的生活物资。

② 直到二次大战结束，美军才解除了种族隔离制度。黑人被认为是下等兵，优先被分配到辎重部队。尽管巴顿的第 768 坦克营成员是黑人，但仍不能掩盖这种制度，该营绰号“黑豹”。巴顿写道：“就我个人而言他们是优秀的士兵，但我始终认为有色人种在坦克战中的反应还是不够快。”

我。我们还从德国人那里缴获了大约四千吨汽油，油品不好，但足够让坦克运转起来。

我们现在在桑斯东北边的第9指挥所。树上结满了桑葚，我直到吃不动了才停嘴。我准备明天去布雷斯，加快那边的进度。那里离我这超过了650公里，幸好我有一架不错的飞机。

巴顿和布莱德利飞往布列塔尼，督促从8月7日就已经开始了的布雷斯特围城战。8月25日，米德尔顿再次率领第8军向筑有大量防御工事的布雷斯特发起攻击，与德军著名的“绿魔鬼”空降兵师发生激战。1944年9月19日，德军将领雷姆克向美军投降，布雷斯特解放。巴顿不理解为何一定要攻下这个没有用处的港市，但对布莱德利而言，“需要树立美军攻无不克的形象”。

巴顿和布莱德利准备用刚刚赶到战场的第94步兵师代替第6装甲师持续对洛里昂包围圈施加压力；后者将被调往第3集团军司令部所在地特鲁瓦。巴顿写道：“布莱德利命令我们向东进发，但他却未能说服艾森豪威尔。在战斗的最后一刻指挥美军的一定又是蒙哥马利，而我们只能尽力地祈求上天保佑。”

9月1日，艾森豪威尔统领盟军地面部队，晋升为陆军元帅的蒙哥马利指挥英加军队。

9月1日

8点，我们通过广播得知艾克认为蒙蒂是世界上最伟大的战士，并晋升他为陆军元帅。我飞回司令部，用了一天的时间仔细阅读了官方报道。

致比阿特里丝，1944年9月1日

我不禁由衷地赞叹第3集团军攻克的领土面积之大。这多亏了我，完全是我一个人的功劳……

他们全都泄了气，但一看到我来，又振作起来。

蒙哥马利晋升元帅让我们不好受，我指的我们是布莱德利和我。

一时之间蒙哥马利成了风云人物，这让巴顿感到十分郁闷。毕竟，在诺曼底登陆后他率领第 3 集团军撕裂科唐坦半岛[①]，接着作为法莱斯包围战的南翼部队攻占阿让唐，后又挥师塞纳河和默兹河；他还曾是报纸头条，被法国人和他手下的部队仰视。在他看来，优先向英军其次向美第 1 集团军供应汽油导致他的部队燃油匮乏，致使他不能尽快地结束战争。虽然愤恨不已，但巴顿还是带着他的坦克起程，并将再次体会敌军的顽强。在洛林地区，德军将不惜一切代价阻止美军攻向本土。

① 法国西北岸半岛，位处下诺曼底大区芒什省，北邻英吉利海峡。

第三十五章　洛林陷阱

自1944年夏起，德军在东西两线节节败退，第三帝国的灭亡已只是时间问题。

东线，继巴格拉基昂行动[①]之后，苏联在涅曼河（发源于白俄罗斯明斯克西南部流经立陶宛和俄罗斯，最后注入波罗的海）-纳雷夫河（中欧的河流，流经白俄罗斯西部和波兰东北部）-维斯杜拉河（波兰境内最长的河流）一线再次向德军发起猛攻，苏联红军已兵临东普鲁士。苏德战场南线，苏军发起一系列进攻，解放罗马尼亚并控制了那里丰富的石油资源。[②]保加利亚和南斯拉夫改旗易帜，加入苏联阵营。北线，筋疲力尽的芬兰准备与莫斯科签订停战协议（1944年9月19日停战），德国北部军群即将被困在斯堪的纳维亚半岛。德国的仆从国分崩离析，部队被苏联消耗、歼灭。

西线，法莱斯包围战后，德B集团军向东溃散。在法国南部，美第7集团军和法第1军为了与巴顿的第3集团军会合一路向北挺近，但里昂直至9月3日才被攻克。在巴顿看来形势并不乐观，由于严重缺乏汽油并且补给线过

---

① 德军在巴格拉基昂行动中损失35万人。戈培尔在日记中写道，这是德国历史上从未经历过的失败。

② 斯大林格勒战役后重建的第6集团军在罗马尼亚再次遭到灭顶之灾，16个师被歼灭或投降。

长，部队不得不于9月初停滞在默兹河、齐格菲防线、孚日山脉（位于法国东北部、莱茵河西岸）和莱茵河[1]，而且天气提前转凉，大雨不停。当时盟军很多人都认为战争会在1944年结束，但秋天临近部队迟迟不能攻入德国本土，使士气大幅下滑。

在此背景下，艾森豪威尔于9月2日召集布莱德利、霍奇斯和巴顿在第12集团军司令部点商量下一步的行动，会议的主要目的是肃清加来地区的德军，以支援蒙哥马利的行动。后者已经占领了德军的V1火箭发射场，正朝安特卫普前进。无法忍受一切都围绕着英国人转的巴顿为了吸引艾森豪威尔的注意，向后者旁敲侧击地说道，他的巡逻队已经到了摩泽尔河（源于法国孚日山脉，向西流入德国与莱茵河汇合），就在梅斯和南锡不远处。事实上，巴顿在洛林地区部署了3个军：沃克的第20军目标梅斯；埃迪的第12军目标南锡；海斯利普的第15军目标吕内维尔（法国洛林大区默尔特-摩泽尔省的一个市镇）。

9月2日

我们终于说服他，加来地区的情况一稳定下来，他就同意第1集团军的第5军和第3集团军一起攻击齐格菲防线。在此之前，我们无法得到足够的燃料和食物以发起新一轮的进攻。

他还在继续谈论未来在德国的大型战役，而我们告诉他，如果能立刻进军的话，德国人将会无兵可用。如果现在停滞不前，德国战场将是炼狱。

只要一有汽油，我就越过摩泽尔河冲向齐格菲防线。艾克过分的谨慎完全是因为他从未在前线指挥过部队，也根本不了解战争的本质。布莱德利、霍奇斯和我都赞成应该快速进军。

---

① 当时，部队补给从瑟堡运往法德前线，两地相距650公里。

他甚至没有向我们中的任何一个人所做的任何一件事表示感谢和祝贺。

9月3日

我们将用“石头汤”的办法，越过梅斯和南锡。为此我向部队下了命令……

这里必须要解释一下“石头汤”：一个乞丐来到一户住家的门口，向他们要一些开水做石头汤。出于好奇，那家的主妇给了他一锅开水。乞丐往水里小心翼翼地放了两颗光滑的石头。接着他又要了一些土豆和胡萝卜放到汤里调味，最后又放了块肉。这就是石头汤。换言之，进攻前我们得佯装侦察，接着加强侦察力量，最后发起进攻，这就是繁琐的作战方式。

致比阿特里丝，1944年9月3日

我军已经开始侦察。但该死的，只能偷偷摸摸地作战。

艾森豪威尔就喜欢这样的打法，他还搬出克劳塞维兹来证明自己的观点，但克劳塞维兹指挥的部队还不到我的四分之一。布莱德利和霍奇斯跟我一样苦恼。

艾森豪威尔让部队在摩泽尔河一线停止前进的命令让部分美军将领感到不满，其中就包括巴顿和布莱德利。巴顿不明白为何时至今日仍然要配合英军行动。9月3日，他碰到布莱德利，后者同意把第1集团军的汽油补给分一半给巴顿，另外又给第3集团军调拨了4个师。为了向布莱德利展示自己的军队战无不胜，巴顿命令包围布雷斯特的部队向城内持续高强度炮击，但由于弹药消耗过快，以至于从9月10日起，部队每日的炮击量下降到日常的三分之一。

9月3日，第3集团军情报处的科赫上校向巴顿报告：“敌军在前线已完成部队集结，并掌握了战役主动权……德军将会顽强抵抗，直至战死或被俘。目前，德军还在从其他战区调集部队防御第3集团军正面。”

9月5日，巴顿命令第20军进攻梅斯，后快速向美因茨（德国莱茵兰-普法尔茨州首府）进发，在莱茵河建立桥头堡；命令第12军进攻南锡，在第15军一部赶到前保护集团军侧翼，之后向西北方向前进夺取曼海姆（德国巴登-符腾堡州第二大城市），在莱茵河建立桥头堡；命令第15军保护集团军侧翼，并向卡尔斯鲁厄（德国巴登-符腾堡州的城市）前进，在莱茵河建立桥头堡；命令第6装甲师作为战略预备队待命。

9月5日，第12军前进到蓬阿穆松（法国默尔特-摩泽尔省的一个市镇）。巴顿原本希望第12军各部队可以在空旷的田野上“展开进军比赛”，未料部队遭遇阻击，被德第80步兵师和第3装甲师击退，美军300名军官和士兵阵亡。巴顿写道：“这完全是因为最高指挥官愚蠢的决定，非要让第3集团军待命，直至英军彻底控制加来。一个大错特错的决定。”

9月7日，第20军向摩泽尔河发起进攻，但德SS第13军顶住了攻击并发起数次反击。

9月8日，美军终于在摩泽尔河勉强建立桥头堡。

9月11日，隶属于第12军的伍德的第4装甲师在南锡以南越过摩泽尔河。

9月8日

伍德的司令部离前线非常近……看到一个将军身临一线时刻准备战斗，让我备受鼓舞。

这里的人对德国抱有好感，他们看到我军没有一点热情。我告诉布莱德利让他把第83步兵师和第6装甲师派过来，卢瓦尔河不需要太多防守，我们的补给线没有一条经过那里。如果德国人疯了朝那里进攻，他们也只能徒步前进。把两个师放在那里没有任何意义，而由于缺少这两个师，我军在图勒以南很吃紧。但布莱德利认为这样做太冒险，一旦出问题后果很严重。

如果天气允许，明天上午我就飞去见布莱德利。

9月9日

8点45分到第12集团军司令部。幸亏昨天晚上给布莱德利打了电话，我终于说服他把第83和第6师从布列塔尼调过来。他准备飞到布雷斯特看看有没有好办法拿下该城，并和邓普西谈谈。

致比阿特里丝，1944年9月10日

为了能让部队继续前进我急得像热锅上的蚂蚁。只要一停下来，我们的人就会犹豫不决，而德军趁机加强防御。稍后我会写本书，书名就叫《停止前进只会对德军有利》。

9月11日

第12军在南锡以南打了一场恶仗。

他们丢了桥头堡并损失了一个营，但随后又在另一块地方建立了桥头堡……

法第2装甲师一部在第戎西北25公里处和第7集团军的法第1装甲师一部取得了联系……

似乎又有一项新计划在酝酿中，准备给第1集团军更多物资。我真心希望那些人不要再做什么计划，也不要再更改原先的方案了，尤其是当他们准备损害我的利益时。第83步兵师可能会被派往别处；第6装甲师也不能按时到这里，他们要押送在奥尔良以南投降的两万德军，保护他们不被“法国内地军”[①]袭击。

---

① 法国地下抵抗组织。

……无论如何，我都会找到前进的办法。

我们得飞往第12军司令部开会，讨论这些问题。

9月12日

他（指艾森豪威尔）听信花言巧语，认为我军有足够的补给可以前进到并越过莱茵河。

巴顿希望继续向东前进，但他和他的手下发现德军正在逐渐恢复。诺曼底战事结束后，第3集团军在洛林地区的短暂停滞给精神上还未被击垮的德军以喘息之机。

英军方面，蒙哥马利再次提出要重新讨论艾森豪威尔的行动方案。英军准备攻取鲁尔后进军柏林，他们认为几星期内就可以兵临柏林。巴顿写道："蒙蒂再次企图进攻荷兰和鲁尔。如果他成功了，我只能在摩泽尔河以西扮演可怜的防御角色，至多让第20军前进到卢森堡。我说服布莱德利同意我军继续进攻至14日夜，如果届时我军未能有效地建立桥头堡，我就如蒙哥马利所愿接受北线方案。

"14点30分回到司令部，霍奇斯将军给我带来了一把0.38口径的珍珠柄柯尔特手枪。"

9月14日，南锡的外层防御圈被美军攻克。翌日，美军坦克开进城。巴顿让第4装甲师进攻萨尔格米纳（法国摩泽尔省的一个市镇），但后者承担着防御威胁第12军侧翼的德第5装甲军的任务。该军的军长哈索·冯·曼陀菲尔曾担任大名鼎鼎的大德意志师师长。9月19—29日在阿尔拉库尔（法国默尔特-摩泽尔省的一个市镇）一带，美第4装甲师与下辖第21装甲师、第15装甲掷弹兵师和若干个装甲旅的德第5装甲军展开激战。按希特勒的命令，这些部队由若干个坦克营和机械化步兵师组成，并配备了由防空坦克保护的豹式V型坦克以及装备了高射炮的装甲车辆。

德军趁大雾天气发起进攻，遭到美谢尔曼坦克和 M18 地狱猫式坦克歼击车的还击。虽然浓雾使德军免受空军轰炸，但近战也让德军坦克无法发挥长处。得益于先进的光学系统和 75 毫米主炮，德坦克的射程比美军远。

自 9 月 22 日起，美第 4 装甲师以 19 辆谢尔曼、7 辆 M5 和 8 辆 M18 的代价击毁了 79 辆德军坦克。曼陀菲尔向集团军司令部报告：有鉴于美第 3 集团军的强大实力，我军已无法实现预定目标。

致比阿特里丝，1944 年 9 月 15 日

为了渡过摩泽尔河，我们整整打了一星期，进展缓慢。如果当初他们没有强迫我们停止前进，我们早已渡过该河。

9 月 15 日

蒙蒂随心所欲，而艾克总是"遵命，先生"。蒙蒂要求把所有补给运往他的部队和美第 1 集团军，让我继续在此防守。布莱德利认为第 3 集团军有能力也应该继续前进。布莱德利告诉艾克，如果按蒙蒂的要求把第 1 集团军的第 19 军和第 7 军调拨给英军指挥，他就辞职……艾克意识到我们发现被他抛弃了，但他认为这样做也没什么，因为即使蒙蒂不再受他约束，我们还得听从他的指挥。

北线，第 20 军在梅斯城下止步不前。德军在梅斯修建了大量的要塞，并在要塞前设置雷区和有效的障碍物，并部署了国民掷弹兵师、武装亲卫队、第 17 装甲掷弹兵师和狂热的希特勒青年团。巴顿写道："我去看了沃克，我问他为何迟迟攻不下此城。他其实很清楚答案，但却说担心梅斯西面的要塞。我真想把梅斯彻底炸烂。"事实上，巴顿把防御工事的地图给了沃克，但后者并未仔细研究。自 9 月 8 日起，沃克派第 5 步兵师投入一系列激烈的战斗，但毫无进展。整整一星期，美军在梅斯四处碰壁，后又丢了桥头堡，接着再被德军反扑。梅斯后来成为巴顿的噩梦。

致比阿特里丝，1944年9月16日

运气和主的保佑还在我身边。昨天，我把第15军派往埃皮纳勒，他们干掉了一支德国部队并消灭了60辆坦克。在一个德国士兵的尸体上，我们搜到了德军今天准备攻击埃迪侧翼的命令。我估计这支部队当时正在赶往预定地点的路上。

只要雨一停，我就能更快速地进军。路面泥泞不堪，我们不得不把坦克吊到路肩上。

我祈求上天能让我军优先得到补给，但希望落空了。已经两天了，我们只有战利品维持部队的消耗：20万磅的牛肉罐头、400吨汽油……与其他部队相比我军的补给少得可怜，与之相对应的是我军对补给的消耗之巨。

我的心情从未像现在这样好。由于饮用水供给问题，我拿着香槟解渴。我们缴获了5万箱酒，我把它分给了各部队。

9月16日

十来个苏联人今天来访。为了避开他们我决定去前线，我给他们准备了一份什么都没有标明的地图。因为此前他们接待我方人员时，用的就是这种态度。

埃迪干得很好，但看起来有些憔悴。我建议他喝一两杯酒，早点休息。我希望他能一往无前，越过齐格菲防线。我向他指出新的战斗区域，并建议而非命令他：把各师编成一个纵队……在打开齐格菲防线的缺口后……迅速冲向莱茵河，趁德军还没来得及炸桥之前，在沃尔姆斯附近占领一座渡桥并建立桥头堡。

沃克对攻取梅斯越来越没信心了。我告诉他，如果几天之内他不

能拿下梅斯，我就把他的第 7 装甲师调给第 12 军，让第 12 军代替他的部队来攻取梅斯。这样说也许对他会有激励作用……

我们曾经设想过轰炸梅斯。目前有 12 组轻型轰炸机中队集中在这里，但由于天气原因，我们只好等到明天再视情况决定了。

致比阿特里丝，1944 年 9 月 17 日

报纸的报道很有意思，但我估计这段时间我上不了头条，因为我们前进得不够快。梅斯是块难啃的硬骨头，而且天气也不好，我们无法使用轰炸机。但我知道，敌人和我们一样艰难，也许他们更严重，因为他们的武器装备不行。

9 月 17 日

一整天都在下雨……

我把加菲派到第 12 军，让他们试着对齐格菲防线发起攻击。得到 19 日上午才能准备就绪，很迟，但我们无法提前。也许我会跟随第 4 装甲师在 19 日发起进攻，因为个人的影响应该会鼓舞整个部队。

布莱德利打来电话说，蒙哥马利让所有的美军都停止前进，这样他——蒙蒂就可以带领第 21 集团军像一把尖刀插入德国的心脏。但在布莱德利看来，这把刀更像是一把"黄油刀"。该死的蒙蒂。为了避免这种情况出现，我希望我军能够尽快行动。我告诉布莱德利，在 19 日夜前，不要再打电话来了，他表示同意。

为了强渡莱茵河在 11 月结束欧洲战场，蒙哥马利策划了一场大胆的行动：市场花园行动[1]。计划在奈梅亨（荷兰东部，靠近德国边陲的城市）- 埃因霍温（位于荷兰南部北布拉邦省的自治市）至阿纳姆（荷兰东部城市，海尔德兰省首府）的狭长地带空降 3 个师夺取莱茵河上的重要桥梁，接着第 30 军的坦克从比利时通过这些桥梁跨越莱茵河。9 月 20 日，艾森豪威尔命令蒙哥马利必须不惜一切代价夺取一直在德军控制下的埃斯科河（发源于法国，流经比利时，最终在荷兰注入北海）河口，否则安特卫普港毫无用处。接着，蒙哥马利可以在布莱德利和巴顿的支援下直插柏林，后两位的部队将在宽大的战线上扮演着牵制德军的角色。因此，便出现了巴顿在 9 月 17 日日记中提到的，蒙哥马利让其他部队停止前进。

9 月 20 日，巴顿向布莱德利报告要强攻齐格菲防线，他认为“局势很紧张，但我们会赢也必须赢”。

9 月 21 日

今天，情况有所好转……

德弗斯[2]想从第 3 集团军调走大批部队强化他的第 6 军。因此今天上午我飞到巴黎和艾克商谈此事。艾克讨厌这个人，他很热情，并留我吃午饭。我想这趟我算来对了。我刚到，德弗斯和帕奇就到了，但他们被要求等到 14 点才能见艾克。接着我们开了个会，会上没有再提及从第 3 集团军调部队的事。我找机会和比德尔 · 史密斯聊了聊，对他说如果再有人提起调部队的事，希望他能帮我说几句好话。

较之敌人，更应该提防自己的朋友。

我刚刚召集了 3 个军，他们干得很棒。艾克坚持至少目前坚持由

---

① 9 月 17 日展开行动。蒙哥马利自称行动达成了 90% 的预定目标。但事实上，此次行动只完成了 50% 的计划，并付出了 12000 人伤亡的代价。被称为“远方大桥”的阿纳姆桥仍在德军控制下。

② 德弗斯指挥第 6 军在普罗旺斯进行龙骑兵行动。

英军和第1集团军北翼担任主攻部队。然而，他小声地提起对蒙哥马利的各种不满，并称他为“狗娘养的”。我还从没见过艾克这样，这真让人振奋。

致比阿特里丝，1944年9月21日

这三天以来，我们一直在打仗，其强度是我以前从未见过的。德国佬还在做困兽之斗。

我们丢了一两块阵地，但很快就重新夺了回来。

我们干掉了一百多辆坦克，打死了上万敌军……

我军还有一处比较薄弱的地方，但我不认为德国佬知道，明天晚上，那个缺口就会被填上。此刻，吉米·波尔克正带着上帝的保佑和大量的炮兵驻防在那里。

9月15至17日，巴顿发动两个团强攻梅斯，但依旧失败。连日的大雨让他开始逐渐沮丧。但对他打击最大的是布莱德利通知他，艾森豪威尔刚刚下令第1、3集团军停止行动。埃斯科河河口仍在德军控制下，为此，蒙哥马利的第21集团军将再次优先获得补给。

第三十六章　摩泽尔河

9月25日，巴顿召开战地记者会。采访中，他表现得心情愉悦，表示要重建部队钢铁般的意志并再次发起进攻。

巴顿：我一直以为“我们得身披黑袍像在法庭上辩论一样”开会。

提问：第3集团军什么时候可以再次行动？

巴顿：在得到补给之后……缓慢的进军毫无意义，而目前我们无法快速进军，因为我们没有必需的补给。我们再打五天恶仗之后，就只剩下几个硬钉子了。

提问：指的是梅斯么？

巴顿：那是最硬的一个。但如果我们能获得必要的补给并且有三天的好天气，我们就能拿下这座城。事实上，在没有一切就绪之前，我不会派自己的士兵去送死。

提问：当我军攻击齐格菲防线时，能否还像以往那样迅速、顺利？

巴顿：我们会像大便通过野鹅肚子那样迅速地穿过齐格菲防线

提问：你认为德军在莱茵河的防御出色吗？

巴顿：如果只考虑到莱茵河这个小河沟水流湍急的话，他们的防御还算过得去。

提问：第1集团军的情况更乐观吗?

巴顿：显然是的。见鬼，你们怎么知道那群狗娘养的在继续前进?但不要把这句话传给他们听。

提问：梅斯是不是比齐格菲防线难打?

巴顿：是的，那里的防御工事更坚固。从路易十六起，那里就已经开始建造要塞了。我军的105毫米炮甚至擦不破它的皮。

提问：你是否已经收到了补给?

巴顿：是的，但显然杯水车薪。

提问：历史上，梅斯是否被占领过?

巴顿：一次都没有。如果我没记错的话，从1871年起，就没人敢打梅斯的主意了。

提问：你是否听说了德军的秘密武器?

巴顿：那只是他们的宣传而已。

提问：我军是如何进行宣传的?

巴顿：我们每天空投5到6个批次的宣传单，由心理战部门编写。具体内容我就不清楚了。

提问：效果如何?

巴顿：我觉得没什么效果。

提问：补给情况的改善是否意味着我军可以发起小规模的进攻或是更好的防守?

巴顿：一直以来，我都在努力避免部队出现防御态势，因为这不是积极的作战方式。最好的防守就是进攻，最好的进攻是继续进攻。在钱斯勒斯维尔有人问李将军为何他面对三倍于己的敌人时会发起进攻，他回答道，因为我们人太少了，守不住。

提问：盟军进入德国本土后，纳粹是否会转入地下?

巴顿：地下6英尺……

在西点，人们曾经指责一名学员浪费卫生纸。他回答道，除非把这些纸正反两面都用上，否则没法再节省了……最后，先生们，请不要拿我说的这些话来攻击我。

与采访时表现出的乐观、幽默相反，现实中的巴顿对局势表现出的更多的是沮丧。他在南锡召集各军军长布置防御计划①，同时命令各部队进行小规模的进攻，目的是让部队保持进攻的精神。

9月25日

如果不得不防守的话②，我准备对前线做些调整，并且让部队始终保持进攻姿态，这样不至于在最终发起进攻时，我们的士兵都成了和平主义者。

从9月25日起，巴顿利用闲暇之机故地重游他在一战时曾经战斗过的村镇。按马歇尔的命令，巴顿前往贡德雷库尔（法国默兹省的一个市镇），后赶往肖蒙——30年前，他作为潘兴手下的一名将军曾在此战斗。在给比阿特里丝的信中，巴顿写道："我们都很享受这片刻的休整。不是德军阻止我们前进，而是整个战略的要求。不要担心我们。"接着，他前往朗格勒："由于时间紧迫我们未做停留，继续赶往布尔格。在路上我遇见的第一个人站在一堆肥料上，他正是1918年站在同一个地方的那个人。我问他一战时他是否就在这里。他回答道：'是的，巴顿将军，那时你也在这里，还只是一名上校。'"这一充满回忆的片段让巴顿内心充满温暖，但很快，现实开始无情地鞭打巴顿。

9月27日，盟军高级将领在司令部开会。巴顿记录道："美军战略航空兵

---

① 9月25日，布莱德利命令第3集团军继续采取守势。

② 巴顿认为战壕和散兵坑会损害部队的战斗意志和士气，是部队的陷阱。因此每当他采取守势时，都命令部队架铁丝网、埋地雷。

司令斯帕茨表示他完全站在第3集团军这一边，我现在有了整个空军的支持。和以往一样，霍奇斯对坐在李[①]这个彻头彻尾的骗子旁边一起开会感到恶心。”

巴顿之所以在日记中这样记录李，是因为他认为“总有一天应该把这些丑闻公诸于世”。二战中，李没有意识到负责运输补给的人数不够。巴顿在日记中写道：“我不得不派出8至12个步兵营去干那些脏活（指搬运物资），并调集新分配到各师的卡车运输补给。我不明白艾森豪威尔为什么还没有把他清除出去。”[②]

同一天晚些时候，巴顿从布莱德利嘴里得知海斯利普的第15军将被调往德弗斯处。对巴顿而言，这才是真正的打击。他愤恨地写道：“上帝是要把我的肠子拿出来烤啊，但我还是应该对上帝和我的命运有信心。”

第15军被调走、军需品和汽油的补给问题、胶着的前线、由于寒冷和大雨以及泥浆而动弹不得的部队、顽强的敌人，所有这一切都使巴顿感到沮丧。在给妻子的信中，他倾诉着自己的愁苦：“我试着把自己灌醉，但这没有用。如果你在这里，我会趴在你的肩膀上哭。威利无法分担我的痛苦。我甚至在想诸神是否已经抛弃了我。然后我想起当年打胜仗的日子，那时我独自在战场上战斗，还没有威利在身边。我当时命令两个过于前突的军官停止前进，我当时感觉很好。”

为了排解心中的苦闷感受战场的硝烟，巴顿赶到前线。一次，在路上看到一名军官错误地调整机枪高度时，他埋怨道：“我始终不理解为什么会有一群这么蠢的军官。”随后，他的汽车遭到德军的炮击，一颗德国炮弹落在离他的吉普车不远处，另一颗更近，落在离车几米远处。他豁达地写道：“幸好那是一颗哑弹，否则就没人记录战场的一切了。”

---

① 约翰·C·H·李负责欧洲各战场的补给，被认为是二号艾森豪威尔。

② 李被各部队垢病，他被认为在补给问题上独断专行。但巴顿不喜欢李的原因也许是因为后者是少数认为应该取消军队中种族隔离制度的人之一，他建议在急需兵源的白人部队中大量招聘黑人。

但在他内心深处仍然对15军的离去无法释怀："德弗斯这个骗子，他肯定是用花言巧语哄骗艾森豪威尔弄到了第15军。"

9月25日，焦急的埃迪给巴顿打电话说，第35步兵师被德第11装甲师攻击，情况危急。巴顿命令他把第6装甲师派往前线，但埃迪担心第6师会遭受损失。巴顿写道："看啊，一个多么光明正大的理由，可以让他们立于不败之地。"随后，巴顿决定将第6师的一个作战指挥部调往第12军。

从日记中我们得知，巴顿会见了艾森豪威尔和布莱德利。"艾克头脑清楚地分析了局势，他承诺我们一定会收到足量的补给，以便发起大规模进攻。"随后巴顿向在场的各师军官及两个军的参谋长布置新的作战计划。他写道："我们收到补给后就发起局部进攻。在我看来，德国人需要梅斯和南锡。现在他们占据着梅斯，因此他们会不惜一切代价复夺南锡。因为就如同我在夺取南锡时注意到该城的重要性一样，他们也十分清楚南锡特别是萨林斯堡是进入德国的门户……他们很快就会不停地进攻南锡，并死在那里。"

巴顿对德军战略意图判断得很准，因为后者已经开始渗透第12军的防线。埃迪命令第35步兵师后撤，依托塞耶河（法国的河流，位于洛林大区，属于摩泽尔河的右支流）防守。9月30日，加菲在第12军司令部通过电话向巴顿详细汇报了越来越危急的战局。后者飞往南锡命令部队不得后撤。巴顿认为作为预备队的第6装甲师完全可以让埃迪击退德军，他写道："我很生气。为什么他没有这么做，我不理解。"

巴顿召集埃迪、第35步兵师师长巴德和第6装甲师师长格罗训话，他说："你们让我失望。"接着，他命令第6装甲师于翌日或当天晚上发起进攻，并表示，所有撤退的军官必须身先士卒发动反攻以将功补过。他进一步说道："面对德国人，不要再后退一步。"最后，巴顿命令沃克让第90步兵师的两个团待命，以备第35师出现不支的情况，并说道："这很有可能。"

巴顿计划让第6装甲师的两个战斗群支援第35步兵师，目标是复夺格雷梅塞森林东边和北边的村落，包围森林后再让第6装甲师的两个战斗群撤出战场。

9 月 30 日

埃迪承担了此前撤退的所有责任。我不明白他是如何完成这种思想转变的，他总是畏首畏尾。现在军官们正在司令部讨论进攻事宜。我应该把埃迪撤掉，但一时没有合适的人选，也许第 2 装甲师的哈蒙能胜任。今天下午，加菲、格罗和埃迪差点被德军炮弹炸死，加菲的副官和格罗都受了伤。这件事很可能动摇了他们的意志，而他们还没有意识到。

训斥完他们后，我对他们说了我曾经在西西里对特拉斯科特说的话："现在我要回去睡了，因为我对你们完全有信心。"我感觉到我的话起了作用。如果我待在那里，会让他们认为我对他们没有信心。我们应该时刻提醒自己德国人不是超人。

我在 10 月 1 号的 0 点 10 分打电话给第 12 军参谋长，他睡了，这说明一切已经就绪。

10 月 1 日，美军发起进攻。在格罗看来"这是一次团队合作的典范"。第 6 师的两个战斗群快速推进，一天之内就完成了预定目标。

虽然地雷和德 88 毫米大炮给美军造成了伤亡，但其中的一个战斗群还是在上午 10 时左右到达尚布里村庄，美军和德军在公路上展开激烈战斗。中午刚过，美军占领尚布里。

另一支战斗群也按计划抵达了雷梅塞森林，在此之前他们已经俘虏了大批德军。之后，他们向德军开火，但不幸的是与德军混战成一团的第 35 师也遭了殃。下午刚过，两个战斗群已经为第 35 师重建了防御阵线。晚间，步兵夺取了森林，德军在萨林斯堡建立新防线。10 月 2 日，美歼击轰炸机对德军的轰炸持续了一整天，第 6 师的两个战斗群分布在尚布里北面，第 35 师包围了萨林斯堡森林。此后，美德双方直至11月在这一区域没有再爆发大规模冲突。

10月1日

为巩固第35师的突出部，第6师于6时对萨林斯堡以西发起攻击，午时我军已取得压倒性优势……我军不再软弱无力。我们要做的就是猛烈反击。如果当时我同意埃迪后撤5公里——事实上他正准备这么做，德国人又会宣称他们打了一场大胜仗……

我又一次捍卫了自己的荣誉。

南锡的战况稳定下来后，巴顿将目光集中在了拦在进军道路上的梅斯。

10月2日，巴顿飞往南锡，前往刚刚被第6师两个战斗群和第35师攻下的树林。他给第35师的两名指挥官颁发青铜星勋章，之后又探访了伍德、格罗和在战斗中受伤的巴德，并给巴德颁发青铜星勋章。最后，他前往南锡战地医院慰问了200多个伤兵。他写道："我认为我干得很好。今天，部队的士气得到了提升。"

巴顿脑中挥之不去的还是夺取梅斯。为此，部队必须先攻取梅斯外围的德里阳防御工事。巴顿策划发动一轮新的进攻：在密集的空中轰炸后，第5步兵师在若干个炮兵营、一队坦克推土机（在坦克前部安装推土板）、两个坦克营和一队工程兵的协同下向阵地发起进攻。

10月3日，第5步兵师发起进攻。在炮兵密集的弹幕射击以及释放烟雾弹后，步兵发起突击，并成功突破德军第一道防线。但随后躲在碉堡和壕堑内的德军用他们著名的MG-42通用机枪给美军造成了大量伤亡。另外德军通过地道绕到已突破第一道防线但又准备撤退的美军身后进行分割包围。

致儿子，乔治，1944年10月4日

今天，我军对梅斯外围的其中一个要塞发动进攻，我们已经有两个装甲连冲了进去。但这还不够，因为大部分敌人都躲在水泥工事下的15米深处，要把他们赶出来绝非易事。我们已经在用通风软管往里面灌汽油然后点火。我想这样至少能让我们的人不会觉得脚底寒冷。

4日，美军为进入要塞中心再次发起进攻，并组织了若干个攻击波次的火焰喷射兵和爆破兵，但德军狙击手将其全部射杀。

5日，轮到德军反击，德炮兵轰炸了要塞四周的美军阵地。巴顿气急，对他的部队吼道："即使我军只剩一兵一卒也要彻底占领德里阳要塞。"6日7日，美军再次轮番进攻，但收效甚微。8日，美军一个连终于从坑道攻入要塞内部，但随后全部死于德MG-42和手榴弹之下。自交战伊始，美军已经有21名军官485名士兵或死或伤或失踪，巴顿开始动摇了。事实上，直到12月8日，德里阳要塞才被攻克!

10月7日

与马歇尔和布莱德利会面。

致比阿特里丝，1944年10月8日

马歇尔问我想要怎样。我回答他说，我希望能带领第3集团军和第19战术航空联队去中国战斗……

我亲临一线指挥战斗……我们动用了3个师展开进攻，就是要告诉德国人主动权在我们手里，可以看见坦克在变换队形，以及步兵的行动。前方的3个镇子火光冲天，其中一个冒着黄色的火焰，足有2000英尺高，黑烟更是蹿到了4000英尺高空。歼击轰炸机呼啸着俯冲投弹，我们通过无线电听到了飞行员之间大声的对话："那些混蛋在用高射炮，我过去干掉他们。——太好了，我成功了……"当时我便看见一团黑烟和熊熊的火焰。接着，我军坦克冲进村，向建筑物开炮，俘虏了一大批德国人。

我不知道报纸是否会详细报道这次战斗。双方投入了大约9万人参战，比葛底斯堡战役还要多两万人。

当然，明天上午他们肯定会发起大规模的反击，我希望到时候我们能杀死更多的德国鬼子。

10月8日

我注意到麦克布里德的第80步兵师做事总是不能尽善尽美，而且他本人也不愿意把手下所有的部队都投入战斗。埃迪竟然容忍他这样做。还有一个山头被一小队德国士兵据守着，而他们并不准备在天黑前夺取这个山头。为此，我命令他立刻夺取那座山，很快他就做到了。我军步兵的进攻节奏太慢。

10月9日，巴顿前往凡尔登开会。布莱德利告诉巴顿，辛普森的第9军将由蒙哥马利指挥。巴顿写道："比德尔·史密斯来了，和以往一样对此事表示赞成，并对其他的事情一无所知。布莱德利极其严厉地让他闭嘴。会上，史密斯对布莱德利提到，所有的士兵都应该了解作战细节。布莱德利回答道，他认为他的作战经验远比史密斯丰富得多，他不接受这种批评。听完这番话，史密斯软了下来。

"德里阳要塞的进攻已经到了极限。我们应该准备撤退。"

巴顿向布莱德利分析战况建议撤退。他说道："这是因为攻取要塞所获得的荣誉不值得用这么多士兵的性命去换。"布莱德利也提出了自己的看法，他告诉巴顿一旦补给到位，就发起大规模的攻势，并建议后者将部队绕到梅斯后方以夺取该城。对围攻梅斯的美军而言确实已筋疲力尽。10月13日，美军撤围，士气大降。

第3集团军由于严重的补给问题尤其是缺少弹药进入了暂时的休整状态："155毫米火炮每天只能耗弹7发，105毫米火炮的炮弹供给也不多……我们至少得休整到11月。"

休整期间，巴顿对刚到战场的第26步兵师军官做出训示，着重强调了部队的行进以及行进间的射击。他说道："我确信，如果我们的士兵善用手中的枪，我们就能以最小的伤亡获得最大的胜利。"巴顿认为步兵和炮兵是洛林地区阵地战中行动迟缓的主要原因：当面对敌火力点时，步兵通常会停下来、开火、消灭火力点。巴顿认为，部队应以连排为单位，小规模渗透，有时甚至可以绕到敌军前沿岗哨的后方，并且应该在行进中射击，甚至是向敌人隐匿处饱和攻击。

在训练部队的同时，巴顿还是念念不忘进攻。他对来访的艾森豪威尔和德弗斯说道："我们越早行动越好，因为敌人正在不停地埋地雷。"

致弗雷德里克·艾耶尔，1944年10月18日

我们这有一个级别很高的将军，做事浮夸，并且有严重的洁癖。最近在一次阅兵时，他注意到每个士兵的上衣左口袋都放着一把叉子，便询问士兵缘由。那个被问到的士兵回答说，这是为了达到他的卫生要求，他们从不用手碰面包，必要时会用叉子把面包分成小块。那个将军听后大悦，并表扬了该士兵。

就在要离开时，将军注意到所有士兵裤子的门襟下端都垂着一截绳子，便再次询问缘由。一个士兵向他解释道，这样无须用手就能把阴茎掏出来，其目的还是为了达到将军的卫生要求。

将军狠狠地表扬了该士兵，接着突然想到一个问题："所有这些都很好，但问题是怎么把阴茎放回去？"那个士兵答道："别人怎么做我不知道，我嘛，我用叉子把它塞回去。"

巴顿对来访的布莱德利提出，把预留给3个集团军的弹药全部拨给第3集

团军，这样他就能立刻发起进攻。他记录道："但布莱德利表现得很谨慎，他还是希望所有部队能够同时发起进攻。但随着时间的推移，所有的人都会因为天气原因患上流感和战壕足病。[①]我向他陈述了全部的理由，但得到的答复只是：无论如何，进攻时间不会早于11月5日……我真希望他能拿出一点勇气。"巴顿之所以坚持尽快发起进攻是因为此刻深陷"洛林泥潭"的美第3集团军的士气正逐渐下降，甚至出现了一定数量的逃兵。数周来，美军在寒冷和大雨中面对顽强的德军已筋疲力尽。

情况仍未得到好转。10月24日，德军用重炮轰击了南锡。巴顿在给妻子的信中写道："今天早上，我差点就要和第3集团军、和这个世界告别了。如果今天夜里德国人再次开炮的话，我就躲到防空地下室去。"

几天后，巴顿接待了特拉斯科特，后者即将赴意大利指挥第5集团军。巴顿写道："这次晋升是理所应当的，虽然谈不上特别棒，但他办事一直可圈可点。我为他骄傲。"

虽然克拉斯科特的来访让巴顿暂时感到心情愉悦，但部队兵员不足的情况还是始终困扰着这位集团军司令。从事行政和运输的人员甚至是伙夫都被编入了战斗部队。巴顿视察了由黑人组成的绰号"黑豹"第761坦克营，后者很快自称"巴顿的私生子"。巴顿对第761营评价道："他们给我留下的印象不错，但我还是对有色人种的战斗力没有信心。"旧南方精神还在影响着这位血胆将军，但当他注意到这支部队非凡的斗志后很快就改变了看法。

11月2日

布莱德利前来宣布下一步的作战计划，他说第1和第9集团军无法早于11月10日发起攻击。他问我的部队何时可以进攻。

我说道："在你下命令后的24小时。"

---

① 脚长时间处于湿冷的环境中易患此病。病发表现为脚部龟裂、肮肿最后坏死。

他说，只要我认为天气允许，他就会在8号或8号以后下达攻击指令。

我回到道："没问题。但无论事先能否空袭，我都会在8号进攻。"

他点了点头……

我感觉自己又重回30岁。

11月5日

今天上午感到呼吸急促，我知道这是在战斗或是比赛前夕我的一贯反应。

从教堂回到司令部后，发现德弗斯一直在等我。他显得很有合作精神，他告诉我，他会让第15军开到我军右翼（支援第3集团军作战）。

我和玛琳·黛德丽[①]以及她的组员一起吃午饭。饭后，他们表演了节目。但节目平淡无奇，简直是对智者的侮辱。

11月6日，巴顿向驻第3集团军的战地记者召开吹风会："曾经，我告诉各位我军会休整一段时间，而现在，休整结束。我们即将开始行动……我希望大家能散布点假消息，就说此次行动的目的仅仅是修正战线。换言之，我希望德国人不会及时调集部队。"

致比阿特里丝，1944年11月6日

今天上午我巡视了各支部队，期间与9个师的师长分别谈话，并冒雨走了十几公里……

哪怕只有一天天气放晴，战术机群都会最大限度地进行空中轰

① 德裔著名美国演员兼歌手，二战期间曾赴前线慰问部队。

炸，但大雨一直不停。这个鬼地方！

这两天我消化不良，吐了好几次，应该都是战前焦虑所致。我想如果没有这些反应，我就不会赢得战争，这不是怯懦，而是因为我急切盼望能尽快开始战斗。

但愿霍奇斯不久就能对他的预定阵地发起进攻；或者是由我的部队来牵制敌军主力，毕竟，这是更高的荣誉。

11月6日

我们原计划今日用300架重型轰炸机空袭梅斯周边的要塞，但天气糟糕，只得推迟到明日。寄希望于空军在这个季节能有所作为实在太愚蠢了。

致比阿特里丝，1944年11月7日

我们今天上午计划投入10个师发动进攻。我曾经指挥过13个师，但不是同时作战。我实在看不到我军失败的可能。

还是由于天气的原因，空军无法出动。但凡事都有利有弊，这样就不会让德军警觉。

战前准备得很细致，我们的弹药和油料都很充足。也许我们会直捣莱茵河，如果我军能到那里，就立刻渡河。

如果天放晴，士兵们会给我准备一个观察所，这样我就能观看战斗的开始情况。

11月初，美军展开大规模进攻。第20军的任务是：包围并消灭梅斯外围的防御要塞、侦察萨尔州、在萨尔堡（法国摩泽尔省的一个市镇）建立桥头堡，之后向西北突进。同一时间，第12军计划：夺取梅斯和萨尔堡间的福尔克蒙，接着快速朝东北进军，在奥本海姆（德国莱茵兰-普法尔茨州的一个市镇）和曼海姆（德国巴登-符腾堡州继斯图加特之后的第二大城市）之间的莱茵河上建立桥头堡。

11月7日

两年前的今天，我们乘奥古斯塔号在狂风中抵达非洲，直到16点风才停。今天凌晨2点半雨还在下，我祈祷雨能停息。

对这次进攻我已经做了所有能做的，此刻我只能读一读《圣经》或是祈求保佑。这个该死的钟又不走了。我坚信我们会大获全胜。

19点，埃迪和格罗来找我，他们请我考虑到恶劣的天气和暴涨的河水暂时取消进攻。我告诉他们进攻必须如期展开，而且我也坚信我们会获胜。1942年11月7日，大雨在16时停止；1943年7月9日，下了一整天的雨在夜里渐止。

我知道上帝会一如既往地帮我，要么天气转好，要么坏天气给德国人带来的麻烦甚于带给我们的。一切都取决于上帝的意志。

第三十七章　萨尔战役

美军占领下的吕内维尔成为理想的攻势基点，11 月 5 日，第 12 军已做好进攻准备。考虑到泥泞的路面、丘陵地形以及当地的森林使部队无法贯彻预定的战术计划，埃迪按巴顿的建议，允许战场上的各部队指挥官在战役框架下根据实际情况随机应变。3 个步兵师在整条战线上协同推进，左翼第 4 装甲师和右翼第 6 装甲师的任务是：突破德军防线，并对德军前线的薄弱处发起猛攻。进攻时间定于 11 月 8 日，因为巴顿希望用战前的炮击和轰炸来纪念两年前的火炬行动：24 小时内发射了 21933 发炮弹，同时第 9 和第 19 空军战术联队轰炸了树林、村镇以及德军战壕。

11 月 8 日

凌晨 3 点醒来，外面大雨倾盆，心烦意乱。我干脆起床读隆美尔的《步兵进攻》。书中有一章节提到了与我军目前相同的经历：1914 年，虽然大雨滂沱，但德军还是在进攻中取得了胜利。这让我很受鼓舞，我想德军能做到的，我军更加没问题。3 点 45 分，继续睡觉。

5 点 15 分，被炮兵预射惊醒。雨已经停了，满天繁星。四百多门大炮齐射的声响好像在一间空旷的屋子里同时关上四百多扇沉重的大门。炮火让东边的天空宛如白昼，我甚至能感受到敌人内心的恐惧：日夜担心的进攻终于来了。

7点45分，布莱德利打来电话，询问攻击是否已经开始。我担心他会命令停止进攻，所以在电话里敷衍几句。但当得知我军甚至在没有空中支援的情况下已经发起进攻时，他显得很高兴。接着艾克又拿过电话对我说："等你上场很久了，一定要控制住各个要道。"我在想，他很可能从未做过任何有风险的决定，因为他的那群参谋会出于谨慎的考虑建议他这样做……

10点左右，歼击轰炸机群出现在战场上空，他们轰炸了敌指挥所。今天是两个月以来天气最好、能见度最高的一天。感谢你，我的上帝。

17点，又开始下雨了。

11月9日

水患情况十分严重。据当地居民讲，这是他们记忆中摩泽尔河流域水位上升最高的一次。许多卡车、飞机及一支医疗队要么被洪水包围要么陷在泥潭中。我派督察官去了解为何我们的指挥官没有把营地扎在高处。目前，我军最主要的问题就是军官们对自己的职责毫无意识。

11月9日，当第12军展开进攻时，沃克的第20军对梅斯再次发起攻击。巴顿写道："近两千架飞机飞往战场，轰炸梅斯的各个要塞以及前线各目标。在观察所，我们能感受到脚下的大地在震动，爆炸声不绝于耳。

"南锡以南的摩泽尔河上的桥全被炸毁了，除了蓬阿穆松那里还有一座桥。当我们准备在塞耶河上架桥时，河面已经从70米涨到150米宽。当我们横渡摩泽尔河时，我的车在水里熄火，为此我不得不叫来一辆卡车把我的车向前推。

“今天空军的大力支持完全应该归功于斯帕茨和杜立特与我良好的私人关系，他们在战争中发挥了至关重要的作用。”

巴顿给妻子写道：“我军打得很好。我们在各条战线上向前推进，有些地方甚至前进了9公里。昨天比较凶险，刚开始时我们只有一座桥，而且河水在不断上涨。不过现在一切都好了，我们有了三座桥，河水上涨最快的时间也已经过去。”

虽然水势上涨，美第12军还是稳步推进，但德军在梅斯的防守依旧顽强。巴顿准备让部队穿过萨尔州尽可能地向北进发直至莱茵河畔，同时其他部队在摩泽尔河一线侧卫。但布莱德利终止了该计划，并通知巴顿第83师必须留作预备队在第1集团军进攻受阻时派上增援。巴顿在日记中写道：“在战役刚开始时就抽走指挥官手下十分之一的兵力，这在战争史上绝无仅有。霍奇斯和米德尔顿怂恿布莱德利一星期了，我猜想他们一定是利用布莱德利怯懦的性格特点，说服他做出这个部署。我希望历史会记录下此人懦弱的内心。

“我确信这是一个严重错误的决定。如果有第83师的话，我们能够轻而易举地夺下萨尔堡。而现在这一切都成了泡影，摩泽尔河和萨尔河间的三角地带将会时刻困扰我们。”

致比阿特里丝，1944年11月12日

我在战地庆祝了自己的生日。早晨一觉醒来，发现身边的尸体还体温尚存。接着我看望了伤兵，当我站在一个伤兵面前摘下头盔时，大家都沸腾了。那个伤兵用手榴弹炸死了一个德国佬，自己也因此受了伤……

今天应该是整场战役最具决定性的一天。我们的一个师在没有炮兵支援而且桥已被炸断的情况下成功渡河。战场的另一端，埃迪的部队已经或者说几乎取得了突破。我爱你，我真希望你能在这里拉着我的手，直到河水退去，然后我运些大炮过河。

致比阿特里丝，1944年11月14日

从1号开始雨就一直不停地下，战壕足病折磨着我们，而且情况愈来愈严重。敌人的抵抗依然十分顽强，现在是考验意志的时刻，看谁能坚持到最后。在我看来，我们在24或48小时内攻下梅斯的可能性很小。

15日，艾森豪威尔视察了巴顿的部队，在日记中巴顿写道："他看起来热情洋溢，站在泥里让人拍照，与士兵亲切交谈。晚饭后，我们一直谈到凌晨2点半。我建议给我的部下颁发勋章并晋升相关参谋人员的军衔，他同意了。"

几天后，艾森豪威尔给巴顿去信："尽管条件艰苦，但你表现得很好。我很荣幸能亲自见证这一切，看到你部人员士气旺盛，我很欣慰。"

11月17日

埃迪计划明日消耗炮弹9000发。我告诉他：把数字定为两万发。如果我们能立刻赢得胜利，那么接下来就不再需要更多的弹药；如果我们现在不能达到两万发的日均消耗，我们就打不赢这一仗。

11月的第2个星期，第12军攻势明显放缓。时间一分一秒过去，而美军坦克还在泥潭中挣扎。埃迪准备于18日再次发起进攻，用步兵打破僵局，向萨尔州推进。

11月19日

8点45分，埃迪打来电话批评伍德的表现，还说要和我面谈。9点30分，埃迪到我这里，说昨天伍德的部队没有全力推进，而且这支部队纪律涣散。我写信告诉伍德：我派加菲过去督促进展，如果情况得不到扭转，我就撤他的职。就本心而言，我很不想这样做，因为伍德是我最好的朋友之一，但这就是战争。

沃克准备让第 5 步兵师肃清梅斯的残余敌军，并进攻梅尔齐希的东北部，他看起来干劲十足……

我打电话告诉布莱德利，虽然还没有完全占领梅斯，但这只是时间问题。

伍德向埃迪道歉，现在一切又恢复正常。

致比阿特里丝，1944 年 11 月 19 日

我们已经彻底包围了梅斯[①]，现在正在进行残酷的巷战……

……霍奇斯和辛普森的部队借口天气原因一直毫无进展，而我军在同样的情况下完成了令人骄傲的成绩……

昨天进展顺利，我就没去前线。看到报纸上的报道与战场上的实际进程大相径庭，我就忍不住想笑。战区司令过于频繁地去前线视察，会影响各部队指挥官的决断，我现在就不会经常往前线跑。但事实上，我仍然是视察前线最频繁的将军，甚至比一些师长还要亲力亲为。

11 月 20 日

真希望我军的进展能够再快一些，因为法国军队和第 7 军正在抢我们的风头……我们的部队已经筋疲力尽，进攻势头明显减缓。我计划让每个军至少有一个师能够得到休整，但我不确定是否可行。

致比阿特里丝，11 月 20 日

第 7 军和法第 1 军今天上午的表现让我军相形见绌，但我们很快

① 11 月 9 日，美第 5、第 95 步兵师牵制进攻梅斯，第 90 步兵师和第 10 装甲师完成对梅斯合围。

就会重整旗鼓。

巴顿在信中所指的是，法第 1 军突破了贝尔福（法国弗朗什 - 孔泰大区贝尔福省首府），美第 7 军正在朝萨韦尔恩（法国下莱茵省的一个市镇）挺进。德 · 拉特尔的部队和勒克莱克的第 2 装甲师相继攻下了牟罗兹、贝尔福和斯特拉斯堡（法国阿尔萨斯大区首府和下莱茵省省会）。第 6 集团军已抵达莱茵河畔。但被彻底围困的科尔马（法国上莱茵省首府）直至 1945 年 2 月才被彻底解放。

11 月 22 日，巴顿终于如愿以偿，美军攻克梅斯，尽管还有部分外围要塞在德国人手里。在战地医院，巴顿对一个伤兵说道："明天，我的孩子，报纸会用硕大的标题写道'巴顿攻陷梅斯'，但我们都知道这不是真的。是你和你的战友们攻克了梅斯。"没有什么比巴顿这两句话更能安慰经历了炼狱般梅斯攻防战的士兵。但在内心深处，巴顿认为是他自己夺取了这个德军坚守两个月的城市。吉罗的电话更让巴顿坚定了这个想法，电话中吉罗赞扬他是法国当之无愧的救星！

致比阿特里丝，1944 年 11 月 23 日

我希望将来有时间能一家人外出打猎或是出海旅行，但我估计这很难。因为战争结束时，人们会根深蒂固地把我看成是半个上帝……

明天上午，我军继续向萨尔州发起进攻。天气糟透了。

对一心想要进攻、饮马莱茵河的巴顿而言，梅斯只不过是一个小小的战利品。虽然第 12、20 军取得突破，但由于缺少弹药、汽油尤其是兵员补给，第 3 集团军无法抵达齐格菲防线——德国人亦将其称之为西墙。为此，他请求艾森豪威尔将海斯利普的第 15 军归还给第 3 集团军。11 月 24 日，他在日记中写道："显然，德弗斯说服了艾森豪威尔把第 15 军留在他的部队。这是个愚蠢的决定……对此我无能为力，但我还是很快克制了自己的愤怒。

“我打电话给布莱德利表示抗议，但建议没有被采纳。他的理由是，按美军传统每4个军必须下辖12个师。这个理由太荒谬了。任何部队为了在预定战场完成任务必须有足够的兵力。第1、第9集团军的战线狭窄，不需要这么多部队，而我军战线宽大得多。

“另外，第1集团军让第8军闲置不用绝对大错特错。我可以肯定，德国人正在他们的东面大量集结。

“唯一的解决办法就是提醒自己，当我们没有任何挽救的办法时，只能面对现实。布莱德利作战缺少灵性，他总是给各支部队平均分配人员装备。也许，他也嫉妒我。”

11月29日

目前，兵员缺口已经高达9000人，而且没有任何补充兵员的消息。我不明白为何艾森豪威尔对兵员和弹药的匮乏视而不见，毕竟这两点是战争的基础。我不得不从各军及各军司令部抽调5%的人员进行步兵训练。

几天后，巴顿又写道：“还得从各军及各军司令部，甚至有可能从各师中抽调人手，填补步兵缺口。”

12月初，第12和20军到达萨尔州。巴顿派第90和95步兵师进攻齐格菲防线最坚固的区域。为此，他写道：“右翼是进攻距离最短的区域，而且此处防御攻势坚固，敌人反而可能会麻痹大意……我能做的只有祈祷。我军必胜。”

致比阿特里丝，未署明日期

已经有很久没收到你的来信了，你在上一封信上的唇印依然那么迷人……我爱你，也很想你，但这里是战场，不适合你。

致女儿，露丝·艾伦·托滕，未署明日期

我们正在进攻齐格菲防线。我知道很多名声和我一样大的将军都不敢进攻这条防线，因为他们对失败的恐惧大于对胜利的渴望。我不相信德国人的防线牢不可破……一旦我们突破防线，就意味着我们离结束战争又近了一步。我坚信我军的攻势将无坚不摧。

但与信中的意气风发相反，沉重的伤亡、糟糕的天气和缓慢的进军速度正慢慢消磨着巴顿的信心。另外，依据 11 月 19 日对伍德的要求，巴顿撤销了他的第 4 装甲师指挥权："最终还是要宣布撤销伍德师长一职，因为为了保住指挥权，他几乎快要崩溃了。"最终，加菲接替伍德一职。

12 月 3 日

伍德来向我告别。我不确定他是否对即将离去感到忧伤。

该死的鬼天，又开始下雨了。

但巴顿的运气正逐渐好转。11 月 8 日，加拿大军团控制了埃斯科河河口，盟军的运输船队终于可以抵达安特卫普。第 21 和 12 集团军的补给问题从根本上得到解决。德军在梅斯的最后一支部队因为缺少食盐和水源投降。12 月 3 日，第 95 步兵师终于在萨尔州的萨尔劳滕建立桥头堡；6 日，第 90 步兵师在迪林根渡河。

12 月 6 日

今天接待了 14 个国会议员……我对议员卢斯的印象非常差，我想其他人的看法应该和我一样。这帮人庸庸碌碌，而且一直在制造麻烦。我们留他们吃了午饭，但没有提供任何酒水，并严格按规定的配给提供食物。因为他们是那种刚一进屋就要离开嘴里还念叨着我们部队吃得太好了的那种人。

致比阿特里丝，1944 年 12 月 7 日

由于谨小慎微他们可能会再次命令我们停止前进，尤其是今天这种可能性更大……

重组部队将会是我军的灾难，也是敌人最希望看到的事。

12 月 7 日

德弗斯原先承诺会全力配合我，现在看来他做到了。我不知道他和布莱德利哪个干得更出色，他对下属的干涉更少，比布莱德利做事更有力度。布莱德利是一个有能力但谈不上伟大的将军。

致比阿特里丝，1944 年 12 月 9 日

雨一直不停。萨尔河的河面至少变宽了 20 米，目前已经达到 100 米宽，但这不会阻止我们前进的脚步。

我的房间里放了两把绿皮椅子，威利和我可以每天晚上坐在上面。每次它打鼾的声音太大的时候，我就在它的鼻子上拍一下。

致史汀生，未署明日期

我希望在制订最终方案时你会让德国佬继续占据洛林地区，因为我实在找不到比这还要糟糕的地方了：此处终年积雨不断，满地粪便……

显然，必须指出我是在开玩笑。因为人们并不是总能理解我的幽默。

12 月 11 日

我让部队的神父命令他的下属祈祷上天能给我们好天气。我会把

祈文下发给部队官兵，并在背面印上我的圣诞祝福。

12月14日

前往萨尔劳滕，那里的战事依然很激烈。德国人几乎把那里的房子都变成了碉堡。部下们都认为在敌人的火力下过桥很危险，但事实上当我们过桥时，只有一发子弹射在离我们较近的地方……沃克本想和我们一起过桥，但我考虑到一个集团军司令和一个军长在桥上万一同时遇难，后果不堪设想……

机枪手比其他步兵瘦弱的多，但尽管如此他们还是射杀了大批的德国鬼子……

前往卢森堡见布莱德利。看来蒙蒂在首相的支持下很快就会取得第9集团军的指挥权。蒙蒂强烈反对帕奇和我的计划。他坚持把所有部队调往北部供他指挥。他向艾克和布莱德利自诩道：每次他统一指挥所有部队时总是能打胜仗；相反，当他不再是地面最高指挥官时，战况总是停滞不前。我不明白艾克和布莱德利怎么能忍受这种论调。蒙蒂坚持认为应该集中所有兵力按集团军司令的统一部署在科隆渡过莱茵河。

第3集团军将会继续进攻，但进攻手段匮乏。如果不能取得突破，我军只能转入防御态势等待增援到来，期间也许还会被调走好几个师。毫无疑问我军最后必将突破防线，我能感受得到上帝的恩宠。

自从祈祷以后雨势小多了……

13、14日夜，埃迪在我这里休息了两个晚上，他太累了而且焦躁不安，需要适当的休整。

致比阿特里丝，1944年12月15日

今天，除了我以外的所有的人都意志消沉，这已经不是第一次

了。我需要给他们鼓鼓劲，而且我并不厌烦做此事。

洛林战役已接近尾声。第3集团军战果辉煌，已抵达法德边境的齐格菲防线。第12、20军在森林茂密的丘陵地形上以营为单位对齐格菲防线的攻击将持续到12月18日，战斗消耗惊人。①

自11月8日至12月18日，第3集团军共击毙击伤德军18万多人，自身伤亡5万多人，这一数字占到了第3集团军在整个二战中伤亡总数的1/3。

12月初，德军开始在美第8军东面大量集结部队印证了11月底巴顿对第8军停滞不前的忧虑。第3集团军情报处主任科赫在给巴顿的报告中指出：甚至在美军即将攻入德国本土的情况下，德军依然将第5装甲师调离前线。这一情报加深了巴顿的忧虑。12月17日，当第6装甲师为减轻第35步兵师的压力对福尔巴克（法国摩泽尔省的一个市镇）发动进攻时，巴顿接到第12集团军的电话。电话的内容让美军震惊：德军发起集群攻击，突破了美军防线。阿登战役就此拉开帷幕。

① 第90步兵师的战损率超过1/3

第七部分

阿登战役

第三十八章 包围巴斯托涅

自1943年底，希特勒就已经放弃了东线苏德战场的大规模进攻计划。当1944年8月19日法莱斯包围战结束时，希特勒便策划在西线发动反击。攻击时间被定于11月，此时正值雨季，盟军飞机无法起飞。9月25日，希特勒决定在阿登高地实施攻击，并夺取盟军的主要补给港口安特卫普，把盟军一分为二；届时，英第21集团军和美第1、9集团军将在“第二个敦刻尔克”被歼灭。德军计划投入30个师，其中10个为装甲师。在西线粉碎盟军后，便将部队调往东线全力进攻苏联。德军认为攻击时间的选择恰到好处：当时，美第9集团军在亚琛步履维艰损失惨重；第1集团军在“疯子布莱德利”[①]的指挥下正在许特根森林血战；英军刚在阿纳姆败北。德军希望阿登反击战既能带来辉煌的军事胜利，又能引起政治上的连锁反应：经历了阿纳姆和阿登双重打击的英军将会与盟军尤其是美军关系紧张，同时盟军亦会与自认为处于战略优势的斯大林产生裂痕。

11月10日，德军为发动阿登战役开始集结部队，行动代号“守卫莱茵河”[②]。一个月后，希特勒返回巴德瑙海姆附近的鹰巢（1939—1940年间为希特

① 许特根森林战役从1944年9月14日持续到1945年2月10日，美第1、9集团军共阵亡33000人。美第82空降兵师师长加文（Gavin）将其称之为“美军的帕斯尚尔战役”。

② 12月16日代号更名为“秋雾”。

勒指挥与法国作战建造的司令部)。12 月 11—12 日，希特勒召集所有即将参加阿登反击战的指挥官陈述德军必胜的理由。[①] 虽然希特勒在会上高谈阔论，但最高统帅部的大部分高级将领都明白战役目标没有实现的可能。然而，陆军元帅格尔德 · 冯 · 伦德施泰德和一直活跃在东线的陆军总司令部司令古德里安决定贯彻实施该计划，因为他们认为阿登反击战成功的可能性并非为零。[②]

德军计划分三路发起攻击。北线，SS 第 6 装甲集团军朝斯塔沃洛和马尔梅迪进发，接着攻占列日（位于比利时东部默兹河与乌尔特河交汇处，邻近比利时与荷兰的边境，是该国重要城市之一，也是列日省首府)，最后夺取安特卫普。中线，曼陀菲尔指挥的第 5 装甲集团军朝圣维特和巴斯托涅进发，接着攻占那慕尔（比利时中南部城市)，最后夺取布鲁塞尔。南线，第 7 集团军沿讷沙托至吉维特一线部署，任务是保卫攻击集群侧翼。

总攻前，德军还实施了两个特别行动以配合正面进攻。一个是在马尔梅迪以北，代号“鹰”的空降作战行动，目标占领美军后方的公路交通枢纽，以保障欧本（比利时列日省东部阿登地区的城市）至马尔梅迪一线德军的坦克进军路线。另一个是由德军特种部队司令奥托 · 斯科尔兹内指挥的代号为“格里芬”的行动，行动选取能说地道英语的士兵装扮成美军潜入盟军后方，占领盟军油料补给基地并控制默兹河上的大桥。

此时的盟军过于盲目乐观没有预见到即将爆发的大战。他们认为德军已是强弩之末，将会一直采取守势直至投降。因此，第 1 集团军在阿登地区只部署了少量部队，机动预备队也明显不足。除了科赫给巴顿的报告中指出了可能的危险外，美军情报部门对德军的战略意图一无所知。当科赫向巴顿报告德军在美第 1 集团军对面大量集结部队时，后者正准备于 12 月 20 对齐格菲防线发动

---

① 希特勒的理由基于以下三点：苏联与西方民主国家不正常的联盟即将崩溃；德国的意志必将战胜处于衰落中的盟国；“七年战争”期间，1759 年拯救普鲁士的奇迹将会再次上演。

② 事实上，该计划成功的可能性为零。阿登战役诠释了寄希望于一次决战彻底改变战场形势的努力是不可能成功的。巴巴罗萨计划以及 1943 年的库尔斯克会战无不证明了这一点。

大规模进攻，而此时德军已做好准备对美第 1 与第 3 集团军结合部的阿登山区发起进攻。

1944 年 12 月 16 日 5 时 30 分，战役打响。德军持续 19 分钟猛烈的炮击把美军从睡梦中惊醒，步兵穿过浓雾向美军发起进攻。位于 SS 第 6 装甲集团军和第 5 装甲集团军之间的步兵冲向美第 5 和第 8 军阵地。美军毫无防备措手不及。两天之内，美第 106 步兵师的两个团被包围后投降，德军冲向已被突破的罗斯海姆。SS 第 1 装甲军下辖的第 1、第 12 装甲师趁势展开行动。派佩尔战斗群[①]赶往斯塔沃洛，接着准备强渡默兹河；SS 第 1 阿道夫 · 希特勒警卫旗队装甲师已突破美军在圣维特北部的阵地。

17 日，巴顿接到第 12 集团军的电话，对方命令巴顿从第 20 军中抽出一个装甲师火速驰援第 8 军。但巴顿拒绝了这一要求，他认为一旦调走部队，德军可能会趁机进攻第 3 集团军的阵地。他写道："布莱德利了解我这样做的原因，但他还是屈服于内心的恐惧，命令我调动部队。我真希望他能不要这样懦弱。"事实上，巴顿此时还不知道德军发动进攻的规模。他在日记中补充道："布莱德利比我更了解整个战场的形势，但他在电话里不能和我详谈。"

同一天，艾森豪威尔急调第 101 空降兵师驻防巴斯托涅，第 82 空降兵师驻防德军突出部的北面。

12 月 17 日

> 德军在宽大战线上集群突击，快速进军……这也许只是某种牵制攻击，但目前看来确实是在进攻。如果德国人敢打第 3 集团军，我们一定让他们头破血流，因为我军已经完成布防。

---

① 1944 年底的阿登反击作战中，SS 第 1 装甲师被分成四个战斗群，其中"派佩尔战斗群"由装甲王牌阿希姆 · 派佩尔率领，担任进攻先锋。派佩尔战斗群的作战开始进展顺利，但由于缺乏空中保护，后勤补给困难，在盟军的猛烈打击下已成为强弩之末，最后不得不破坏所有重型装备撤退。

如果当初第1集团军的第5、第8军能试着进攻的话，德国人就不可能像现在这样发起进攻。所以说永远不要闲置任何一支部队。

18日，布莱德利召集巴顿前往卢森堡开会。会前巴顿写道：“他的计划我无法接受，但他还是执意喊我去。”巴顿一进门，布莱德利就在地图上向他说明战场态势，至此，巴顿才完全了解了美军受损情况。会后他写道：“布莱德利询问我的部队目前能作何调整。我回答他：我立刻让第4装甲师停止一切活动，午夜就可以向郎维集结；第80步兵师明日早晨向卢森堡集结。我又补充道，如果需要的话，24小时内第26步兵师就可以待命。他看起来很满意。”

接着，巴顿命令参谋长盖伊：“立刻让休·加菲和麦克布里德（第80步兵师师长）放下手中所有的活，明天早晨部队必须转移，这不是撤退而是去打硬仗。他们将接受米利金（第3军）的指挥。你负责准备足够的车辆运送麦克布里德的部队；加菲部队的运输问题由他们自己解决。我马上从卢森堡出发去见沃克。我回去的时间会比较迟。”

当天晚上巴顿联系布莱德利，后者说道：“战况正在恶化。立刻让加菲和麦克布里德出发。如果可能的话，晚上先从加菲的部队里派一个战斗群前往郎维。让米利金明天上午11点到我的司令部；另外，你明天上午带一个参谋和我一起去凡尔登见艾森豪威尔。我估计艾森豪威尔的意思是让你指挥第8军，等增援部队到了以后就地反击。”

接下来，巴顿和米利金制订了行动计划，并规划了第4装甲师和第80步兵师的行军路线。巴顿的计划是让德军继续向纵深突进，接着从德军身后发起攻击，将其分割包围。

19日，巴顿召集第3集团军参谋以及埃迪、米利金和第8军炮兵指挥官，宣布作战纲要：“我们必须快速转移部队，这关系到战役成败。我拟了一份行动时间表，前提是三条行军公路中的两条可供第8和第3军使用……届时，我会给这两支部队以及盖伊一个非常简单的行动代号，一旦我接到开始行动的命令，我就电话通知盖伊。”

接着，巴顿前往凡尔登与艾森豪威尔、布莱德利、特德和德弗斯会面。他写道：“会场除了他们还有一大群参谋。艾克让盟军远征军最高司令部情报处主任介绍战场情况，然后他让我去卢森堡指挥作战。他声称准备用至少 6 个师猛烈反击，但他似乎不知道那 6 个师中至少有 3 个师还停留在纸面上。

“艾克说，准备在萨尔劳滕以南建立防线并问德弗斯，他的部队可以守备防线的哪一段。

“德弗斯则一直絮絮叨叨说他的个人问题，完全答非所问。

“布莱德利也没有提出什么建设性的意见。

“我没怎么说话，只是要求要补充兵力。

“艾克问我何时能发起反击。

“我回答道，12 月 22 日，3 个师：第 4 装甲师、第 26 和第 80 步兵师。

“当我说 22 号发起反击时，整个会场都震惊了。一些人惊讶，一些人认为我在信口开河，但我知道这是可行的。

“艾克担心 3 个师的兵力太少。但我再次申明：我可以用 3 个师击败德国人，而且如果集结更多的部队，就失去了反击的突然性。

“特德让我交出第 20 军，我拒绝了。我准备在必要的时候派第 20 军上场，轮换其他的部队。”

巴顿的计划很冒险很复杂，对后勤的要求也很高，但算得上完美无缺。第 3 集团军各部队必须在短时间内完成 90 度的大转弯，停止东进向北直插卢森堡。巴顿毫不怀疑计划的可行性，为此艾森豪威尔给予巴顿最大限度的自主权。

巴顿写道：“临走时，他（艾森豪威尔）对我说，每次他的军衔多加一颗星[①]，敌军就会发起攻击。

“我说道：每当你被攻击，我都会救你于水火。

---

① 此时的艾森豪威尔刚刚晋升五星上将。

“离开凡尔登前我打电话给盖伊，告诉他立刻让第26步兵师和第4装甲师经郎维前往阿尔隆（比利时的城市），第80师前往卢森堡。第4装甲师已经于昨天夜里起程，今天早上出发前往蒂翁维尔的第80师将会在途中接到继续赶往卢森堡的命令。”

接下来巴顿得益于第3集团军情报处出色的情报工作完成他的计划挽救局势。当美第1集团军在德第5装甲集团军和SS第6装甲集团军的攻击下苦苦支撑时，巴顿面对的是实力与机动能力明显偏弱的德第7集团军。巴顿发起攻击时，德军误以为这只是美军的牵制攻击以换取喘息时间。

12月20日

我们早晨出发赶往卢森堡，并于9点到达布莱德利的司令部。在没有通知我的情况下，他把第80师留在卢森堡，把第4装甲师的一个战斗群派往巴斯托涅以东……

接着艾克打电话来，向布莱德利解释了很长时间，说蒙哥马利将负责指挥第1和第9集团军，理由是布莱德利和这两个集团军通讯困难。事实上，情况绝非如此。我猜想，可能是艾克对布莱德利没有信心，也可能是他认为这是防止蒙哥马利“重组新军”的唯一途径。艾克不能或者也不愿意指挥蒙哥马利。

艾森豪威尔的这个决定使他与美军将领的关系变得疏远。然而之所以做出这种安排，是因为艾森豪威尔考虑到第1集团军已被德军一分为二，为此，该集团军在吉维特至普鲁姆以北的部队归蒙哥马利指挥，以南的部队仍由布莱德利指挥。布莱德利、霍奇斯和巴顿决定，如果部队再次被拆分，他们就提出辞职。

未署明日期

前往阿尔隆，见到了米德尔顿、米利金、加菲和保罗。第8军打得很漂亮，但那里可供调遣的部队不多。除了驻防巴斯托涅的第101空降兵师外，还有第9和第10装甲师的两个战斗部队，两个反坦克营以及一些黑人组成的炮兵部队。

我让米德尔顿再放些德军进来，并炸毁其两翼的桥梁，目的是让德军拉长战线。同时参照布莱德利的建议，最终我们决定在巴斯托涅与德国人开战，因为此处是公路交通枢纽，而且我也不认为德军敢绕过此处继续向前突进。

我让身边的反坦克部队和坦克部队火速前进；命令埃迪让部队以及炮兵联队立刻赶往卢森堡；命令第35步兵师前往梅斯，准备在那里补充兵力；吩咐盖伊补充第90和第95师的兵力，剩下的全部补充到第4步兵师（该师在战役开始时遭到德军猛烈攻击）；让第9、第10装甲师从反坦克营或是其他营中分出人员充实他们的步兵；命令第5装甲师朝卢森堡前进。另外，我还集中了弹药、流动医院和筑桥器材……

一路上我并未随身配备参谋，以上的安排都是电话联系盖伊，由他和他身边的参谋在南锡完成的。

这样大规模的快速行军在我军历史上绝无仅有。进攻时间定于22日凌晨4时。

巴斯托涅的战略价值日益显现。派佩尔战斗群和SS第6装甲集团军在斯图蒙（比利时列日省东部安布莱维河河谷的一座城市）遭遇美军顽强抵抗。由于油料短缺，派佩尔战斗群不得不退出战场，SS第6装甲集团军未能突破美军阵地。只有曼陀菲尔的第5装甲集团军取得突破，12月21日，该集团军抵达圣维特；22日，该集团军绕过巴斯托涅继续进军，已距默兹河仅50公里。此时，巴斯托涅不但成了整个德军战线的“钉子”，而且直接威胁着德军后勤供应，牵制着部队有生力量，这一切使德军下决心拿下该城。12月22日，德军交给坚守巴斯托涅的美军第101空降兵师一封劝降信：“要么投降，要么歼灭！”第101空降兵师代理师长麦考利夫[①]的回答只有一个字：“呸。”

致比阿特里丝，1944年12月21日

虽然今天是一年中白天最短的一天，但对我而言却是最漫长的一天……我有信心我军会大获全胜。

昨天，我马不停蹄地视察了7个师，并独自一人整编部队。我尽到了自己的职责。

目前，我住在一家很棒的酒店里，有暖气，还有浴室……

德国鬼子在后方空降了不少装扮成我军模样的士兵，他们的任务是刺杀艾克、布莱德利和我。[②]

目前的战况让我想起了1918年3月25日的情景，我想会有相同的结局。

……每次战局吃紧，他们就会急切地召唤我。上帝会尽全力帮我。

12月21日

艾克和布尔一直担心我军进攻的时间太早，兵力不够。但这已经是我目前能聚集到的所有部队。再等下去会错失进攻的突然性……

在我看来，如果当初艾克命令第1集团军进攻，或是他们也有进攻意图的话，他们本可以在22号发起攻击，但第1集团军似乎毫无进取之心……

我召集除了第8军以外的所有参谋人员开会。和往常一样，每次进攻前他们都会疑虑重重。而我每次都得扮演阳光的角色，为他们打

---

① 原师长M·D·泰勒少将此时在美国，该师暂由麦考利夫准将指挥。

② 德军并未计划刺杀此三人。此传言出自一个被拷问的德国俘虏之口。

气。坦率地说，在上帝的帮助下，我一直是他们的定海神针。我们可以也愿意在上帝的指引下赢得胜利……

致比阿特里丝，1944年12月22日

6点30分，我军开始行动。行进了大约12公里，到达宽30多公里的前线。我本想再往前突进一点，但看着漫天大雪和地上厚厚的瓦砾，便放弃了这一想法。对于我军的进展我已经很满意了，毕竟我们不是神……

我想第3集团军的行军速度应该是历史上前所未有的了。从19号起，我们连续行进了150多公里，今天上午到达战场后立刻投入了战斗……我计划一过圣诞节就发起一波更冒险的进攻。

该死的兵员一直是个大问题。我从二线梯队挑选了8000人准备充实到一线部队里。如果这个问题能得到解决，我们就能快速结束战斗。

约翰·米利金干得比我想象的要好。我命令他，除非敌军的子弹和炮弹就在耳边呼啸，否则就一直前进。他确实在按我的要求行动。

12月22日，第3集团军在恶劣的天气下继续进攻：浓雾、大雨，接着转为大雪，所有的公路和小路上都结了一层冰。车辆和坦克在湿滑的路面上缓慢前行。只有第3军取得了部分进展。巴顿写道："总体而言我不是很满意，但还算说得过去。我知道，持续不断的进攻通常是很难做到的。我认为德军很难在未来36小时内采取有效对策，我希望我军能在这段时间里重新发起进攻。士兵们士气高涨，大家都充满信心。目前，支持第3集团军进攻的各部队火炮数量十分庞大，共有108个营，105毫米及以下口径的火炮1296门。我不知道德国鬼子接下来怎么承受这铺天盖地的炮火。巴斯托涅的局势依然很凶险，但他们还顶得住。"

12 月 23 日，德军突然对巴斯托涅展开大规模炮击，严重打击了美军和巴斯托涅城内军民的士气。

12 月 23 日

昨天如我所料，我军进展不大，但还是前进了 3 到 7 公里，沿途不断地与德军交火。目前，还未到达巴斯托涅，空军已经对那里进行了补给空投……

今天，天气放晴。空军派出了 7 个歼击轰炸机编队、11 个中型轰炸机编队、第 8 航空联队一部以及英国皇家空军的部分机种。现在我正在等战场报告。

临近圣诞节，巴顿给第 3 集团军官兵送发贺卡，在上面写道："致全体官兵：祝大家圣诞快乐。我向大家在战斗中表现出的勇气、机敏和献身精神致敬。我们正尽自己最大的努力走向战争的全面胜利。愿上帝在圣诞给你们每一个人赐福。"另外，巴顿让人把第 3 集团军神父詹姆斯 · 奥尼尔的祷告印在贺卡背面："万能仁慈的主，我们祈求您以仁慈之心结束这场让我们受尽苦难的大雨。请赐予我们适合战斗的天气；请倾听士兵们的诉求；以您万能的力量带领我们走向胜利，粉碎敌人恶毒的进攻，给敌人公正的审判。阿门。"

23 日，德第 2 装甲师占领塞勒斯，距默兹河仅几公里之遥。随后，美第 2 装甲师发起猛烈反击，彻底终止了德军前进的脚步。同一天，德陆军总参谋长古德里安意识到阿登战役已没有取胜的可能。翌日，他建议希特勒调走阿登地区所有的装甲部队，尽快赶往东线，但被拒绝。战场的另一端，在通往巴斯托涅的公路上，美第 4 装甲师遭到德装甲样板师的猛烈攻击。

12 月 24 日

这真是糟糕的平安夜。我们整条战线都遭到了德军的猛烈反击……第4装甲师的一个战斗群更是后撤了十几公里，损失十几辆坦克。也许我得负主要责任，因为是我坚持要不分昼夜的进攻。我们头两天打得十分漂亮，因为攻了对手一个措手不及，但之后，部队就很疲惫了。另外，天气糟糕，装甲部队进行夜战后果难以预料……

致比阿特里丝，1944年12月25日

主给了我们连续三天的晴好天气，一切似乎都已经安排好了。目前，我是唯一一个在进攻的将军。

12月25日

今天晴朗而寒冷，真是杀死德国鬼子的好天气，然而这与圣诞节所宣扬的精神不符。昨天晚上，科德曼和我前往卢森堡的圣公会教堂。教堂很棒，里面的椅子是纪尧姆一世时代的产物。

早晨，我很早就去视察各个作战的师……大家都沉浸在节日的气氛中，除了我以外，因为我军前进的速度不够快……

第101空降兵师今天没有得到补给，因为英格兰的地面都结了冰，飞机无法起飞，此前也没有人规划从法国提供补给……

晚饭后，我和布莱德利谈了一下目前的形势。他告诉我，蒙哥马利说第1集团军在3个月之内无法进攻，唯一可能发起进攻的就是我，但我的部队力量太单薄，因此我们必须退到萨尔和孚日山区，甚至是退到摩泽尔河……

我认为蒙蒂的这些建议都不可行，这只会有损我军的形象以及百姓对我军的信任，甚至可能造成政治上的灾难：这样做意味着将阿尔萨斯和洛林拱手让给德国人，因此两地的法国居民可能会遭受屠杀或奴役。如果高层命令我撤军，我想我会提出辞呈。

12 月 26 日

今天真是让人心力交瘁：尽管我们尽全力进攻，但还是没能与防守巴斯托涅的第 101 空降兵师会合。

14 点，加菲打来电话，问我是否允许他冒一次险。他计划让温德尔 · 布兰查德上校[①]带领一支部队快速突破至巴斯托涅。我告诉他，放手去做。18 点 45 分，他们成功地与城内守军会合。这次行动很大胆，完成得很出色。当然，通道可能会被切断，他们反而会陷在城中，但我认为这种可能性不大。我们进军的速度让人吃惊，连我都没有想到会这样快。德国人应该会永远记住第 3 集团军的雷厉风行。

12 月 25 日，120 辆坦克在步炮的火力支援下冲向巴斯托涅，试图建立起狭窄的通道，与城内守军会合。当天，盟军飞机趁天气晴好对德军进行猛烈轰炸。美军相继占领了肖蒙和恩培。另一方面，德第 26 国民掷弹兵师仍在继续进攻巴斯托涅。26 日，美第 4 装甲师先头部队终于杀开一条血路，冲进巴斯托涅。27 日，美军巩固了狭窄的入城通道，并陆续运出城内伤兵。

12 月 27 日

布莱德利 10 点出发去会见艾克、蒙哥马利和史密斯。如果艾克能将第 1、第 9 集团军的指挥权全部交还给布莱德利，我们就能彻底包围德军。

真希望艾克能多一点最高指挥官的样子，哪怕就一点！

布莱德利比蒙哥马利和艾克表现好得多，至少比他们富有进攻性，虽然之前犯了让第 8 军停滞不前的错误。蒙哥马利是个十足的懦夫，战争要求我们冒险，而他没有一点冒险精神……

---

① 温德尔 · 布兰查德在第 2 装甲师中资历甚深。

如果我能再有3个师，我就能立刻打赢这场仗。

致比阿特里丝，1944年12月29日

在我看来，救援巴斯托涅是我们打得最精彩的一仗。今后，德军只能跟随我们的节奏疲于奔命。

今天上午，我们发起一系列决定性的进攻。接下来，我要去试着说服艾森豪威尔把准备用于防御的预备队投入进攻……

这是我指挥过的最大的战役……

目前，我一共指挥着16个师，虽然其中的4个师需要得到批准才能投入战斗。

巴斯托涅的防御已经基本稳定，巴顿开始考虑下一步的行动。他计划用第6装甲师进攻乌法利兹，以切断阿登地区的突出部，从背后攻击德军。26日，布莱德利从盟军远征军最高司令部调拨两个预备师以增强第8军的军力。

29日，当美军5个师在萨尔路易和萨尔格米纳之间激战时，巴顿不得不从中抽出3个师派往卢森堡，阻止德军前进。在给妻子的信中他写道："如果你在莱文沃思堡建议使用这里的战术打法，他们一定会群起而攻之，甚至直接把你扔到疯人院里。"

致比阿特里丝，1944年12月31日

亲爱的比阿特里丝，新年快乐。我希望下一个岁末年初能在家中和你一起度过……

在巴斯托涅的另一侧，德国人打得很凶狠，但我们成功地挡住了他们的进攻。虽然丢了一个小村庄，但我们击毁55辆坦克。

今天的战斗进展不大，但我把鲍勃·格罗（第6装甲师）招来了，情况会有很大的改观。明天一天很关键。我想更确切地说是我确信，我们一定能阻挡住德军的进攻，并立刻发起反击。

德军司令部，眼见着决定性的进攻即将变成一场灾难，希特勒在咆哮。尽管德军将领建议撤兵，但希特勒还是执意要攻击巴斯托涅，并将SS第1装甲师并入SS第6装甲集团军。然而由于盟军不间断的空袭，德军的突击很快便宣告结束。洛林地区，由于德第5装甲集团军油料紧缺，哈索-埃卡德·冯·曼陀菲尔不得不用小股部队不间断地攻击巴斯托涅。12月30日，德SS第1装甲师开始猛攻阿尔隆至巴斯托涅的通道。

12月31日

今天对我而言特别漫长。德国人向第26步兵师猛烈反击……

白天下了一整天的雪，地面很快就结冰了。我军中重型火炮的牵引车全部瘫痪，我们只能用卡车运或者拉这些炮……

到目前为止，德国人一共反攻了17次，全被我们打了回去，但我军还未收复大片土地。

致米德尔顿，1945年1月1日

就目前的形势来看，你可以把第17空降兵师投入战场以加强对乌法利兹的进攻。这样省下来的第87师可以替换第94师。

接着，我建议你沿巴斯托涅至圣维特一线展开攻击。为了配合第12军在圣维特以北对迪基希的进攻，第1集团军的第7军会在后天上午沿圣维特经沃克斯至沙瓦纳的公路进攻。因此，如果战场形势允许，第101空降兵师也还有战斗力的话，后天你部可以向诺维尔进发。

总体而言，当你和埃迪向圣维特进发时，第3军负责防御工作，并从后方派遣部队加强第12军的攻击。

当然，任何计划都可能会临时变更。但无论如何第 4 装甲师必须并回第 12 军，这样后者才能拥有两个步兵师和一个装甲师，形成强大的攻击力。

1月1日

尽管天气恶劣，第 6 装甲师还是表现得很好。第 11 装甲师昨天打得不错，但损失的坦克过多。显然，这群新兵蛋子还不能胜任在树林里作战……

我的部队已经尽了最大的努力，如果没有成功，只能说敌人表现得更出色……绝不是因为我的失误。

记者招待会，卢森堡，1945 年 1 月 1 日

巴顿：第 3 集团军目前的任务是从侧翼揍这帮狗娘养的——请原谅我的粗鲁。我们成功地截住了他们，现在他们正在往后撤。这就好比你在树林里看见一只猴子用尾巴倒挂在树上，要想抓住它，割它的尾巴比踢它的脸容易得多。这与目前的形势完全一样。

我对目前的情形十分满意……我不禁赞叹将士们的表现。

也许有人会对你们说乔治·巴顿是一个多么伟大的军人，但这一切和我完全没有关系。我向盖伊将军和参谋部发布命令，再由他们把命令具体传达下去。真正参与行动的是那些年轻的军官和士兵。想象一下，年轻的将士们冒着寒风整夜行军，走在他们从未走过的路上，没有人掉队，所有的人都及时达到预定地点，这是非常了不起的事。我想象不出军事史上还有什么可以与之比拟……我向他们脱帽致敬。

第 35 师干得漂亮极了。

前天，第 11 装甲师和第 87 步兵师从已经从兰斯开到这里，他们下午集合。第 11 师 22 点到达，第二天早上 8 点开始进攻；第 87

师6点到达，6点30分进攻。时间控制得完美无缺……如果我说谎的话，我会说这完全是我计划好的，但事实上，只能说我的运气太好了……

昨天应该是至为关键的一天。敌人昨天还有机会补救，但现在他们只能束手就擒了。

当然，以上的这些话请不要公开发表……

提问：第1集团军会很快行动吗？

巴顿：我可不是兄弟部队的监护人。

提问：……您的计划是什么？

巴顿：……我们打算尽可能地多抓德国鬼子，不过他们正在撤退。

提问：如果我们能大量地俘虏德国人，他们的阵地是否可能崩溃？

巴顿：你以为我昨天去教堂干了什么？（我就是在为此祈祷）。

提问：那敌人的装甲车辆呢？

巴顿：他们压根就没剩几辆了，除非他们有能自我修复的坦克。

……

提问：齐格菲防线的情况如何？

巴顿：历史上还没有哪条防线是能够成功守住的。特洛伊人修建了高大的城墙，但希腊人还是攻进去了；罗马皇帝哈德里安在英格兰修建过高墙，中国人也建了长城；法国人——请原谅我拿此来举例子，更是建了一条毫无章法的防线。我们在一战时也建过墙，说白了就是战壕，只不过它是朝地下建的。打赢战争唯一的办法就是进攻、进攻、再进攻。

提问：将军，在您看来，阿登反击战的最终目的是什么？

巴顿：该死的，我要是知道的话，就让我下地狱。在我看来，除了我个人的猜测外没有什么依据，德军总参谋部明白如果一直处于守势的话他们必败，他们认为有可能通过进攻重拾战场主动权。另外，我认为他们正在为第三次世界大战做准备，他们认为在进攻中战死比坐以待毙更能赢得荣誉。当然，这都是我个人的猜测。

1月2日

午饭前，我和4个集团军司令会面，这样我们能更好地分享情报，了解各个部队的进展。

第1集团军的第7军终于开始进攻乌法利兹了……这样，我不需要对计划做任何修改。上帝将会给我们指明方向。

1月3日

盟军远征军最高司令部下达的最新命令是，第1集团军和第3集团军在乌法利兹会合后，第12集团军将恢复对第1集团军的指挥权。这样的话，合并后的部队将经圣维特向东北集结。

第6集团军试图从我这偷走第20军。

蒙哥马利在美国找了几个英国蠢货放出风，说艾森豪威尔的任务过重，应该提名他——蒙哥马利作为欧洲陆军副司令。如果他的伎俩成功了，我就辞职。我不愿意在蒙哥马利的指挥下作战，我想布莱德利也不会再干下去。

1月4日，德SS第9装甲师进攻莫纳维，但被美军猛烈的炮火打了回去。与SS第12装甲师和第340国民掷弹兵师会合后，第9装甲师又向隆尚发起攻击，试图打破米德尔顿的第8军防线。

1月4日

我本想进攻迪基希以北，但布莱德利让我向巴斯托涅再派几个师。这种安排可真是太愚蠢了。德国人正好可以趁这段时间加强防御，这样我们就无法包围他们。如果我们立刻对德军身后发起进攻将其拦腰截断，他们就只能后撤，这样一来我们可以收复大量失地，还能尽可能多地包围德军……

第 11 装甲师的士兵都是一群新兵、菜鸟。他们接二连三地损失部队，却毫无战果。除此之外，他们还惹是生非——处决战俘（我真希望这件事不要传出去）。

第 17 空降兵师今天上午发起进攻，但被德国人揍得鼻青脸肿，报告里说有几个营甚至损失了 40% 的兵力，这很不正常。一般而言，如果报告说一支部队在一天之内损失 10% 的兵力，除非出现大面积逃跑或投降的情况，否则基本可以判定这份报告在说谎。我在巴斯托涅遇见该师师长米利，此人给我的印象不佳。他告诉我他不知道右翼的团在何处。不可原谅的是，他甚至没有离开指挥部试着去找该团。

当我到巴斯托涅时，我军的炮火在白雪的映衬下格外壮丽。

夜里，我花了两个小时才从巴斯托涅返回到自己的指挥部，天很冷。

我们仍然可能输掉战争。尽管德国人比我们更饥寒交迫，但他们打得比我们好。我没法靠这群新兵赢得战争。

致比阿特里丝，1945 年 1 月 5 日

这些新兵部队在交战中表现得一无是处。上周，这场战役变得更加激烈了。

现在，这里完全是一个冰雪覆盖的世界。如何让士兵们休息、战斗，对我而言是个大问题。就在刚才，一颗 280 毫米口径的炮弹落在不远处爆炸。

德国人打得很凶猛……我甚至有些担心指挥部会被炮弹击中。

1月5日

布莱德利和我都一致认为在进攻乌法利兹之前必须清除巴斯托涅东南的德军包围圈……

沃克是个不折不扣的战士，他从未抱怨过任何命令。当我从他那拿走第90步兵师时，他也没有一点意见。

第三十九章　反攻

1月5日，德军再次进攻巴斯托涅，但除了损兵折将外一无所获。哈索-埃卡德·冯·曼陀菲尔撤回SS第12装甲师，并将其重新归入SS第6装甲集团军。曼陀菲尔识破了巴顿的意图，他决定在被彻底包围前撤走所有部队。另一方面，巴顿命令米德尔顿“一直进军，直至与敌人交火”。另外，他还让部队在第12军正面德军大规模撤退可能通过的地带设置大量的路障和地雷：“如果德国人打算从这些地方经过，他们只会头破血流。”

1月8日，德军在沃克斯一带展开最后一次进攻。9日，德军开始撤退。同一天，阿登地区成为德军的次要战场，因为苏军为配合西线盟军在东线再一次刮起了“红色风暴”。

1月8日

布莱德利问我能否今天就进攻乌法利兹……我回答他可以，但在我看来这是个错误的决定，因为原定于明日的总攻已一切准备就绪……

路上碰到了加菲……当我告诉他今天有进攻任务时，他没有丝毫诧异，只是问我何时对何地进攻……另外，我还在路上碰到了第90步兵师的最后一个营。在严寒和暴风雪中，他们在卡车里待了好几小时，但各个都精神振奋。看到我，他们不停地大声欢呼，这真是激动人心的一幕。

我们计划用8个师明日晨发动进攻，这应该没什么大问题。昨天，第87步兵师和第17装甲师打得很艰苦，很大一部分原因是米德尔顿不愿意派第11装甲师前去增援。他太担心部队的左翼和后部，过于担心。

晚饭时，米德尔顿来电话说第87和第17师的损耗较大，无法于明日发起攻击，第101空降兵师和第4装甲师也同样难以按时行动，希望能将进攻时间定于10号。我告诉他，既然命令已经下达就不可更改，所有部队都应于9号进攻，即使第87和第17师连像样的佯攻都做不到，所有部队也必须按计划展开进攻。

紧接着加菲又打来电话提出同样的要求，我也给了他同样的答复。

最后，埃迪又打来电话，说他得知第4装甲师已被编入战斗序列，因此他无法再指望该师能支援他的部队，而且第10装甲师也要9个小时才能支援他的部队。另外，即使第10装甲师可以提供增援，那也是9个小时以后的事了。

我回答道，那就坚持9个小时。

我又一次力排众议坚持了自己的观点。

德军在萨尔布吕肯一带集结的谣言不断地流传。我想流言不断的主要原因很可能是德军认为我将在此处发起进攻。如果德国佬能复夺梅斯，那我真要对他们五体投地了。我让沃克在各条公路上设置了大量的障碍。

致比阿特里丝，1945年1月9日

相较德国人，地形、大雪和昼短夜长的现象给我们带来的麻烦更多。

我们要做的就是继续进攻，或者由他（指蒙哥马利）带领部队进攻。我真希望我们伟大的蒙蒂能多分担一点进攻任务。

此时，巴顿明白敌人的进攻已经彻底失败，德军已经开始撤退。10日，他派出第4装甲师的两个战斗群进攻乌法利兹。A战斗群的进攻被德军用步炮和反坦克炮化解，但B战斗群成功地摧毁了多辆德军自行火炮。尽管取得了一定的突破，但巴顿的进攻很快被盟军司令部叫停。

眼见德军在阿登地区的攻势停滞不前，希特勒决定在阿尔萨斯地区对美第7集团军展开最后一次进攻（行动代号：北风）。布莱德利通知巴顿：鉴于德军的此次进攻，艾森豪威尔希望巴顿停止在巴斯托涅和乌法利兹一带的战斗，抽出一个装甲师赶往第20军以钳制德军可能对萨尔布吕肯可能的攻击。巴顿接受了这一建议，但很快又改变主意。他把第4装甲师部署在第20和12军之间，不论哪一边需要，该师都可以迅速赶到。另外，他计划调集部署在巴斯托涅的部队攻取乌法利兹。不得不说，巴顿的安排是正确的，因为德军已经开始后撤。另外，他还命令第12军，如果德军没有反攻萨尔布吕肯，该军就向科布伦茨（位于德国莱茵兰-普法尔茨州，摩泽尔河和莱茵河交汇处）方向进攻。面对德军可能在特里尔（德国城市位于卢森堡边境）一带发动进攻的谣传，巴顿写道："在我看来，德国人明显没有能力在各个方向上集中兵力。而且无论怎样，目前的部署足以让第4装甲师及时赶到危险区域。

"这已经是第二次了，进攻刚有斩获他们就命令我停下来。德国人在精神上比我们坚强，我指的不是我，而是部分高级将领。美国人在演习时表现得很棒，但实际战斗中又是另外一回事了……

"天很冷，我的脸上也许已经起冻疮了。"

1月11日

第3军取得重大进展，俘获了大批德军。巴斯托涅的战斗胜利在望。

我准备立刻进攻，夺取德军在萨尔布吕肯的桥头堡。最好现在现在就行动，但布莱德利建议再等等……

1月12日

第3军和第8军准备明天总攻乌法利兹，应该可以夺下该城，因为德军的防守已经比较薄弱。这将再次确立我军的攻势地位，这也是自法兰西战役结束后最重要的一场战斗。我希望明天我军能收获荣誉。

一旦拿下该城，我军就能和第1集团军会师，这样布莱德利就能重拾整个第1集团军的指挥权。这会对我很有利，因为布莱德利绝不会像蒙哥马利那样懦弱。

布莱德利下午到这里，和我就下一步行动谈了很久。他计划第1集团军朝科隆方向进发，第3集团军继续对德军保持压力并负责防御部分防线……这一计划的好处是我军可以利用齐格菲防线上已经取得的突破口，而且该突破口距离科隆的距离最近。这一计划也许很安全，但速度太慢……

我认为可以让第20军径直向东攻占萨尔劳滕，那样效果会更好，可以夺取萨尔州的所有工业区，更好地削弱德国的工业生产力。

一旦我们开始进攻，我们就不能停下来，否则德国人就会反攻。

1月13日

今天，部队的士气得到了根本性的改观。此刻，他们认为自己是得胜之师，正在追击溃败的德国人，而就在昨天，他们还在担心能否挡住德军的进攻。真是有趣的心理变化。现在，所有的人都坚信必将打败德国鬼子，他们对战斗充满信心。在此之前，只有我相信能赢得战争。

今天的战斗很激烈，我们之前已经预料到会这样。因为德军如果想突破城市东部的我军阵地就必须在巴斯托涅的北部和东北部集结，我们不但会守住东部更会拿下北部和东北部的。

致比阿特里丝，1945年1月15日

德国人就快完了……

这3天天气很好。我希望空军的实际战绩至少能达到他们所宣扬的一半。但无论如何，我知道他们尽力了，尤其是维兰德和他的歼击轰炸机群。

1月16日

第11装甲师和第1集团军的第2装甲师在乌法利兹会合。这让布莱德利恢复了对第1集团军的指挥，也给德国人的进攻画上了句号。剩下的事就是把德国人打回去。

德弗斯想要肃清科尔马包围圈内的德军。看来我们必须借给他3个炮兵营和第10装甲师，因为无论如何他都会想尽一切办法从我这偷走这几支部队。就我个人而言，我更想亲自带着部队去打德国鬼子，而非让蒙哥马利和德弗斯蚕食我的部队。

致儿子，乔治，1945年1月16日

指挥艺术是赢得战争的关键。但我真的不知道该如何定义这种能力。它应该包括：知道自己想要什么、去做以及当有人干涉时你会感到愤怒。自信与指挥艺术是一对孪生兄弟……

我估计我们消灭了 8 万德军[①]。附近的树林里到处是尸体，到了春天肯定会发臭。

一架该死的时速每小时 800 公里的喷气式飞机刚刚投下一枚炸弹。爆炸把房子震得直颤，威利吓坏了。他们还时常冲我们发射火箭弹，但我们已经习惯了，就像打雷一样，只要别站在路上就好。虽然看起来环境恶劣，但只要你习惯了，就会觉得与日常生活无异。

1945 年 1 月 16 日，阿登战役虽未结束，但德军在突出部的攻势已经彻底结束。巴顿展开钳形攻击夺取乌法利兹，哈索 - 埃卡德 · 冯 · 曼陀菲尔在被彻底包围前成功地撤走部队。战场的另一边，希特勒将 SS 第 6 装甲集团军调往匈牙利，抵挡苏军的进攻。

阿登战役期间，巴顿快速调动陆军各部队，并从南部攻击突出部。布莱德利对此给予了极高的评价。

1 月 17 日

前往阿尔隆会见米利金和米德尔顿，并向他们表示祝贺，虽然此前在电话里已经祝贺过了。他们干得很棒。不过，还得督促米德尔顿，他还是个毛头小伙子，但这一次他表现得很好。

另外，我又告诉各师长、军长，虽然我知道部队已经十分疲惫，但还得继续进攻。他们应该始终保持有三分之一的部队处于休整状态，因为今后我们将一直进攻，直至战争结束。

1 月 18 日

盟军远征军最高司令部打来电话，让我们拨出一个师给第 6 集团

---

① 整个阿登战役，德军损失 84000 人，近 700 辆坦克。

军。我把第101空降兵师派了过去，因为这个师迟早会被调走……

沃克半夜打电话来问我是否要继续进攻。我回答他，一直向前，持续进攻的时间到了。

昨天，霍奇斯兴高采烈地来到我这里，说艾森豪威尔和他最后一次会面时说道："你知道吗，乔治绝对是一个伟大的战士。我必须在战争结束前在马歇尔那为他争取一些奖励。"

致比阿特里丝，1945年1月20日

第101空降兵师现在自称3B，即"巴斯托涅的恶棍部队"。他们打得确实很好，但和一战时的海军一样，他们的名声远远超出了战绩。

天气没法再糟了，又开始下雪，但我们还是保持平均每天一公里的速度向前推进……

我在考虑是否要给威利弄件毛衣……

每次我在床上看书，它也会待在床上。只要我一准备开窗户，它就赶紧跑到浴室里去，因为那里暖和。

特里（米德尔顿）和米利（米利金）今天上午开始继续进攻了，我得过去看一眼。我起不到太大的作用，但我想看着他们干掉德国鬼子。老实说，我看不出德国人怎么能顶得住两翼的持续攻击。我希望我们是第一支到达柏林的部队。如果我们真的最先到达柏林，我们就得赶紧（打苏联人）。

1月21日

我给每个军官小小地鼓了一把劲。现在，他们明白了该怎么做，而且干得很好。几天前，我准备撤掉米利（第17空降兵师师长）和基尔伯恩；现在看来还是再等等。我还考虑过撤掉霍尔布鲁克，他现

在干得很棒。

路上，我还注意到一件事，充分说明缺乏经验的年轻军官能力不足。一个运输车队陷在泥坑里打滑没法前进，每辆车上都载有四五十名士兵，但没有一个军官想到让士兵下去推车。直到斯蒂勒和我赶到，命令士兵去推车才解决了问题。

美国各大报纸很快在头版头条报道了巴顿救援巴斯托涅和进攻乌法利兹的战绩。第 3 集团军司令内心得到了极大的满足，并趁机在日记中讥笑其他准备进攻的部队："德弗斯挖空心思要到了好几支部队。但准备进攻科尔马时，他竟然声称只能集结一个师用于进攻。我真担心第 8 装甲师又会落到他的手里。我已经把 101 空降兵师和第 10 装甲师给他了。"

1 月 22 日

我告诉埃迪不要局限于预定目标，继续前进。有流言说德军在集结，但我表示怀疑……

我打电话给布莱德利强烈建议，不论部队有多疲惫、损失有多大，所有部队都要持续进攻，因为德国人此时正在东线抵挡苏联人的进攻，现在正是我们大举进攻的机会。

1 月 23 日

尽管布莱德利和我强烈反对，盟军远征军最高司令部还是下令把第 35 步兵师调给第 6 集团军。我们的最高指挥官对战争一窍不通，真让人生气……

科尔马围城战似乎要以惨败收场，千万别派我去收拾残局……

布莱德利和我讨论了接下来的行动计划。如果行动没有成功，布莱德利就不得不把大批的部队交给蒙哥马利，也许是 12 个师，那样，留给第1和第3集团军的兵力就只能用于防守。而且我可以肯定，即使蒙哥马利得到了那么多部队，他还是会和以前一样一事无成。因此，为了避免出现这种情况也为了保持美军的声誉，我们必须成功。布莱德利的行动计划很完美，我认为赢的概率很大。他还让蒙哥马利暂时接替第9集团军防守，这样我们就可以给德弗斯再派4个师进攻科尔马；之后，德弗斯的第6集团军全部用于防守。

1月24日

霍奇斯来这里，和布莱德利与我共进午餐。饭后，我和霍奇斯讨论了下一步行动，布莱德利也在旁边。我们刚决定让霍奇斯的部队于周日进攻，盟军远征军最高司令部第3办公室的副官怀特利就打来电话。他希望布莱德利再派几个师协助德弗斯。这一次，布莱德利发火了。

1月24日

霍奇斯准备星期天发动进攻。我准备把进攻的时间定在同一天。

司令部坚持让我们分兵去科尔马，这很可能正中敌人下怀，我们正把部队从一个重要战场调到一个次要战场。这已经是第三次犯同样的错误了，我不认为犯这样错误的人能逃脱历史的审判。

布莱德利、霍奇斯和我都决定展开进攻，无论被调走多少部队。就我个人而言，我确信德军正在撤退，很可能会一直退到莱茵河。如果我们现在进攻，应该很快就能前进到莱茵河。现在分兵去做别的事，在我看来就是在犯罪。

1月26日

地上积雪很厚，天很冷。

今天，布莱德利要去设在那慕尔的新指挥部……我打电话向他说再见。他是一个好上司，但他的上司却不怎么样，这真让人懊恼。

1月27日

米德尔顿跃跃欲试，渴望进攻……埃迪也是。

致比阿特里丝，1945年1月28日

我几乎每天都笔耕不辍，因为不管别人怎么想，事实上一位集团军司令通常没有太多事要做。

在零度的天气里，开着吉普车也感觉不到温度。我穿得很多，还戴了一条毛围巾。我发现，如果你能让脖子保暖的话，情况会好很多。我还把军大衣对叠盖在我的腿上。另外，吉普车的侧门是有机玻璃的。

早晨，我们展开了新一轮的进攻，该死的暴雪还在下。不过，我相信德国人也不好过，我军会突破他们的阵地的。不幸的是我们得先突破齐格菲防线。

致比阿特里丝，1945年1月31日

昨天，我开着吉普车在冰天雪地里跑了大概有8个小时。把我冻死了，一回到屋里我就泡了一个热水澡，为了暖和点我还开了20分钟的红外线灯，它离我有4米远，但功率很大。我的眼被雪刺得发红。

11点45分醒来时，眼睛疼得厉害，眼泪不停地往外流。起床后我喊醒奥多姆上校和与我们住在一起的医生——我的私人医生。他用纱布给我冷敷了两个小时，又打了一针吗啡，最后给了我一包安眠药粉。

我在黑屋子里一直睡到中午，现在眼睛好了。我就像一只小狗总是惹是生非。

巴顿计划持续进攻，不给敌人喘息之机，他的目标是科布伦茨。1月31日，不顾埃迪的反对，他命令第12军于2月4日发动进攻。巴顿记录道："他说我从来不给他时间准备，还说我从来不考虑时间和距离的因素。对此我说道，如果按他的说法让各军军长都准备充分再进攻，我们现在还待在塞纳河。"

但很快巴顿就不得不停止进攻，第12集团军发来信息让他的部队待命。此时，盟军司令部决定将进攻的主要方向定于莱茵河西侧的杜塞尔多夫至科隆一线，目的是直接攻击德国的工业中心①。巴顿认为这一决定的背后又有蒙哥马利的影子。他写道："我不得不通知埃迪暂停进攻。真他妈该死。我们又一次为了配合他人毫无取胜希望的进攻而放弃已经开始了的战斗。蒙哥马利自从离开非洲后就没有打赢一仗，他在非洲也仅仅是赢了阿拉曼战役，如果没有我他怎么可能突破马雷特防线。"

第94步兵师以及师长哈里·马洛尼成为巴顿愤怒的牺牲品。巴顿在日记写道："我向士兵们表示祝贺，但同时也直言不讳地告诉他们，第94步兵师是我指挥过的部队中被俘虏人数最多的一个师，必须设法抹掉这个耻辱。为此，我特地点拨了一下马洛尼，我想这个方法应该行得通。"

然而，对巴顿而言坏消息还没有结束。布莱德利通知他第95步兵师将调拨给第9集团军（隶属于英军），一同被调走的还有5到6个炮兵营。这一部署是在艾森豪威尔和马歇尔会面时出于政治目的做出的决定，当时后者正准备

---

① 自一月中旬起，盟军飞机摧毁了德国主要的炼油厂，致使德国的柴汽油供应完全依赖奥地利和匈牙利，这也是希特勒将SS第6装甲集团军火速派往匈牙利的原因。

出发前往雅尔塔[①]。

2月8日

布莱德利、霍奇斯、辛普森和我午饭后召集各部队参谋宣布这个可能是史上最大的错误。布莱德利说道，艾森豪威尔将军与马歇尔将军会面，后者以参谋长联席会议的名义命令艾森豪威尔将部队与第21和第9集团军整合，在蒙哥马利的指挥下展开进攻。布莱德利认为如此安排的一个主要原因是为了让在比利时北部滞留了两个多月的14个英国师能够参与进攻。进攻的目的是尽可能快地占领莱茵河两岸的大面积地域，一旦德国支撑不下去了，这些部队将快速向东推进。

我认为相较这次不可能早于2月10号的进攻，我们之前自己的进攻更有可能抵达莱茵河畔，我想霍奇斯的看法和我一样。另外，我们没有一个人看好英军的进攻……

第1、3集团军获准在10号之前继续进攻，但考虑到弹药的消耗和兵力的损失，我军很难持续进攻。我们没有足够的弹药和兵员维持3个集团军的攻势。

第6集团军将会转入防御态势。

对美国人而言，像这样结束战斗是愚蠢和可怜的。在我看来，每个师都应该投入进攻，如果能做到这一点，德国人将无法阻挡美军前进的脚步。

我们都很沮丧……这样的安排说明司令部准备把部分师留作预备

---

① 雅尔塔会议于1945年2月4日至11日在克里米亚半岛的雅尔塔召开。罗斯福、丘吉尔和斯大林在会上主要讨论了德国和日本在战后的安排。此时苏联红军已抵达德国东部边境，而盟军还未渡过莱茵河。会议决定由美、英、法、苏四国分区占领德国，以及建立一个新的国际组织（即当今的“联合国”）取代当时的“国际联盟”。

队。但留作预备队的目的是什么？防守谁的进攻？在我看来，这样的安排毫无意义。

2月3日，巴顿指示第3集团军的3个军长继续进攻，目的是牵制住德军，使之无法向英军阵地转移。

2月3日

我的进攻计划是基于德军已经没有能力发动反击制订的。我认为德军已是强弩之末。我试着向司令部要一个装甲师以加强第20军的军力，让他们扫清摩泽尔河和萨尔河三角地带的德军。但和以前一样，他们拒绝了我的请求。

司令部的进攻安排让巴顿感到震惊，因为他认为："蒙哥马利太懦弱，行动太慢，德军可以从容组织防御，盟军将陷入泥潭。"

巴顿脑子里有了一个新的计划，但由于担心被布莱德利否决而未向其透露分毫。他准备让部队占领埃菲尔山脉①、渡过基尔运河②，建立一个大规模进攻的出兵基地。按巴顿自己的话说，该计划是一个"进攻性的防御行动"。

2月5日

我努力让自己对于即将进攻比特堡的计划守口如瓶，以免被上级制止。因此，当布莱德利给我打来电话问我能否和他一起去巴斯托涅见艾克的时候，我心里七上八下的。我估计艾克仅仅是想在巴斯托涅留影罢了，但也可能还有其他的命令。7号凌晨1时，埃迪

---

① 德国西部一座由低矮的火山形成的山脉，南临摩泽尔河，东临莱茵河，北临高文山，向西延伸至阿登山区。

② 位于德国北部，西起易北河口，最终抵达波罗的海的基尔湾。

将发起进攻。

在巴斯托涅，巴顿会见了艾森豪威尔，后者对目前的战况表示满意，但只字未提第3集团军的功劳。巴顿写道："到目前为止，他还从未因为任何一次军事行动赞扬过我以及其他军官。我知道他不是故意的，而是疏忽了。但不管怎么说，我无法恭维这种指挥方式。他现在已经是五星了，一个自以为可以高高在上的军衔。"

布莱德利、艾森豪威尔和巴顿在巴斯托涅会面，他们站在一堆精心布置的瓦砾上让一位摄影师拍下了这历史性的一刻，接着返回第1集团军司令部。

5日，部署在第3集团军左翼的第8军缓慢朝离普鲁姆不远的德国边境前进。5日夜，巴顿突然从梦中醒来，脑子里浮现出第8军和第12军实施突破的整个计划。他写道："这将重现在布列塔尼战斗时的情景。这一战术构想究竟是源于灵感还是源于失眠我不知道，但几乎每次我所使用的战术都像智慧女神密涅瓦[①]诞生一样突然出现在我的大脑中，绝非后世历史学家想象的，我拿着放大镜在地图上仔细研究。

"如果派出3个师进攻，我军将没有一兵一卒用于防守，然而这是我深思熟虑的结果。一旦全力进攻，我们将没有一条战线需要防守，我愿意冒一次险。上帝会保佑我的。"

2月7日，美第8军在德第5装甲集团军和第7集团军结合部突破。另一方面，巴顿和埃迪对因天气原因进展缓慢的第12军不甚满意。巴顿让布莱德利尽量拖延第17空降兵师[②]被调走的时间，但没有成功。巴顿写道："对此，他没有想到任何办法，他的成功完全归因于他对上级的卑躬屈膝。一直以来，他都帮不上什么忙，我一直在孤军奋战，甚至是在西西里时也是一样。我总是

① 罗马神话中的智慧女神，相对应于希腊神话的雅典娜。加利福尼亚州州徽中的女神即是密涅瓦。

② 第17空降兵师将被调走参加"大学行动"。

反对我认为有问题的命令，这让我不合群，但不妨碍我打胜仗。”

但此刻，巴顿还未得到胜利女神的垂青。一方面，战场天气糟糕；另一方面，面对第 9 集团军的进攻，德军炸毁了罗尔河水坝。因此，布莱德利命令巴顿派一个军参谋部前往第 1 集团军，协调与第 3 集团军进攻科隆和科布伦茨事宜。巴顿把第 3 军参谋部派了过去，他写道：“因为虽然米利金在巴斯托涅干得很好，但与其他军长相比他还是显得很业余，而且（从西点开始）我就不喜欢这家伙。另外，我宁愿要 3 个大规模的军也不要 4 个小军。但愿我们能重回原先的计划，展开进攻。”

然而，展开猛烈反击的恰恰是德军。2 月 10 日，德第 2 装甲师和装备虎王坦克（即虎 II 型）的第 506 重坦营拦住了美第 90 步兵师前进的脚步，美第 8 军被困在普鲁姆以西，直至 2 月 13 日美军攻下该城，第 8 军才得以继续前进。

2 月 11 日

第 8 军的形式非常严峻，那里的路被德国人彻底炸毁了……我告诉米德尔顿，必要时可以把第 6 装甲师全体坦克兵当步兵使用，但必须确保该师刚刚夺下的叙尔河的桥头堡始终在我军手中。我不能容忍经过血战得到的地方被敌人复夺。

2 月 12 日

所有没有参战的部队此刻都在路上运送补给。我允许第 12 军必要时可以停止进攻，但和以前一样，这反而激起了埃迪的雄心，他继续进攻而且干得很好。

致比阿特里丝，1945 年 2 月 13 日

我唯一想指挥的部队在中国，那里没有友军的牵扯。在这里，被

各种各样的事情掣肘，以至于我军前进缓慢。

现在冰雪初融再加上我军繁忙的运输，比利时的公路网已经彻底瘫痪了。

2月13日

渡过叙尔河进入德国，沿着河东岸行驶……士兵们看见我显得很吃惊。老实说他们很少有机会面对面地接触我，鉴于给军队带来的影响，这样的付出是值得的。

我将仍然是第一个渡过莱茵河的将军。

致比阿特里丝，1945年2月14日

有时候部队打仗打得不好我就会特别生气，然后部队就会有明显的进展。我军强渡叙尔河和奥尔河的壮举完全可以载入荷马史诗。

齐格菲防线沿河岸布置了数百个机枪掩体，水下安有带倒钩的铁丝网。河水当时在上涨，流速达到了15至20公里每小时，但我们还是成功过了河。

有一天，我们损失了136条小船，但没有损失全部的部队。我们就在敌人的炮火下筑桥，甚至在我过桥时，部队不得不用烟雾做掩护。

我比原先打算的更靠近前线，但有惊无险，士兵们见到我十分激动。如果再有一个师，我就能突破。但高层只关心另一个蠢货的行动，他从未成功过，将来也不会，尤其是在蒙哥马利阁下的指挥下。

2月14日

我准备前往巴黎见一见霍奇斯，17号回来。因为第8军和第12军都没有能力在17号前再次发动进攻。

这是科德曼和我自1942年10月24日以来的第一次休假。我们乘火车去巴黎，霍奇斯已经为我们在乔治五世酒店订了房间。

第8军和第12军的休整给了德军喘息之机。巴顿对此毫不知情，毕竟在当时没有一支或者说几乎没有一支德国部队在进攻第12军。对巴顿而言，最重要的是他已经一只脚迈入了德国本土，他正焦躁地等待着跨越莱茵河的一刻。

第八部分

巴顿的闪电战

第四十章　目标：莱茵河

在巴黎拜访霍奇斯后，巴顿前往凡尔赛参加了一个盟军远征军最高司令部的会议。会上，他遇见了比德尔·史密斯，后者问他："我知道你不太赞成我们的战略，但你估计需要多少部队你才能再次对萨尔劳滕或者萨尔格米纳发起进攻？"

巴顿答道："5 个师。"

史密斯说："我原以为你大概需要 12 个师。"

"我之前没有意识到他的级别（竟然能调动这么多部队）。"

接着，比德尔·史密斯带巴顿去附近的一块专供法国总统休假的地方打猎。他写道："……我打了 3 只鸭子、1 只野鸡和 3 只野兔。饭后，我感觉有些食物中毒，现在彻底恢复了。

"我们还去了一家名叫'疯狂'的剧院，里面表演的都是全裸的节目，但我们并没有猎奇之感。和以前一样，我一进剧院，在场的人都沸腾了。我们在一间包厢里看节目，之后和剧场老板以及老板娘在后台喝了点香槟。老板娘说道：'我亲爱的将军，您下次再来巴黎的时候，我们一定会专门为您表演'疯狂女郎秀'。那时，您在这里想休息多久都可以。'但在我看来，还没有一个地方比这里更不适合休息的。"

2月19日

我写信给布莱德利告诉他，除了第3集团军外，美军所有的部队都没有在打仗，因此我在进攻的时候，如果能多给我几个师，我的战果会更辉煌，为此我希望能再给我增加1到3个师。我写这封信的部分原因是出于存档的考虑，因为历史一定会谴责我们在这么长时间内一直无所事事。另外，我也受够了他们一直在盗取我的主意但没有一点表示，我通常都是向他们口头陈述。

我不理解为何他们有这么多部队却不能分给我一点。

此时的德军并未识破巴顿的意图。国防军统帅部确认除了美第4、第6装甲师外未发现其他美军部队，认为美军不会展开大规模进攻。

2月22日，受美第6装甲师强大的压力，德军后撤至普鲁姆防线的后方。25日，美第4装甲师突破德军脆弱的防线攻占普鲁姆，向比特堡进发。3月3日，美第20军开进特里尔。

记者招待会，卢森堡，1945年2月23日

巴顿：那些站着说话不腰疼的人声称这将是最后一次战争，还说什么我们只需要手里拿着木棍就可以维护和平。这些人将对上百万人的死亡负责……如果哪个狗娘养的敢斜眼看你，你需要做的就是上去痛揍他一顿……

还是那些人，他们说我们有三千海里的海洋作为屏障，但20年之后随着科技的发展，这三千海里对人类而言不过是一个小水坑。这个问题很严重，而很多人没有意识到问题的严重性。

战争是靠那些上阵作战的人赢得的……

先生们，第3集团军感谢各位做出的努力……我们很容易认为武器比军事知识更重要……必须要指出，在恶劣的环境下生存以及照顾好自己很重要，但最重要的是与他人的团体协作能力……

提问：德国人还在挖反坦克壕沟吗?

巴顿：如果他们能花点精力干别的事，也许不至于这么狼狈，但他们还在挖，那东西唯一的用处就是把自己给埋了……

提问：你认为德军的下一条防线会在哪里?

巴顿：我认为任何时候只要部队能取得突破，那就该一直向前。当然，每个城镇、路口和桥梁都会遭到抵抗，但不会太顽强。

提问：我们的部队准备攻占特里尔吗?

巴顿：在这一点上，恐怕我军已经错失良机了。我们的一队架桥辎重车队被德军摧毁。这件事请大家不要再提了。这是第3集团军首次这么不走运。每过一分钟，我们完成任务的难度就增加一分。但无论如何我都认为这次行动完全会获得成功，我们从未输过。

2月25日

我邀请米德尔顿、沃克和加菲一起吃午饭。布莱德利打来电话询问能否和我们一起共进午餐……我们欣然同意。我授意3位军长（埃迪病休，加菲代理第12军军长）和维兰德将军劝说布莱德利让他同意我们继续攻打特里尔。

我提醒布莱德利注意我们有能力拿下该城，如果仅仅因为要服从6500公里外参谋长联席会议的决定而放弃此次进攻是可耻的，而联席会议坚持要把一部分兵力留作预备队部署在所谓的保护地带。

我们谈了很久，最终布莱德利同意我们进攻到27日傍晚，条件是艾克同意让我指挥第90步兵师，当时，该师属于盟军司令部的预备队。

我在想在整个战争史中，有没有一个常胜将军为了继续获胜不得不费尽口舌地劝说他的上级。

致比阿特里丝，1945 年 2 月 25 日

我希望国会的那些蠢货不要再试图晋升我了。我担心马歇尔会认为我在背后捣鬼，但事实上我没有。国会的那些人应该首先晋升布莱德利或者干脆把他革职。我们迟早都会成为四星上将，我从来都不准备与别人一样。

今天就写到这吧，我出去散散步。

致比阿特里丝，1945 年 3 月 1 日

我又一次嘲笑了他们……我不得不乞求、欺骗、偷窃一个攻取特里尔的机会。沃克在其中扮演了十分重要的角色……

最终，布莱德利向我道贺。

昨天，我在萨尔堡。那是波西米亚的盲国王约翰即卢森堡公爵[①]的故乡，此人死于克雷西。加勒王子继承了他的皇位。

还是在昨天，当我侦察战场时一发炮弹落在离我不远处。德军还猛烈轰炸了一座城市，当时按计划我应该出现在那个城市里，但事实上我不在。我怀疑我们的电话被德国人窃听了。

3 月 4 日，巴顿吹响围猎的号角。第 8 军的第 11 装甲师开始进攻德军防线，同时第 12 军在基尔运河对岸建立桥头堡，第 4 装甲师将在这里展开进攻。两天的时间里，第 4 装甲师从德第 7 集团军身后发起猛烈进攻。曾经带领装甲部队参加 1941 年 6 月巴巴罗萨计划的德第 7 集团军将领汉斯 · 费尔伯见证了美军的闪击。另一方面，布莱德利也用两个师快速夺取了特里尔。

第 20 军战线，第 10 装甲师在基尔运河南端渡河后向摩泽尔河以北进发。

---

① 也称作卢森堡的约翰，1296 年 8 月 10 日至 1346 年 8 月 26，神圣罗马帝国皇帝亨利七世之子，1340 年双目失明，1346 年阵亡于克雷西战役。

尽管部分德国部队顽强抵抗，但第 3 集团军还是进展顺利俘获了大批德军；德国在齐格菲防线以西的部队基本被肃清。

3 月 7 日

布莱德利打来电话祝贺……第 4 装甲师在 36 小时内奔袭了 100 多公里抵达莱茵河，部队现部署于科布伦茨以北，这是了不起的成就。

但当天第 1 集团军拔得头筹。第 3 军的第 9 装甲师完好无损地夺取了莱茵河上一座通往雷马根[①]的大桥。这样，形势对他们接下来的行动极为有利。我希望我军也能有自己的桥。

致马歇尔，1945 年 3 月 13 日

当对德作战胜利结束时，我希望高层能派我统帅部队对日作战，哪怕是从师长做起我也愿意。

我坚信我的战法行之有效。

另外，以我目前的年龄来看，这场世界大战将是我的最后一战了。因此，我希望我能走到战争结束。

最后，请原谅我在您百忙之中还对您提出了私人要求。

3 月 14 日

我驱车前往特里尔……这条路也是当年凯撒带领部队走过的路，这几天我正在读他的《高卢战记》。想起罗马步兵走在相同的道路上，我不知道这是历史的偶然还是宿命的轮回。

---

① 莱茵河中游左岸的一个市镇，二战时德军一支部队奉命炸掉雷马根大桥，以阻止盟军东进；希特勒曾说过这样一句话：“有两个桥头堡决定了我们德国的命运，一个在诺曼底，而另一个在雷马根。”

在特里尔唯一保存完好的就是通往古罗马竞技场的大门，它通向胜利与荣誉。

3月15日，美第20军战线的德国部队彻底崩溃。此时，美军可以轻松突破齐格菲防线，狂飙突进至凯泽斯劳滕。然而，巴顿和他的参谋更倾向于利用德军防线上的缺口向东进军。直到16日，巴顿才意识到他刚刚错失了全歼德国一整个集团军的良机，但艾森豪威尔仍然盛赞巴顿的表现。巴顿写道："第二天上午的会上，艾森豪威尔比以往任何一次都要热情地称赞我。他声称我们这些老兵还没有意识到我们取得了多么伟大的成就，还不够自豪……他从未如此颂扬过某一个人。他还说我不仅仅是一个伟大的将军，还是一个幸运的将军。他甚至将我媲美拿破仑。"

记者招待会，卢森堡，1945年3月17日

海军陆战队总是炫耀损失了多少部队、战斗怎么艰苦，而我则致力于尽量减少我军的伤亡。

各位知道吗，截至今天第3集团军已作战230天，俘虏敌军23万人，平均每天俘虏1000人。我们将给第23万个俘虏拍照。他们不同意我们公布上一张即第20万个俘虏的照片，因为他们认为展示俘虏的脸是对他本人的侮辱。这一回，我们拍战俘的屁股……

另外，需要提醒公众注意的不是我本人，而是整个集团军的全体官兵。上帝知道我已经吸引够多的注意了，我会上天堂的：圣皮埃尔会立刻认出我。你们可以向外公布这支部队的任何一个师。我要让德国鬼子知道我们有4个装甲师正准备朝他们扑去——第4、10、11和12装甲师。第12装甲师明天一早就行动。当然了，没有必要告诉他们我们朝哪攻……

请不要对外宣传我对海军陆战队的评论，我只是想表达我的观点。

巴顿对司令部再次阻止他向莱茵河进军感到愤怒。他希望可以再现西西里时战果超过蒙哥马利的壮举，后者准备于3月24日在莱茵河发动大规模行动[①]，并让记者对此事保密。

巴顿写道："他们不想让我进攻特里尔，也不愿让我到达莱茵河或是在科布伦茨西南强渡摩泽尔河……如果现在我军不能渡过莱茵河，我们将不得不再次停下来。我们成功的秘诀就是顽强以及根据情况适时地调整计划，而其他部队总是幻想着让环境适应计划。"

马歇尔致艾森豪威尔，1945年3月21日

请向巴顿转达我最热烈的祝贺。我会在部队渡过莱茵河时再向布莱德利、霍奇斯、巴顿、德弗斯和帕奇发去官方的专门针对陆军的贺电。

艾森豪威尔致巴顿贺电（手书），未署明日期

亲爱的乔治：

我向你表示最诚挚的祝贺。能与你在这场战争中并肩战斗感到骄傲。

祝好

艾克

3月21日

法尔茨一带的行动即莱茵河与摩泽尔河三角地带的行动已经结束。我们干得很棒，取得了历史性的功绩……

① 指的是大规模的空降行动，即"大学行动"。16000名美、英、加伞兵将被空降到莱茵河东岸的韦塞尔，配合蒙哥马利即将强渡莱茵河的"战利品行动"。

我坚信这一阶段的战斗一定会在战争史上写下浓墨重彩的一笔。但我认为当我们渡过莱茵河时，现在的成就又会显得黯然失色。

3月22日

自我军抵达莱茵河起，我就想尽一切办法让至少一个步兵营在河对岸建立桥头堡。埃迪准备今夜展开奇袭，他成功的可能性很大，因为德国人已经习惯了我军在渡河前会做周密的准备。米德尔顿的部队会在他们自己的战区周六夜渡河。

3月23日

第5装甲师成功渡河，真是谢天谢地……这是10天以来，我军最辉煌的一次行动……

帕奇对我们赞不绝口，他还告诉我德弗斯抱怨第3集团军在最后一刻抢了第7集团军的风头。

我相信接下来要做的事就是尽可能地运送部队到河对岸建立尽可能宽的阵地，然后继续向东推进。

不知为何，已经有七八个师渡河的第1集团军这两天未能再次发起进攻……

我由衷地感谢主一直以来对我和第3集团军的赐福。他不仅仅给我们带来不断的胜利，还给我们带来了目前的好天气。

致比阿特里丝，1945年2月23日

我的好运让我自己都感到吃惊，又是一次惊天动地的军事行动……

昨天夜里的奇袭，我们在莱茵河附近的奥本海姆俘虏了整整一个师[①]。

德弗斯本应该在沃尔姆斯以南我军的右翼渡河，但他却要等待空袭，而空袭在10天之内是不可能进行的。我们没有等空袭立刻渡河，结果德第15装甲师的大部分人还在睡觉的时候就被我们俘虏了。

那些逃亡的平民成了大问题，他们绝望地向西迁移。我看见一个妇女在小山头上坐在装满家当的婴儿推车旁哭。一个老人推着一辆独轮车，三个小孩紧紧抓着他的手臂。一个妇女拿着一个马口铁壶带着五个孩子在哭。几百个村子没有一丝生气，甚至连一只鸡都没有。大部分房子成了一堆瓦砾。这是他们发起的战争，但不该由这些可怜的农民承担。

致儿子，乔治，1945年3月22日

我一直不知道拿破仑也是在奥本海姆附近渡过莱茵河，直到你告诉我。早在我还在英国的时候，我就知道这个渡河点了。因为此处西岸高于东岸，而且周围没有什么山，可以有效减少德军直接炮击桥的可能性，最重要的是，这里有一个规模较大的港，驳船从这里出发不易被德军发现。

3月24日

驱车前往莱茵河行至桥上时，我下车往河里尿尿。然后到了河对岸我随手抓了把泥土……我想起了当年的威廉一世……

---

① 此次渡河从侧面印证了德军的防御思想就是阻止盟军在短时间内大规模渡河。1944年3月，古德里安在给希特勒提交的报告中指出，运用具备高机动能力的装甲和机械化部队防守德国西部边境是可行的。这一思想衍生为：通过迟滞战术不断蚕食盟军部队。然而，1944年3月的德国已经没有能力再组建类似的部队。

明天，我们将在圣戈尔渡河，那里距离传说中的罗蕾莱[①]出没的地方很近。一想到渡河的地方正是日耳曼神话里女主角生活的地方，我就感觉此次渡河悲壮无比……

……我实在想象不出德国人还能怎么坚持下去。

① 德国民间文学及传说中的女妖，出没于莱茵河岩石上，以姿色和歌声引诱水手，致使船毁人亡。

第四十一章　最后的突袭

3 月 24 日，美第 5、90 步兵师大部和第 4 装甲师在奥本海姆渡过莱茵河。德军计划发动反击，但刚一开始便告失败。凯瑟林元帅向他身边的参谋表示，巴顿突破德军防线的速度让他吃惊。3 月 26 日，美第 6 装甲师开进法兰克福与德军展开激烈巷战。27 日，美第 12 军与第 1 集团军在法兰克福会师；同一天，第 4 装甲师夺取了哈瑙（德国黑森州的城市，位于莱茵河与美因河流域，在法兰克福附近）；28 日，第 4 装甲师与第 1 集团军在迈因以北会合，完成了对威斯巴登（德国黑森州首府）以西德军的合围。此时，巴顿计划全力向北进发。

3 月底，德军做最后的努力，试图阻止第 3 集团军前进的脚步。图林根装甲师和第 11 装甲师准备在第 7 集团军右翼的开阔地带机动防御美第 12 军。但当美第 4 装甲师向东北突进时，德第 11 装甲师燃油告罄。3 月 30 日，布莱德利命令巴顿将第 3 集团军的进攻方向调整为朝向富尔达（德国黑森州的都市）和卡塞尔（德国黑森州第三大城市）的东北方，接着向东朝易北河[①]进发。如此，第 3 集团军将进攻德 G、B 集团军的结合处，第 4 装甲师充当先锋部队。但此时第 3 集团军还得等待肃清鲁尔包围圈内德军的第 1、9 集团军，因此第

---

① 发源于捷克、波兰两国边境附近的克尔科诺谢山南麓，在德国下萨克森州库克斯港注入北海，三分之二流经德国。

3集团军每天至多只能前进12公里。

美军渡过莱茵河使克林姆林宫忧心忡忡，更是让斯大林感到焦虑，这将对日后的战场格局带来深远的影响。然而艾森豪威尔此时并未将目光放在柏林，从此，盟军便失去了先于苏军攻陷柏林的唯一机会。巴顿批评艾森豪威尔在苏联人面前表现得软弱。事实上，艾森豪威尔也幻想着攻陷柏林，但他无法违背罗斯福与马歇尔之前定下的战略方针。美国不得不在欧洲战场尽可能地减少部队损失，之后将其派往太平洋战场；并且，盟军在战场上还得依赖苏联的力量，后者此时还在隐藏自己的政治和军事意图。为此，艾森豪威尔于3月31日将布莱德利的计划告知斯大林：南部，在巴伐利亚州的蒂罗尔（横亘奥地利西部与意大利北部的阿尔卑斯山脉的一个区域）摧毁“阿尔卑斯内堡”的德军（阿尔卑斯山脉中一个称作内堡的堡垒，事后证明德军未在此处集结部队）；北部，英军朝吕贝克（位于德国北部石荷州，距离汉堡60公里）推进；柏林因此并不在美军的战略意图内。虽然罗斯福于4月12日逝世，但美军的战略方针并未更改，继任者杜鲁门由于担心与苏联的摩擦升级，决定延续艾森豪威尔与马歇尔的建议。正如巴顿所担心的，美军强渡莱茵河与德军在西部的覆灭促使斯大林[①]将攻克柏林放在首要任务上。斯大林最得意的两位将领朱可夫与科涅夫为了达成这一目标展开了激烈的竞赛。

致比阿特里丝，未署明日期

战争在我看来已经结束。我认为我们可以去任何想去的地方。按蒙哥马利的说法：“德军正在英第2集团军面前顽强抵抗。”我们今天推进了45公里，俘虏了8000多人。

---

① 当苏军攻克柯尼斯堡（俄罗斯西部港市加里宁格勒的旧称）、但泽（波兰北部最大的港市）、菲列特港时，德军的崩溃、德国民众的投降以及党卫军上将卡尔·沃尔夫与美国情报部门在意大利的秘密会谈都使斯大林的不信任感增强。

4月3日

这里的道路状况相当好。德国老百姓在卖力地清理他们的城镇。美因茨（德国莱茵兰-普法尔茨州的首府）是我见到的第一个基本被炮火摧毁的大城市。我估计该城三分之二的建筑成为了废墟……

按照司令部的命令，我们已经彻底停止进军，等第1和第9集团军赶上来。

致比阿特里丝，1945年4月5日

我们没有遇到德国人一丁点的抵抗，因为德军正在全力阻止英军的推进——至少按蒙哥马利的说法是这样的。另外，他还声称他会向记者毫无保留地汇报战况，而我则一直在愚弄记者。

目前，为了完成整条战线上的战斗，我军正在等霍奇斯和辛普森的部队。如果他们同意的话，我军可以在一周之内与苏军会合。该死的平均主义。

日记，4月11日

我发现道路上散落着许多汽油桶，没有人收拾。于是我命令集团军军需处处长亲自带两辆卡车收拾地上的汽油桶和其他散落的物品。

我还下令收回并入库所有被征用的民用汽车、自行车和摩托车。如果每个士兵都人手一辆车，这支部队的汽油补给是无法保障的。另外，一旦部队在行军时感到疲惫了，这些自行车和摩托车也能派上用场。不管我们喜不喜欢德国人，他们都有生存下去的权利，而目前他们没有任何的交通工具……

……有传言说德国人试图通过滑翔机运载小分队进行暗杀活动，我也在名单之列。除了我和威利，所有的人都人心惶惶的。尽管如此，每天夜里我还是把卡宾枪放在身边。

4月12日

昨天晚上我睡得很迟，发现忘了给表上发条，于是打开收音机等整点报时。我刚打开收音机便听到了罗斯福总统去世的消息。我立刻把这个消息告诉了艾森豪威尔和布莱德利，我们还讨论了接下来可能发生的情况。出于政治平衡的考虑，人们选择了连上帝都不会同意的其他党派候选人做副总统，这真是太不幸了。

4月11日，巴顿和艾森豪威尔与布莱德利会合一同前往梅尔克斯盐矿视察。巴顿的手下在那里偶然发现德意志银行储备的金条和纳粹党徒密藏的从被占领国家和犹太人那里掠夺来的无数珍宝，包括各种金银币、德国和外国货币、宝石以及各种艺术品。接着，他们前往奥尔德鲁夫集中营。

致麦克罗伊，1945年4月13日

昨天我看到了一幅令人毛骨悚然的场景，简直让人无法想象。那就是德国的集中营……

我把所有的士兵都派去参观集中营[①]。我想不会有人反对这种人道主义的博爱。

我还出席了美因茨大桥的通车典礼，人们递给我一把专用的剪刀请我剪彩。我告诉他们我不是裁缝，然后向他们要来一把军刀……

4月14日，巴顿完成了儿时的梦想，被晋升为四星上将。但不巧的是，这一天他前往布痕瓦尔德集中营视察。

---

① 除此之外，巴顿还组织当地和周边的德国民众以及奥尔德鲁夫市的师长夫妇参观集中营。随后，市长夫妇自杀。

致比阿特里丝，1945年4月17日

昨天开了一个非常重要的会议，我军被要求着手准备下一场行动，看起来这应该是战争的最后一场行动了……

有时我会想，我存在的意义行将结束。我解救了约翰[①]，打垮了德国人。剩下的还有什么事可做呢？

好了，如果有一天我不在人世了，请记住我爱你。

4月18日

我很高兴自己被晋升为上将。但遗憾的是我不在首批晋升之列，我不想与碌碌之辈一同晋升。

科德曼从巴黎给我弄来了最后两个四星胸针和一个四星徽章。

第3集团军取得空前胜利，但巴顿却高兴不起来，尤其当他想到战争即将结束更是心情沉重。在给罗伯特·H·弗莱彻的信中他写道："我的看法和你一样，和平比战争更让人煎熬。事实上在我看来，战争并不是多困难的事，它反而是一次有趣的冒险……最好的结局就是在最后一次战斗中干净漂亮地死于最后一颗子弹乘风归去；届时我在天堂要么看见自己全部的荣誉、功勋随之烟消云散，要么看见你在为我的名誉孤军奋战。"

4月27日

飞往纽伦堡[②]，这座城市是我见过的在战争中损毁最严重的城市。看着如此多的历史遗迹化为废墟，真让人唏嘘不已。

---

① 巴顿的女婿约翰·沃特斯，在突尼斯战役中被德军俘虏。

② 在纽伦堡，有几个特殊的团体负责清点、管理"第三帝国"从别国掠夺的珍宝和艺术品。在德奥合并时，希特勒和希姆莱从奥地利往德国运送了大批的珍宝埋藏在纽伦堡。巴顿拒绝将其归还给奥地利政府，他声称那里的居民比纳粹还要可恶。艾森豪威尔在日后将其归还给了维也纳。

致比阿特里丝，1945 年 4 月 28 日

自从约翰被解救之后，我就再没有听到有人谈论你们中的任何一个人。我想，我的使命快结束了。

这场战争快结束了，就这样以一种沉闷的方式结束。有传言说德国人准备投降，看来我得抓紧进攻了。

4 月 28 日

我看不出还能从这场战争中再得到什么荣誉，我真担心它会以一种极其普通的方式结束。

4 月 30 日

有传言说希特勒已经死了，希姆莱正准备投降。我是一点都不相信这是真的，但我相信很多德国部队准备投降，因为自从诺曼底登陆以来，他们从未打过胜仗。

致比阿特里丝，1945 年 3 月 5 日

昨天夜里，意大利的德军投降了……在我面前的这些今天或者明天也该放下武器了，看来我很快就要失业了。我的心情沉到了海底。我热爱战争以及战争中的责任和兴奋。和平对我而言就是地狱，和平年代里我很可能百无一用。

我想回家待上几天，我想你。

5 月 7 日

战争部副部长佩特森先生昨天在我这里过夜，今天我们乘派珀飞机一同前往第 20 军……到第 20 军司令部后，我们发现由于苏军的迫近，从查尔斯五世起就设在维也纳的西班牙皇家骑兵学院迁到了第

20 军司令部附近。午饭后，他们给我们献上了一场精彩的马术表演。

佩特森先生非常平易近人。他的记忆力好得出奇，他甚至可以不假思索地说出与每位军官见面的地点。我们度过了一个非常愉快的夜晚，他的口才相当好，听他说话是一种享受。

在与佩特森的会面中，巴顿表达了对苏联的忧虑和向其展示武力的必要性。他认为下一场战争将在苏联与美国之间展开，而且这场战争并不遥远。

巴顿：部长先生，看在上帝的分上，当您回到美国时，请终止这个制度吧，不要再拆散我们的部队。您可以让 30% 的老兵回国休整，给我们派来预备部队，让我们就在这里训练，保持部队的完整。让我们擦亮战靴，磨利刺刀，向苏联人展示我们的军队和实力。这是唯一能让苏联人理解和敬服的方式。如果不这样做，那我可以告诉您，虽然我们打败了德国人，缴了他们的武器，但我们还是输掉了这场战争。

佩特森：哦，乔治，你在这里待的时间太长了，所以没有看清全局，你没意识到苏联人的实力。

巴顿：部长先生，如果您愿意您有权对我说“哦，乔治”，但看在上帝的分上，请听完我对您说的。

佩特森：乔治，你想让我们做什么？

巴顿：我想让你们保证军队的完整性，希望你们或是相关的负责人明确地告诉苏联人他们的边界在哪，他们退回去的最后期限是何时，明确地告诉他们，如果他们不遵守，我们就把他们赶回去。

佩特森：你是否公正地衡量过苏联人的实力？

巴顿：是的，我看见了。我也了解全局。但他们的后勤体系无法支撑他们应付我对其发起的进攻。他们的鸡窝里有鸡，手上有待宰的牛羊，但仅此而已。面对我发起的进攻，他们也许能供应部队 5 天的伙食。但5天之后，从补给的角度看，他们那几百万军队不值一提。如果您想要莫斯科，我可以把他攻下来献给您。

他们的做法是每攻克一地就以当地的补给以战养战。现在所剩的给养甚至不够他们返乡的。不要给他们时间筹集军需补给。如果给了他们时间，我再重复一次，虽然我们打败了德国人，缴了他们的武器，但我们还是输掉了这场战争。

战争中没有民主可言，这是独裁者的游戏，必须用武力达到目的。我们——美利坚合众国的军队保障我们的政府迫使他国必须接受和平。我们漂洋过海来到这里不是为了获得某个国家或是对该国人民的统治权，我们来到这里是为了让当地的人民管理自己的国家。我们必须现在就完成这项工作——当我们还在这里一切准备就绪的时候——或是在将来时机并不是十分有利的时候。

5月3日，第3集团军起程朝捷克斯洛伐克前进。就在巴顿幻想开进布拉格时，艾森豪威尔为了避免与苏联发生冲突命令部队在比尔森（捷克西部城市，西捷克州首府）停止前进，侦察部队只允许小范围展开。巴顿此时并不知道雅尔塔会议的协议，捷克斯洛伐克战后将归苏联管理。

致比阿特里丝，1945年5月8日

自我们登陆非洲以来，已经过去整整两年半了，现在，战争结束了……

我们的部队将赶往慕尼黑附近，接管当地的日常管理。我希望不要在那里待太久，我期待着从家里踏上中国战场的那一刻。

致比阿特里丝，1945年5月9日

你的电报和你对我的思念是我活在世上的动力……

所有的德国人都在尽力向盟军投降避免落入苏联人的手中。这成了一个很大的问题[1]，因为这上百万人的食物没有着落。

致汉迪，1945年5月10日

请不要忘记我始终渴望奔赴中国战场。

5月10日

我收到了关于战争结束的第98号令。中午，我和艾森豪威尔、4个集团军司令以及他们的副手共进午餐。饭后艾森豪威尔神神秘秘地强调将来要在战争委员会面前尽可能地保持团结，他还说要在占领区组建最优秀的领导团队。虽然我们当中没有一个人完全同意他的看法，但这不妨碍我们都认为大家同坐一条船。

接着，他又对我们滔滔不绝地说了许多，主要是宣扬他的政治观点：和英国人、苏联人和中国人合作，尤其是和英国人合作。在我看来，他说这些的目的只有一个，就是想掩饰战争期间犯下的一系列不可饶恕的战略错误。我不知道这些错误是源于他本人还是源于过度地与英国人合作，可以肯定的是，他对英国人表现出了过分的合作精神。

---

① 1945年1月起，上百万的德国人担心苏联的报复逃离德国东部。包括妇女、老人和小孩在内的难民潮在零下20摄氏度的环境下拥堵在通往西部的公路上。每天都有4至5万平民从东部乘火车赶往柏林。即使在德国投降后，这股迁移潮也未终止。从1945年至1949年共有1185万德国人从东德逃往美、英、法管辖的德区。德国投降的头几个月里爆发了非常严重的食品和卫生问题。

第九部分

战后生活

第四十二章　州长

欧洲战场行将结束时，巴顿就开始思考可能爆发的美苏战争。在他的设想中，德国扮演了一个极其重要的角色。首先，就地理位置而言，德国是自由社会和“野蛮民族”的缓冲地带。其次，拥有卓越军事传统的德国人很快就会在战败的创伤下恢复并再次向“红色帝国”发起进攻。另外，巴顿还在不经意间将德国人类比美国人，他认为只有这两个国家的人有能力在战后的废墟上崛起，为了保卫文明与“野蛮人”作战。

巴顿就这样经历着和平的新纪元，既认为自己在世界大战中挽救世人于水火，又准备对苏作战。

经过战地记者对第3集团军战斗过程的详细报道，巴顿的威望如日中天。此时，媒体更是将目光放在了和平时代巴顿的一举一动。然而巴顿偏激专横的行为以及有争议的言论让人们大跌眼镜，人们开始从他的社会阶层和他的“旧南方精神”中寻找原因。在1945年5月8日——与德国签署投降协议同一天的一次谈话上，巴顿将纳粹与美国的民主、共和党做比较引起轩然大波：“在华盛顿、在巴黎的那些政客们成功地干掉了那个混蛋（希特勒）但不经意间树立了另一个混蛋，而且现在这个更难对付……我们不得不祈求主的保佑才能和斯大林以及他的那群刽子手们在同一片蓝天下生活。”

在等待与布尔什维克开战的时间里，巴顿参加了一系列为庆祝战争胜利而举行的庆典活动。他不得不与苏联军队联欢，但又表现得毫无恭敬之意并且带有深深的种族色彩。这不仅源于当时西方国家对苏联的认识也源于巴顿对苏军实力的不了解。但必须要指出，对苏联的这种蔑视更多地源于对这个社会主义国家的恐惧。

5月12日

前往林茨。苏联近卫军第4集团军司令应我们的邀请来到我军驻地……在我看来，正确的做法应该是让他主动拜访我们，而不是我们邀请他。

第65步兵师的仪仗队做了精彩的表演。我们给这个苏联将军以及他的12个手下颁发了荣誉勋章。

庆典结束后，我们一同前往军官俱乐部共进午餐，酒水是美国的威士忌。苏联人不掺水喝着纯威士忌，结果悲剧了。我直接把那个苏联将军灌倒在桌子下面，然后闲庭信步地回到了自己的住处。

14号，我们得去苏军营地回访，去之前我得多喝点“矿物油”，因为他们肯定会试图把我灌醉。

致比阿特里丝，1945年5月13日

所有的人都劝我喝点伏特加，但我决定要么喝威士忌要么什么都不喝，效果很棒。那个苏联将军喝得烂醉如泥，而我甚至连头都不疼。但必须要指出的是我时不时地往自己的酒里掺点水，而他喝的是纯的。

当我提议为斯大林和近卫军第4集团军司令举杯时，他和我喝了一个满杯，然后我把杯子掼在地上摔得粉碎。我想我应该被授予一枚大奖章，因为他的副官告诉我，我是他遇见的酒量最好的人。

当我把杯子摔碎时，他紧紧地抱住了我。

这是一个劣等民族，真正意义上的野蛮人，我可以轻而易举地把他们打趴下。

5月14日

乌克兰第3方面军的托尔布欣元帅接待了我，并给我颁发了图库左夫一级勋章。此人是个下三滥货色，做事毫无条理。

苏联人事先准备得相当充分。整条公路——我想大概有25公里——从他们迎接我们的那个桥到原属于弗朗索瓦·约瑟夫的城堡，都被打扫得干干净净。每隔100米就会有持枪的士兵警卫，还有宪兵部队十分惹人喜爱的女兵站岗。

到了城堡后，一大群士兵在那里等着我们，并给我们擦亮靴子。此外，还有一大批女佣，她们服务周到，甚至往我们头上洒香水，就差没给我们洗脸了。

部队官兵甚至连站起或者坐下都得得到元帅的允许。

午饭后，他们举办了规模盛大的演出。毫无疑问，演员是专程从莫斯科乘飞机赶来的。他们竭尽全力地劝酒，想把我们灌醉，幸好在这次“远征”前，每人喝了50克的“矿物油”。尽管如此，我们仍对要喝的东西保持警惕。

他们给我的勋章是58号，显然这是经过深思熟虑的。①

我从未在任何时间、任何部队中看见像苏联军队这样严明的纪律，即使是1912年德国的皇家卫队也达不到。军官们几乎无一例外都是一副刚刚经过教化的蒙古土匪模样。列队走过的军官们个个挺胸叠肚，看起来像一群鹅。他们想传达出的信息就是我们似乎需要担心未来的世界格局。

---

① 5月8日德国投降。

盖伊日记，5月14日

苏联人通过今天的庆典展现出他们的力量和凶残。

战争的结束以及与苏联人在战后的“亲密”关系让巴顿心生不快。从国内传来的消息更让巴顿感到愤怒：一些人怀疑巴顿的战法在太平洋战场是否可行。巴顿写道：“这些质疑再次证明了人类是多么健忘。”客观地说，巴顿有理由愤怒：因为此刻有不少美国人已经忘记了在突尼斯的血战、在西西里面对德军的阻击攻陷墨西拿、在阿夫朗什的突破、在法莱斯包围战后快速的推进、在洛林艰苦的战斗、在阿登战役中完美的救援等等。

致比阿特里丝，1945年5月15日

如果我造的那艘小船还在的话，给它上点漆、修一修，这样我们很快就能短途旅行了。

他们正在派将领回国述职……我应该在5月底6月初回去。然后我还要去太平洋战场考察一圈，接着就是几个星期的假期。准备好三明治，给马钉上掌……

5月16日

霍奇斯、科德曼、米姆斯中士、米克斯中士和我，乘飞机飞往巴黎，接着再飞到伦敦。之后，我将从曼彻斯特出发开始我的休假、拜访我的朋友。

5月17日

一大早电话就响了，是记者打来的，他们想采访我。我推掉了部分采访，但有些采访还是得去，得说些什么。我只是简单地说了几句客套话：在英国我过得很愉快，这里和我的家没什么两样，不会有任何的不自在，我在这里受到了很热情的接待……

阿斯特女士邀请我去市政厅吃午饭，我告诉她那里认识我的人太多，不自在。我建议去克拉瑞奇饭店，她欣然答应。我们度过了一个愉快的午间，这是一位很有魅力的女士。

刚一吃完午饭电话就响了。是布尔从兰斯打来的，让我立刻赶过去。我的休假看来要泡汤了。

17点30分到兰斯，会见了艾森豪威尔。他告诉我，召我回来是因为铁托[1]在亚得里亚海最北边惹麻烦[2]；他还说，马歇尔已经给他发去电报，准备派至少5个装甲师打着我和第3集团军的名义保持当地的稳定。

我和布尔研究了预定方案，我们认为只需让第7集团军的第15军接替我军的第3军防务，让第3军去完成此次任务。艾森豪威尔、布莱德利和我一起吃了晚饭，然后一直聊到凌晨1点半左右。

5月18日

如果需要进攻的话，我们计划派部队在恩斯河（多瑙河南岸主要支流之一，发源于奥地利萨尔茨堡州山区）沿岸炫耀武力，或者干脆渡河。事实上，现在问题的核心不是铁托，而是要搞清楚苏联人的想法。他们是不是想借此机会把我们的部队吸引到南方，然后趁机进攻德国中央地带，他们是否支持铁托在亚得里亚海北部获得一个或几个港口。

局势必须在几天之内明朗，否则就会有铺天盖地的声音质疑我们的部署。

---

① 约瑟普·布罗兹·铁托，曾任南斯拉夫社会主义联邦共和国总统、南斯拉夫共产主义者联盟总书记、南斯拉夫人民军元帅。

② 指南斯拉夫与意大利关于港市的里雅斯特的归属争议。

在我看来，以美军目前的状态可以轻而易举地打败苏联，因为他们虽然有优秀的步兵，但他们缺少大炮、飞机、坦克，他们也不懂军种配合，而这正是我们的强项。如果迟早都要与苏联开战，那么越早越好。

艾森豪威尔和布莱德利担心士兵们的情绪。在我看来这真是杞人忧天了。我们的士兵爱国、纪律性强，他们可以击败任何敌人，而且会打得很漂亮。我认为如果我们态度强硬，苏联人会让步的。到目前为止，我们对他们的蒙古匪性忍让得太久了。

与很多战后以及冷战时期的历史学家和军官一样，巴顿低估甚至鄙视苏联的战斗能力和军事思想。源于文化和种族上的偏见，巴顿没有或者说不愿意认识到苏联杰出的战斗学说。苏联人设想并发展了野战战略①，这使他们能够很明确地区分战略与战术，而二战时的德国和冷战时的盟国都没能做到这一点。苏军不强调局部的战斗或是彻底消灭敌人，他们更看中在整体上打乱对手的作战体系，横向切断各部队间的联系，纵向切断前线与后方指挥间的联系，通过纵深渗透让敌军瘫痪。用提出该战法其中一位将领的话说就是让敌人处处被掣肘。与巴顿想象的相反，苏军精通运用步、炮、装甲、伞兵、工兵、空袭等部队协同达到战术层面的预定目标。

就在巴顿准备进攻乌法利兹时，苏军在维斯杜拉河至奥得河的攻势中呈现了完美的野战战略。15天里，苏军渗透300到600公里，对东线德军分割包围。因此，斯大林在雅尔塔会议中占据了强势地位。而等待盟军的将是德国的阿登反击战，此时巴顿还未渡过莱茵河。苏军指挥官展现出了惊人的战斗天

---

① 沙皇时代的纳奇曼诺夫少将意识到战略与战术的区别。在英国历史学家詹姆斯·R·霍华德看来，纳奇曼诺夫是第一个提出野战战略的将军，后人将他的学说完善、发展。

赋，直到若干年后西方国家才研究清楚苏军的战争艺术。[①]

虽然巴顿对苏联发表了几次引起争议的言论；但刚刚升任美国占领区司令的艾森豪威尔还是任命巴顿为巴伐利亚军政府首长。巴顿将办公场所设在巴特特尔茨党卫军学校，他的任务是去纳粹化，并负责当地的重建以及人口的流动，尤其是管理从东部苏联占领区逃过来的德国民众。但巴顿的表现引起巨大争议，尤其是他对一些条例的看法。

致比阿特里丝，1945 年 5 月 20 日

这真是个美丽的国度，白雪皑皑的山峰，郁郁葱葱的森林，还有绿意盎然的田野。这里没有经历丝毫战火的损毁。到处都是漂亮的姑娘，她们自称是捷克人。

战争的渴望正在消退，除非立刻就打仗，否则士兵们将会安于这美丽的国度。

我估计去不了中国了，除非道格拉斯·麦克阿瑟出什么事……

我希望铁托不要惹麻烦影响我回家。否则的话，我会揍死他。

铁托一直在干蠢事，没有人知道苏联人在背后介入得有多深。[②]如果要开战，最好就是现在。从现在起，我军会越来越虚弱而敌人会越来越强大。

所以我希望铁托要么拿出行动来，要么闭嘴……

6 月 4 日，巴顿出发前往巴黎，在伦敦做短暂的停留后返回巴黎飞往美

---

① 英国人首先发现盟军战略与战术的脱节。克里斯多夫·唐纳利、查尔斯·J·迪克以及约翰·埃里克森在桑德赫斯特英国皇家军事学院的“苏联研究中心”阐述道：苏军提出、发展了野战战略，使之理论化，并于 1942 年运用该理论，后又在 20 世纪 60 年代再次发展了该理论。美国后来专门设立了“苏军研究办公室”研究野战战略。

② 与其他中欧和东欧国家社会主义化不同，南斯拉夫几乎是自己解放的，苏军介入十分有限。虽然铁托依靠苏联的支持赢得 1945 年 3 月的竞选，但他随后摆脱了苏联的控制，这直接导致铁托与斯大林在 1948 年彻底决裂。

国。7日，抵达波士顿，他的妻子儿女在机场迎接。此后，巴顿为推销“战争债券”开始巡回演讲，迎面而来的是成千上万热情的听众。在一次演讲中，巴顿说道：“是你们的热血和债券让我们打败了德国鬼子，让他们没能出现在美国的土地上。请不要向我喝彩，乔治·史密斯·巴顿只不过是一个微不足道的军人，他的身后站着的是整个第3集团军。”演讲中，巴顿还说道，在战斗中死去的士兵都算不上英雄，他们战死是因为“傻”。他一边用手指着前来出席集会的伤兵，一边说道：“这些人才是真正的英雄。”接着他迅速地朝这些伤兵敬礼。

巴顿飞往洛杉矶。在洛杉矶体育场面对10万听众，他再次演讲并获得巨大成功。巡演期间，巴顿还拜访了他的姐姐，以及去部队医院看望伤兵。在一个受重伤的士兵面前，巴顿说道：“上帝啊罚我下地狱吧，如果我指挥得再好一些，你们中的大多数人都不会在这里。”

在美国，巴顿每到一处都受到了群众的热烈欢迎。但他在波士顿关于战死的士兵发言不久就引起了争议。一位亚利桑那州名叫阿尔弗雷德·斯托达德的人给马歇尔去信说道，他的儿子战死在欧洲葬于法国，而巴顿竟然说出这样的话。还有一位密西根州名叫尼科尔森的人写信给议员范登堡，指责巴顿让人不可接受的言论，并要求巴顿公开道歉。许多记者也写信表达不满和谴责。史汀生为此不得不召开记者招待会表明态度。

7月初，巴顿准备返回欧洲。他对女儿们说道：“嗯，再见了孩子们。我不会再来看你们了，照顾好乔治。我会回来看你们的母亲的，但你们，我不会再回来看你们了。我感觉我的好运已经用尽。”

与弗雷德里克·艾耶尔一同管理家庭财政的哈森·艾耶尔写道：“他（巴顿）明显变老了，头发花白，也变得更加成熟、内敛。”在返回欧洲前不久，巴顿得知他将无法前往太平洋战场，除非麦克阿瑟出什么意外。他写道：“我在华盛顿的最后一天，库克在谈话中告诉我：‘乔治，必须向你祝贺，因为考特尼·霍奇斯已经赶往中国了……他在那儿肯定会遇到麻烦，最后还得派你去挽救局势。'”

巴顿回答道：“我想就像我在阿登表现出的力挽狂澜一样。这倒让我想起来了，考特尼 · 霍奇斯和奥马尔 · 布莱德利凭借在突出部战役不成功的防守收获了服役优异勋章；而我挽救了局势，却一无所获。”

7 月 3 日，巴顿离开华盛顿返回欧洲。

7月4日

天一亮，当我们飞过勒阿弗尔时，米克斯中士说道：“将军，法国到了，我们曾经在这里待了 30 天。”

我突然有一种似曾相识的感觉，因为除了我的亲人以外，美国人总体上没有欧洲人友善。没有人意识到，经历了两年半的战争后人是会变的。带着与离开时同样的习惯回到故乡是幸福的（但我显然做不到了），我的同胞没有经历战争不知道何为生离死别，他们的习惯没有变。

到巴黎后，巴顿写道：“休斯在机场接我，我们一直走到他在‘乔治五世酒店’的房间。我突然发现我们已经错过了午饭的时间，因此我们只好吃点三明治了。他问我去不去美国使馆为庆祝独立日举办的活动，我们一起到了庆祝现场，我欣慰地发现自己还是一个很重要的人物。”

乘飞机返回到第 3 集团军司令部后，巴顿低落的心情一扫而空。飞机落地前数架 P-54 战斗机护航，落地后一个摩托化步兵营列队迎接，在通往巴特特尔茨党卫军学校的路上，摩托车队一路随行，坦克整齐地排列在公路两边。同时天上还有五十多架飞机警戒。此时的巴顿不禁老泪纵横，他激情洋溢又措辞讲究地发表了演讲，之后前往军官食堂。他写道：“与我的部队在一起感到心里很温暖。”

致比阿特里丝，1945 年 7 月 7 日

我现在一直在想能做点什么。我手里有 5 个军共计 30 个师。一两天之后，我就会有答案了。我爱你，想你。

与老部队的重逢让巴顿百感交集，疲惫、沮丧、自感无用武之地的他担心国家会遣散部队。

第四十三章　苦涩

1945年的7月没有给巴顿任何惊喜。他不禁问自己，使命是否已经结束了。然而对国际社会而言发生了一件大事，美、英、苏三国首脑杜鲁门、丘吉尔（1945年7月28日以后是新任首相艾德礼）和斯大林于1945年7月17日在柏林附近的波兹坦召开波兹坦会议。巴顿在给妻子的信中写道："我只是以游客的身份到了波兹坦，但我还是和乔治·马歇尔以及亨利·史汀生谈了很久。'快乐的阿诺德'[①]是除我以外唯一一个了解蒙古人（指苏联人）的将军。当然，其他人也逐渐开始清醒。"

7月19日，柏林战区的美最高指挥官弗洛伊德·帕克斯少将邀请巴顿出席第2装甲师的检阅。

致比阿特里丝，1945年7月21日

6点半出发，用了两个半小时到达。我们本可以早点到，但这必须飞越苏联人的地盘，他们毫无疑问会向我们开火——真是一群"友好的"朋友。检阅仪式规模盛大。

① 亨利·哈里·阿诺德（1886—1950），绰号"快乐的阿诺德"，第二次世界大战时期历任美国陆军航空兵司令、主管航空兵事务的陆军副参谋长、陆军航空队司令等职，空军五星上将，被称为"美国现代空军之父"。

我去了波兹坦，重游我们——你、我、尼特还有一大家子，在1912年曾经游玩过的宫殿……

宫殿没有被战火损毁，但里面的家具包括地毯被蒙古人洗劫一空。

我们还去了柏林，它远不像人们描述得彻底被战争摧毁。

蒙古人是一群很不友善的家伙。他们甚至在美国占领区也部署了卫兵，还让我出示通行证。事实上我根本不需要出示什么通行证，我只是拿出苏联勋章，把我的手下指给他们看看……

到了柏林我的心情很沉重。我们毁了一个原本可以很优秀的民族，此刻我们正在让野蛮的蒙古人取代他们，整个欧洲都会沦为社会主义国家。人们告诉我，他们（指苏联人）刚到这里的第一个星期就向逃跑的妇女开枪，而且明目张胆地抢劫他人财物……

亨利（史汀生）显得很疲惫……乔治（马歇尔）很友善，显得多愁善感。我还碰到了总统，他很有风度。我们现在都配了女助理，我的是一位秘书。

致科德曼，1945年7月21日

大家都不禁把柏林看作是一场血战的墓志铭。我实在不知道他们准备怎么重建这个城市，尤其是想到我们某些盟友的所作所为。我也完全不认为目前的形势表明我们已经跳出火坑。当然，这都是我个人的看法，除了你我没有对任何人说过。

致比阿特里丝，1945年7月21日

我在卢森堡过了一夜。欧洲前景暗淡，所有找不到满意工作的人都会这样想。

为了走出消沉的状态，巴顿和以前一样开始勤奋工作，致力于巴伐利亚重建。巴顿将基础设施建设和行政服务放在首位，他认为去纳粹化是“愚蠢的”命题，将其置于一边。一些前纳粹党成员继续保留了他们在该地区的政治职位。艾森豪威尔感到愤怒，他认为这是消极抵抗。8月初，艾森豪威尔邀请巴顿到法兰克福共进晚餐，并试图说服后者，但徒劳无功。巴顿给比阿特里丝写道：“我从他那得到了不少内幕消息，他还劝我不要给自己惹麻烦。”

致比阿特里丝，1945年8月10日

战争结束了[①]。我们刚得知日本完了。从现在起，和平的可怕即那些和平主义以及工会将无休止地侵蚀我们的生活。我真想让自己变年轻，参加下一次世界大战。要是能打蒙古人就好了。

上一场战争结束的时候我写了一首诗……现在我觉得自己很卑微。人变老而且知道自己变老实在太可怕了。

8月10日

又一场战争结束了，就像我对这个世界的作用一样。对我个人而言，这是一个让人泄气的想法。现在我能做的就是坐在那里等着死神的到来以及死后的不朽。幸好，我还有巴伐利亚重建以及去纳粹化的工作要做。

在纳粹问题上，巴顿写道：“坦率地说，要找一个在战争前有政府背景而又与纳粹无关的人和找一个有政府职位而又不是民主党或共和党的人一样困难。”巴顿将工作重心放在巴伐利亚的基础设施重建上：电话通信、自来水以

① 1945年8月6日、9日，美国分别往日本广岛、长崎投下原子弹。8月14日，天皇向全国广播终战诏书。9月2日，日本在美密苏里号战列舰上签署投降协议，美方代表为麦克阿瑟。

及电力供应很快投入运转。

致比阿特里丝，1945 年 8 月 18 日

昨天你不在这里太遗憾了。朱安此前让我去巴黎把我们在德国缴获的法国国旗还给他。

因此，昨天他和我乘一辆敞篷车拉起警笛前往战争军院……

接着我们又赶往凯旋门，成千上万的民众聚集在那里……

奏完国歌，我单膝跪地献上鲜花，这把花可花了我 100 块钱呢。接着，钟声响起，我在来访簿上签字。我想，全法国到处都有这种我签过名的来访簿。

我想，把战争学院交给杰罗实在太荒唐了……在法国，他指挥集团军的表现糟糕至极……对我而言，剩下的事就是等待死神的降临了。但不管怎么说，曾经我每次前途暗淡时，我总能走出困境……毕竟，我还可以辞职。

致弗雷德里克·艾耶尔，1945 年 8 月 21 日

相对于人类历史上第一个拿起石头打烂别人脑袋的举动，甚至相对于人们用牙齿、手脚相互厮打，原子弹并不是多么新奇的东西。对比第一门大炮、第一台发动机以及第一艘潜艇，原子弹也绝对算不上是划时代的发明。我不否认发明原子弹那群人的聪明才智，但我为那些以为有了原子弹国家就可以不设防的人的智商担忧。在未来战争中，防止一个国家使用原子弹唯一的办法就是通过大面积空袭轰炸这个国家生产原子弹的地点。我们已经无数次地证明了指望一次空袭就能摧毁某个工厂是不现实的。事实上，我对原子弹的了解不止于此，但上级要求我不能多说……德国人对原子弹的研究没有取得太大进展，他们进行的是另一种原子研究，可以把它称为氢。

巴顿继续按照自己的想法重建着巴伐利亚，他再次违背了艾森豪威尔对于纳粹分子的管理要求。这一次，他将矛头对准了那些他认为是阴谋根源的犹太人。

致比阿特里丝，1945年8月27日

我前往法兰克福参加市政管理会议。如果说我们现在做的是为了人类的自由那我宁愿去死。

我不明白美国人怎么会堕落到如此地步，这一定是犹太人搞的鬼，我确定。

致比阿特里丝，1945年8月31日

当我离开这里的时候，我坚决要离开部队。至少今天我是这么想的……没有一个吸引我的职位。现在的局势把我逼上了死路，还是走的好。毕竟，我们的家里还有一条船几匹马……

事实上，德国人是唯一一个在欧洲大陆算得上优秀的民族。如果要在他们和苏联人之间做选择的话，我选德国人。我们的表亲也是一样的看法……

我现在的副官是冯·S·摩尔·史密斯，他会打壁球和羽毛球，是个绅士。

8月31日

今天我们接到命令研究摧毁希特勒在贝希特斯加登鹰巢的可行性，目的是防止此处成为纳粹分子的精神圣地……任何可能成为纳粹精神寄托的东西都必须销毁。但我们的士兵每次路过鹰巢时，第一想法就是把它变成天文台。到目前为止，已经有4万士兵去过那里。我已经给艾森豪威尔去信陈述了我的观点，但我确定他不会接受的。

第四十四章 偏离方向

致比阿特里丝，1945 年 9 月 2 日

我所说的一切既没有添油加醋也没有信口开河……我不知道前方的路会怎样，但目前我不得不执行那群狗娘养的的命令……我从来没有听说过我们打仗的目的是为了让德国去纳粹化，现在我可真是长见识了。我们正在做的是彻底毁掉欧洲唯一一个半现代化国家，以便苏联人可以轻松地吞掉整个欧洲。

致比阿特里丝，1945 年 9 月 11 日

我从来没有想到自己会像昨天那么累，甚至想象不出昨天我有多疲惫。

6 号午饭后我出发前往柏林。一支隶属于第 82 空降兵师的仪仗队在那边迎接我，头戴钢盔的士兵们显得格外精神。接着我前往艾森豪威尔的别墅，他很热情地邀请我住在那里。

那里有条 8 米长的船供我外出。船很棒很漂亮，里面可以睡 4 个人……

7 号，为了庆祝对日作战胜利，我们举行了一个盟国阅兵式。美英法苏四国每国各出 1000 人和 50 辆各式车辆组成游行方队。朱可夫元帅是这里面资历最深的，然后是我。他身着礼服，看起来有点像歌剧里的喜剧演员，衣服上挂满了各式各样的勋章，个子不高有点胖，像猴子一样的下巴微微突起，眼睛很蓝。他是骑兵出身。我们的部队表现是最好的，其次是苏联人。

苏联人有大量的新式重坦，他们引以为傲。朱可夫问我对这些坦克的印象如何。我告诉他我觉得不怎么样，他和我争论了好一会。我想我是第一个和他顶着干的将军。阅兵完毕，我乘飞机赶往比尔森视察第 16 装甲师。

8 号，我们前往苏台德区[①]的布劳打野鸭……我们一直打到下午 3 点，然后在土豆田里找匈牙利鹧鸪，一直找到晚上 6 点。就这样我们在野外站了 10 个小时，接着我们又跳舞跳到 22 点。最后，我终于能上床睡觉了。

第 2 天我们清晨 4 点半就起床了，去打鹿。我在山里转了两个小时一只鹿也没瞧见，反而看见了各种颜色的蘑菇。有带黄点的红蘑菇，带红点的黄蘑菇，红的、绿的、黄的、玫瑰色的，足有上百种之多。

致比阿特里丝，1945 年 9 月 14 日

今天上午计划去南锡，我被选为该城的荣誉市民。但艾克打来电话说要来这里，让我等他。也许我可以借此机会让他意识到蒙古人的威胁。他们在捷克斯洛伐克部署了 30 万兵力，而且还要再增派 20 万人。而我们正在把大兵们送回国欢度圣诞。他们应该在战壕里坚守到春天……我坚决反对在战犯问题上的决定。我也不同意把战犯派到国外（尤其是法国）像奴隶一样干活，他们很多人最终会死于饥饿……

有时我在想最好还是辞职不再参与美国的堕落。艾森豪威尔参谋

① 一个独特的历史名称，特指第一次与第二次世界大战期间，捷克斯洛伐克境内邻近德国讲德语居民所居住的地区。

部的第5办公室主任米克尔森准将（负责人口迁徙问题）拿了一份报告给我看。报告内容是关于欧洲难民尤其是犹太难民的问题，署名是一个在国务院工作叫哈里森的人。报告对艾森豪威尔、军队以及军队里的好几个指挥官提出了严重批评。

他们不满的一个主要原因是军队把这些流离失所的难民集中安置在难民营里，提供保护和监视。显然，哈里森先生认为如果没有军队的保护，这些难民就不会像蝗虫一样在各国家间流动。他还认为军队应该在这些流民被饥饿、掠夺、谋杀打趴下之后再迅速伸出援手。

"聪明的"哈里森先生还抱怨了卫生问题。他不知道我们有时不得不强制要求这些难民——德国人、犹太人或是其他国家的人不要在室内的木地板上大小便。事实上，外面就有供他们使用的厕所。

显然，摩根索和巴鲁克由于对德国人的仇恨而种下的病毒开始发作了。[①]哈里森以及一同编写这份报告的人认为应该把德国人赶出他们的家园，把房子提供给那些难民居住。

这个提案有两个明显错误。首先，如果把德国人赶出他们的住所，这就意味着不是惩罚某一个人而是在惩罚整个种族，而且，不分青红皂白把所有的人赶出自己的家园违反了法律，也违背了我的盎格鲁-撒克逊精神。其次，哈里森和他臭味相投的人认为这些难民都是人，但情况显然不是这样，尤其是那些犹太人，他们甚至比动物还要劣等。我想起了盖伊曾经在西西里对我说的，不是人类不得不与肮脏

① 1944年9月11日至16日召开的第二次魁北克会议中，美国财政部部长小亨利·摩根索提出了一个战后处置德国的计划：1. 将其分割为南北两个国家；2. 将德国的机器拆卸后运往盟国，使其经济退回到100年前德国农民的水平；3. 采取及时、仔细、有控制地驱除出境和移民到北美、南美和大洋洲的方法，将德国的人口控制在2000万人以下，从而使其不能继续威胁欧洲安全。该计划很快泄露，戈培尔以此大做文章，号召德国人增强战争的决心和信心，他告诉人们：要享受战争，因为和平将会更加可怕。伯纳德·曼恩斯·巴鲁克，1916年被威尔逊总统任命为国家防护理事会顾问委员。1919年出席巴黎和会。20世纪30年代对纳粹德国持反对态度。第二次世界大战期间任罗斯福总统的私人顾问。之后，与杜鲁门总统共事。

的动物生活在一起，而是动物不得不与肮脏的人类生活在一起。当时，他还没有看到这些犹太难民。

另外，我不理解为何要把犹太人与天主教、基督教、穆斯林教和摩门教区别对待。但似乎我们正不可避免地走向这一步，我被要求在好几个城市的隔离区征收大约2万栋建筑供犹太人居住。我将尽一切努力让这个举动产生尽可能小的负面影响。

征收农场用来安置犹太人将引起不可估量的灾难，因为这将摧毁巴伐利亚的农业经济。而我们正需要当地的农业养活那些花不到美国纳税人的钱的民众。

9月17日

艾森豪威尔和我前往慕尼黑视察那里的波罗的海难民营。波罗的海难民是所有难民里素质最高的，营地各方面都很整洁。我们俩——至少我是这么认为的——对当地的环境都非常满意……

接着，我们开车走了45分钟到一个犹太营。在犹太人入住前，这里以前是一家德国旅馆，干净整洁，但犹太人入住后这里一塌糊涂。这些犹太难民，至少是其中大部分人缺少公德意识，即使是几步之遥的厕所他们都不愿意去，宁愿在地板上大小便。

我们碰巧遇见了犹太人过赎罪日，他们聚集在一座木质的犹太大教堂里。艾森豪威尔给他们做了一个演讲。我们走进教堂后，看见里面挤满了我见过最脏的一群人。仪式过半，一个犹太首席教士上前迎接将军。他头戴毛皮帽子活像英王亨利八世时代的人，身上穿着一件带刺绣的白法衣，衣服脏极了。教士的助手捧着一份犹太法典，法典写在一张纸上，用卷轴卷起。

开始是一个犹太人做了一篇无聊的没人想听也没人愿意翻译的报告。接着，艾森豪威尔登上讲台，我紧随其后。他做了一篇简短但十分精彩的演讲，演讲内容被逐字逐句地翻译过去。

我相信这是艾森豪威尔第一次视察或者说看到这么多难民。虽然我早就见识过这群人，但我依然惊讶于为何这些声称是按照上帝的意愿被造出来的这些人会有如此的表现。

巴顿的言行不久即招来麻烦。虽然此时他把自己反犹太的观点发泄在日记和给妻子的信中，但他还是在公共场合宣扬了带有敌意的言论。巴顿原本可以倚赖战争部长史汀生来挽回局面，未料事情很快发生了变化。9月19日，史汀生辞职，继任者为佩特森。另外，科德曼与布莱德利相继回国，甚至是他的朋友、最亲近的参谋盖伊也回国休假去了。孤独的巴顿将再次迎来意想不到的麻烦。

11月19日，一位名叫雷蒙德·丹尼尔的记者在纽约时报上披露："纳粹分子仍然在商业和工业领域占据着部分重要职位。"另外，丹尼尔还刊登了据他所说是巴顿对此的看法。他指出巴顿曾质问负责"净化银行业"的政府顾问："你是不是认为把最聪明的一群人赶出这个行业，这一做法很正常？"

9月21日

路易斯·克雷格将军今天上午来找我，向我汇报他管理犹太人的情况。尽管他和我都不同意，但他还是不得不驱逐22个德国富裕家庭，以便腾出房子供那些动物居住。我吩咐他让人给这些房子拍照，犹太人入住之前和之后的房屋状况都要拍照。我还嘱咐他对这22户德国人要尽可能尊重，给他们提供交通工具让他们尽可能地搬走自己的财物。

克雷格告诉我他昨天视察了另一个犹太营。尽管给他们提供了男女独立的厕所，但犹太人竟然懒到上厕所时不分男女。

他说这个营的环境卫生条件差到无法形容。在一间屋子里，他看到6个男人和4个女人挤在4张双人床上。他认为，这些犹太人要么毫无性方面的廉耻意识要么在被德国人关押期间丧失了这方面的意识。我的观点是，不会有人在短短4年之内堕落到如此地步。

与在北非、埃及和西西里时的表现一样，巴顿再次在公开场合发表种族言论。9月22日，在巴特特尔茨党卫军学校的记者招待会上巴顿再次将纳粹与民主共和两党做比较。艾森豪威尔的忍耐到了极限。

9月22日

今天早晨又搜罗了一堆美国各大报刊的杂牌消息……和以前一样我总是把他们在一边。今天的报纸有明显的敌意，并非针对我个人，而是冲着整支部队来的。这些奇怪的抱怨好像是说我们在选择巴伐利亚行政长官时把宝押错了。新闻记者轻率的样子好像表示他们比我知道得要多，虽然我本来就什么也不知道。大概他们的主要目的就是要把我气疯。

致比阿特里丝，1945年9月22日

也许在你收到我这封信之前我已经上了头条。媒体正大肆宣扬我对重建德国的热情高于去纳粹化工作。我无法对他们说出真相，如果我们不重建德国，我可以确定共产党将向这个国家渗透。

致科德曼，1945年9月25日

我又一次深陷旋涡中心，现在媒体正在大肆攻击我，我可能随时被解除职务送回国内。你虽然不在这里，但应该也看到了这些报道。

致比阿特里丝，1945年9月25日

如果魔鬼和摩西[1]当时能真诚地消除敌意的话，他们原本可以缔结一份高水平的协议，会比我现在附给你的从《军事谈判》杂志上选的这一篇要好得多。

与以往盟军间的谈判一样，这只是一种妥协。但苏联人退让的很少，因为他们很清楚自己想要什么——那就是征服整个地球，而我们对此一无所知。

乔治无须担心会错过战争，下一场大战正在路上。

9 月 25 日

晚饭后收到艾森豪威尔的电报，他告诉我人们指责我在巴伐利亚去纳粹化的问题上和他意见不一致。他让我视天气情况星期三或星期四乘飞机去他那里。

看来，腓力斯丁人[2]最终会要了我的命。但每次有大麻烦或者即将有大麻烦时，我总能转危为安。而且这一次，我至少不是只能被动挨打。

9 月 26 日

贝图雅克将军已经前后三次邀请我去猎岩羚羊了，这次我很庆幸因为天气原因无法飞往法兰克福。

莫尔·史密斯和我乘车赶往事先约好的地点，他们已经在那等我们了，接着我们换乘吉普车继续前行。我的向导视力非常好，他用肉眼就可以在很远的地方发现岩羚羊。而我在这么远的距离上必须用高倍望远镜才能看见。我用一支带光学瞄准的斯普林菲尔德 6 毫米步枪在 300 米外向一只羊射击。方向精准，但我射得偏低了一英尺。

---

① 天主教称为梅瑟，伊斯兰教称为穆萨，是在《圣经·旧约》的《出埃及记》等书中所记载的公元前 13 世纪时犹太人的民族领袖，史学界认为他是犹太教的创始者。

② 居住在地中海东南沿岸的古代居民，被称为“海上民族”。据《圣经·旧约》所载，曾与以色列人长期作战，公元前 10 世纪终被打败。

暴风雪太大了，我们只好去当地的一户人家里避一避。我注意到男主人有点跛，就询问原因。我听不懂德语，只能靠猜。大意应该是他用斧子误伤了自己的脚，那只脚有一半正在溃烂。我们从车上拿下急救箱给他的脚敷上药。

接着，我们又在雨雪中走了两个半小时，但连一只羊也没找到。

我们继续开车赶路，然后在一间瑞士木屋别墅前停下。我猜想这间别墅可能曾经属于某一任奥地利皇帝。我们在别墅里吃了一顿丰盛的法餐，其中还有牡蛎，但没有调料。

晚饭后，贝图雅克将军送给我一把十分漂亮的8毫米毛瑟步枪、一套扳机和一个伸缩望远镜。毫无疑问这把枪是他抢来的战利品，当然，也很有可能是他在商店里买来的，因为这把枪是全新的。

9月27日

我们一大早4点30分就开始吃早饭，然后在一位新向导的带领下朝另一座山出发。我们发现了两队岩羚羊群，但拿望远镜观察的向导告诉我们这两群羊全是受保护的品种……下山的路上，我们发现大约在1000米开外有一只岩羚羊。于是悄悄地跟在后面，跟了很久。就在不到100米的距离，我们正要射击时它发现了我们，拔腿就跑……特里尔中士在山坡另一面又发现一只，我们快速接近。我在350米的距离上，躲在岩石后面用我的新枪朝它射击。我很幸运，一枪就打中了……

报纸对我的声讨活动还在继续，但似乎势头已经不如以前了。

9月27日，墨菲找到巴顿，让他免去巴伐利亚行政总长费舍尔的职务，以减少州政府中右翼的比例。但巴顿大怒，拒绝了该要求。几小时后，巴顿接到命令，让他第二天立刻前往艾森豪威尔的司令部。

第四十五章　离职

9月29日

昨天，天气仍然恶劣无法飞行，莫尔·史密斯和我只得乘车赶往法兰克福。

一路上，我都在思考如果沿途是敌军阵地我该怎么进攻，或是怎么进攻敌人后方。这一习惯我已经保持40年了。突然脑子里闪现出一个想法：我已经走完了人生最后一场战斗，下一次出现在战场上的将会是别人而不是我……我想这一次他们急着把我叫过去可能就是要将我撤职。

经过七个半小时的车程，我们终于到了艾森豪威尔的司令部。艾克表现得很友好，他喋喋不休地说我永远都管不住自己的嘴。我告诉他，有人故意歪曲我的讲话。

谈话中一个出人意料的话题被提了出来。我昨天思考了一下自己最大的优点和缺点，我认为是坦诚和没有心计，但艾克认为我的优点和缺点都是大胆。

他说他的优缺点和我一样，并且也犯了和我一样多的错误。他说当初真不该让我去管理军管政府。我回答他，我坚信巴伐利亚是德国目前管理得最好的一个州，我们的去纳粹化做的比别的地方都要好……

艾克说如果当时他能找到适合我的指挥岗位，他就不会让我去做巴伐利亚军政府官员。显然，他的心意已决。他准备让格罗回国，这样就可以让我去管理第15集团军，任务是记录、总结历史。艾克一直说着我去15集团军的事，他还说肯定会有人借此提议让我回到三星的位置上去，他曾经也当过集团军司令。

我告诉他我的意见就是简单地辞职了事。他向我保证他决无此意，而且国内也没有这方面的压力让他非这样做不可。

我说，既然这样，那不就应该批准我留任第3集团军和巴伐利亚军政府的任命吗?

他说道，仔细思考后他认为我确实应该继续目前的工作，但10到15天后，我应该接过第15集团军的指挥权。这样的安排是因为起初他认为一旦我了解了自己的任务就一定会圆满完成，但目前看来我没有明白这些政策的政治含义，也没能将这些政治意义有效地传达给下属，而我的下属就好像服从我在战斗中的部署一样吸收我的错误观点。

现在我在两个决定中犹豫不决，如果我不可避免地被踢进第15集团军，我是欣然接受还是辞职？如果我选择后一个决定，就意味着我牺牲名誉换来自尊，但这也意味着我过早地成为一名殉道者。当“去纳粹化”的陈词滥调走向消亡时，人们唯一能发现的就是“去纳粹化”换来的是“布尔什维克化”的迅猛发展，到时，“去布尔什维克化”又会取代“去纳粹化”成为重中之重。

谈话过程中艾森豪威尔叫进来两个人。一个是第5办公室主任爱德考克将军，一个是多恩博士。博士显然是专门为爱德考克提供情报的，他是个非常老练的家伙——一个纯种德国人。我想他很可能是个伪装的共产党员，我忍不住想对他发脾气。但我知道一旦爆发只会更加引起媒体对我的攻击。

艾森豪威尔在谈话中还提到，他接到几位参谋报告，说我曾提到我们应该加强德国的实力，因为我们5年内将集中力量对苏开战。打小报告的人很可能就是爱德考克和多恩，因为我只对这两人说过这样的话。我竟然把这两个人当作朋友，真是可笑。

艾克还语出惊人地说道，当处于战争状态时，重要的是命令和纪律，但现在战争结束了，重要的是与世界舆论保持一致。他这样说对但又不完全对。

艾克显然在很大程度上以救世主自居了，他是怎么自我膨胀到这一步的？因为所有的人都在拍他马屁，除了我。

接着我问“救世主”免除弗里茨·费舍尔的主要理由是什么。因为按目前的执行标准来看，他的办公室里还有20个二级官员必须被辞退（16个负责农业，4个负责金融）。

艾克说在他看来，无论撤掉多少政府中的纳粹官员都不会对巴伐利亚的政府运转带来负面影响。必须把他们清除出去，因为经验告诉他，总会有下属接替上级的工作。我承认他说的有道理，在绝大多数政府里他说的这些都行得通。我觉得自己有时很奇怪，在战斗中我想尽办法让敌人脑袋搬家，但在和平年代我的盎格鲁-萨克逊血统却让我在看见某人不走法律程序撤别人职时忍不住要踩刹车。但我仍然会按艾森豪威尔的意愿行事，既在字面上也在精神实质上保持一致。

从艾森豪威尔的态度上看，撤销弗里茨·费舍尔的职务已不可避免，因此我问他准备让谁接替这一职务。他让我问多恩。后者推荐了威廉海姆·赫格纳博士。所以我6点半打电话给哈金斯，让他撤掉费舍尔、朗格和哈登胡伯以及他们部门里所有受到哪怕一丁点纳粹熏陶的人的职务，不论这会对巴伐利亚的政府运转带来何种影响，也不管这是否会让当地民众饥寒交迫，这些民众既包括德国人也包括难民营中的难民。这样的处理结果皆大欢喜，除了我。

艾克显得有些着急了，因为他本不该对我这么好的。几乎见到我寒暄时的第一句话就是:“如果你要在这过夜当然是和我在一起，但考虑到你应该尽快回巴特特尔茨去，我安排了我的专列送你回去，晚上7点整准时发车。”晚上6点半我登上火车。

离开时，我们在大厅还遇到了一群专门报道这件事的记者……艾森豪威尔问他们想知道什么，记者要求他就我们刚才的谈话发表一份申明。他回答道:“凡是我认为必要的时候，我就会与指挥官们见面。就这些。”说完他就走了。

我和他谈话期间，艾森豪威尔表现得比我见过的以往任何时候都要紧张。我想也许是因为他担心自己出任陆军总参谋长一职可能会被推迟，并且害怕如果滞留在这里时间过长会影响他的声誉。我想这种担心并非没有道理，但我无法理解为何这种不安的情绪会使本质很淳朴的他在对待德国人这件事上这么不道德。

致比阿特里丝，1945年9月29日

你在电报里建议我展开官方的调查说明了自己的忠诚。

但目前，我相信这种调查没有任何意义。

所有攻击我的言论都是犹太人和共产党人炮制的，为了尽可能地肢解德国。从某种程度上说，他们部分成功了。我想，如果昨天我像预想的一样提出辞职，只会失去威望而没有一点好处……

贵妇人（指第15集团军）的任务是重新审视战斗中的战略战术，目的是总结战略应在何种程度上与计划一致以及如何调整战术。事实上，让我主持这个工作是对我体面地罢免。我也更愿意接受这个任务，而不是去充当对欧洲大陆最优等民族行刑者的角色。

若干年后，当人们从目前的状态中醒来时，我会向他们解释为何今天我接受了这一工作。

我是一个懦夫吗？还是一个弱者？我是否正在将死后的名声建立在当前的荣誉之上？上帝啊，告诉我答案吧。

似乎没有人关心该如何治理巴伐利亚。现在大家感兴趣的是怎样把它毁掉。

9月30日

比德尔·史密斯大约在13点半打来电话，给我念了一份艾森豪威尔的信。事实上，艾森豪威尔已经给我读过了。

就这样吧，大局已定。也许这是最好的结局了，因为我相信卢西恩·特拉斯科特可以做的一样好。

致比阿特里丝，1945年10月1日

目前让我最感兴趣的就是，究竟是哈里（史汀生）支持乔治（马歇尔）时毫不犹豫的速度快还是最高指挥官（指艾森豪威尔）在我们背后动手脚的速度快。

在我的意识里，我很乐意摆脱这一切，因为我厌恶他们给我安排的角色，也厌恶他们强加给我的行事方法。

我只需要求立刻退休就能赢得自尊，但到那时，我曾经说过的话会给我招来各式各样的报复。

目前，无论怎样我都烦闷无比。

致汉迪，1945年10月2日

老实说，这次任命比巴伐利亚军政府长官一职更符合我刻板、拘谨的性格。但我还是感觉很糟糕，因为我是在可能有损自己声誉的环境下被解除了职务。

巴顿离开第3集团军后心情低落，他认为充当蹩脚的编写员是对他最大的侮辱。10月10日，新任第3集团军司令特拉斯科特在记者招待会上说道："在我身后的北非、意大利、法国树立着一排排白色十字架，我看过太多受伤、残疾的小伙子，他们坚定地与邪恶的种族灭绝政策做斗争，与纳粹——这个引发世界大屠杀的元凶做斗争。"特拉斯科特表明了自己的立场，艾森豪威尔放心了。

第15集团军未被解散的原因就是要编纂二战战史。巴顿发现他重回火线的愿望已经不可能实现了。在接任第15集团军指挥权不久后，巴顿就决定第二年即1946年申请退休。

10月8日

火车于早晨5点半到巴德瑙海姆。吃完早饭，利文·艾伦8点半来接我去第15集团军司令部。

他跟我讲了一堆关于工作任务的注意事项。

致比阿特里丝，1945年10月10日

这里像极了华盛顿的老历史档案馆。我们正编写着一堆不会有人看的垃圾。

10月13日

艾森豪威尔昨天告诉他父亲，自从我接管了第15集团军后，工作就开始步入正轨了。

致科德曼，1945年10月18日

目前我的计划是到明年1月做完这项纯学术的工作，然后辞职。这样我就能想说什么就说什么……在我看来，所有的人都是懦弱的混蛋，除了我。要是和他们待久了，我也会变得和他们一样。

致比阿特里丝，1945年10月20日

我知道我做的是对的，其他人都会下地狱，我希望他们统统下地狱。地狱里会有很多人。

致比阿特里丝，1945年10月20日

我是否和你说过25号戴高乐将再一次给我颁发勋章？吉罗将军来看我，他说整个法国都震惊于我这个自拿破仑以来最伟大的将军所遭受的不公。

怎么能指望一个把目光瞄在总统位置上的人有一点点骨气呢！①

10月23日

明天乘飞机前往巴黎与戴高乐共进午餐，他还要给我颁发勋章。朱安将军给我寄来一封信，说法国以及代表法国的戴高乐将军一直希望能够为表彰我在解放法国的战斗中付出的努力颁发勋章。鉴于我目前的遭遇，法国更是强烈希望给予我光荣的待遇。

10月25日

戴高乐将军在国防部接见了我，并为我准备午宴。大约还有35个嘉宾参加了午宴。

饭后，他将我与从拿破仑时代到目前所有的将军做比较。对此我回答道：那些法国伟大将领的传奇经历一直是美国军人的榜样。在这间房间里，除了两座已故伟人的半身像外，还有两位在世的伟大的将军。半身像雕的是蒂雷纳和孔代②，两位在世的伟大将军是戴高乐和

---

① 此处应指艾森豪威尔。巴顿在此表现出惊人的预判力。1950年，艾森豪威尔出任北约武装部队最高司令。1952年竞选总统，1953年成为美国第34任总统。

② 路易十四朝的前期直至鼎盛时期，法国的军事扩张依赖两位名将。

朱安。显然，戴高乐听到我的评价后十分得意。

接着我们前往荣军院，并走进安放在地下室的拿破仑墓，甚至走进拿破仑墓的里间，这里通常是不允许人们进入的。庄严肃穆的气氛让人印象深刻。

20点，莫尔·史密斯和我前往朱安的住所共进晚宴……和以往一样，朱安又谈到了苏联人，他担心苏联的军事实力。

26日，巴顿游玩巴黎，他写道："接着我们前往凡尔赛，我走马观花地转了一圈。1912年以后，我就再也没来过这里，这里没有什么变化。"

接下来的几天里，巴顿故地重游了第3集团军曾经战斗过的几个地方：雷恩、昂热和沙特尔。他所到之处无不受到热烈地欢迎。巴顿写道："我收获了十个城市的荣誉市民称号，两个勋章。每天都有宴会，以至于我现在消化不良……还去了巴黎歌舞剧场，它的影响力自1912年开始在不断下降。

"这个该死的世界正在社会主义化。从欧洲不断撤走美军将会让我们在战略上处于被动。

"参谋部专门为我在11号准备了一场大型活动——真是一个可悲的日子啊（巴顿60岁生日）。"

11月2日

在占领区，苏联人给已经加入共产党的德国人更多的食物配给。这不禁让人联想起穆罕默德招收伊斯兰信徒时用过的手段。世界从此永无宁日……

致儿子，乔治，1945年11月3日

我说话时经常引用拿破仑的措辞这不奇怪，因为你知道，我毕生都在研究拿破仑。如果你认为战争的形式已经改变那你就错了，我和他的打法完全一样，只是现在的武器比那时更先进。

致比阿特里丝，1945年11月18日

我准备新年的第一天就乘船回国，这样就可以带上那些数不清的文件和地图，否则在转运途中有很多会丢失。

在我看来，目前辞职是唯一的办法，但不要对任何人说……

我担心我们国家的前途。

11月25日

前往梅斯……先去了多迪将军的府邸，他是当地的民政官，我们喝了点香槟。接着我们一起前往市政厅，又步行走到教堂，那里挤满了人……仪式的时间很长，气温大概只有摄氏零度，我事先穿了一件神甫的貂皮披风是在太明智了。

接下来我们赶到军事广场，我检阅了部队……他们给我颁发勋章，同时我也给其他将军佩戴勋章。检阅完部队，我们一起吃了顿午饭，席间我们聊了很多话题，这顿饭足足吃了4个小时。

我现在是梅斯、图勒、兰斯、卢森堡、蒂耶里堡、萨尔格米纳、埃佩尔内和凡尔登的荣誉市民。

在市政厅遇见伍德蒙将军，午饭后我开车把他带到蓬阿穆松。他介绍他的妻子和我认识，还送给我两个模仿拿破仑时代精锐步兵的陶瓷人偶，他的祖上曾任那支精锐部队的指挥官。我推辞不肯要，但他还是执意要送给我。

维兰德致巴顿，1945年11月26日

在我看来第3集团军已经死亡，只有巴顿才能代表第3集团军。从你离开的那一刻起，它就已经宣告了生命的终结。另外，一支部队在战争时期和和平年代的表现完全不同。

12月3日

史密斯宴请新任指挥官麦克纳尼将军，盟军司令部的所有年轻军官和漂亮姑娘都出席了午宴，但凯伊斯、特拉斯科特、艾伦、盖伊和我不在受邀之列。老实说，还真不容易看到这么一大帮狗娘养的聚在一起……

每次这样的宴会都让我想起旋转俱乐部当年在夏威夷举办的会议。会上，每个人都在背地里诋毁他人，时刻准备在背后给别人来一刀子。这样做很无耻，但我没有合适的武器阻止这种做法。

致比阿特里丝，1945年12月5日

我刚刚通过无线电给你发了一条消息，通知你我将于12月14号乘坐纽约号离开南汉普顿锚地（原信件如此），19号到达美国。我有一个月的假期，但我不准备再回欧洲了。除非我能继续留在部队搞到一个好差事，否则我就退休……

一想到要离开部队我就很难过，但留在这里又有什么事可做呢？

但也许我还有机会……

今天本来想去打野猪的，但雪太大了……

也许在你收到这封信之前就能见到我了。

这是巴顿写给妻子的最后一封信。几天后，他接到命令前往巴黎，并准备从巴黎直接回国。12月8日，他发出人生的最后几封信，向别人宣告自己即将回国。

第四十六章　逝世

回国前夕巴顿决定最后一次去打猎。他与参谋长盖伊坐在司机伍德林的车上。路上，巴顿乘坐的轿车先后遇到两辆卡车，并与后一辆发生车祸。坐在后排的巴顿被强大的冲击力甩向车前部。

霍雷斯·L·伍德林的证词，未署名时间

我隶属于第15集团军，驻扎在德国巴德瑙海姆，一等兵，乔治·S·巴顿将军的专人司机。

1945年12月9日周日上午，巴顿将军和参谋长盖伊将军准备一同去猎野鸡，他们坐在我驾驶的一辆1938年款75型凯迪拉克轿车上。我为巴顿将军当司机有4个月了……

我们从司令部出发前往打猎地点，途中将军还参观了一座建在山顶上的城堡。路上天气晴朗，但是有点冷，山上还有积雪，将军把他的鞋都弄湿了。

离开城堡后我们驶上高速公路，在进入曼海姆的38号公路时，在一个宪兵检查站停了下来。坐在副驾驶的将军换到了后排，坐在盖伊将军的右侧。前方开道吉普车上的猎犬也被领到轿车上，因为他们担心吉普车上太冷会影响猎犬打猎时的状态。接着我们驶上通往曼海姆的38号公路。

在38号公路上，我们开到一个铁路路口时停下来等待火车通过。当时，我们刚经过左手边的一个波兰难民营。

火车通过后，我们继续前行。巴顿将军看着路旁的军需仓库，并对此评论了几句。驶过铁道口500米左右，我注意到前方有两辆6×6[①]卡车。其中一辆与我们相交而行的车拐了一个90度的弯后与我们同向行驶，另一辆GMC从相反的方向驶来。当时巴顿将军正在观看路旁的军需仓库。

那辆GMC未做任何提示就突然向我们行驶的这一侧拐弯。此时两位将军也注意到了这辆车……

我立刻刹车但已经来不及了，当时两车相距仅6、7米。2.5吨的GMC右保险杠从我车前部擦过，我们的车结结实实地撞在GMC右侧底盘上。

巨大的撞击力把将军向前甩去，他的头重重地撞在后座与驾驶室之间的玻璃隔断上。额头上破了一个大概7到8厘米的口子，头皮也被划烂了，脊椎严重损伤。

车被撞在3米开外的地方，当时的时间是上午11点45分左右。

巴顿将军当时意识清醒，还咒骂了几句。不到5分钟，宪兵赶到了。

巴顿立刻被送往海德尔堡的部队医院。路上，他对盖伊和伍德林说道："这样的死法太可笑了。"

外科主任也是巴顿的朋友肯纳少将[②]赶到医院做出诊断：第三颈椎骨折，

---

① 6轮6驱。

② 艾伯特·肯纳，巴顿在西线特遣队时的军医主任。

第四颈椎后部错位，伤及脊髓，头部受伤严重。比阿特里丝于 12 月 10 日离开美国，两天后到达医院。

凯伊斯写给妻子，1945 年 12 月 10 日

巴顿将军看起来比刚出事的时候好多了，但情况还是很严重。医生说还要 48 小时才能做进一步的诊断……

今天的 X 光片显示错位的情况有所好转，但红肿和炎症会影响病情的准确评估。

今天上午来了两位英国专家，明天巴顿夫人也会到。她来了以后住在我那里，至少头几天住在我那里。

昨天，将军的精神状态还不错；今天虽然身体好点了，但他反而觉得不舒服、身上疼。我想这很可能是因为他的鼻子呼吸不通畅的缘故吧。

一想到将军平生经历无数恶战最后却以这种方式走完生命的最后一程就觉得世事无常。如果参观那个废旧遗迹时将军当时能多耽搁 10 秒或是提前 10 秒离开，都能避开那辆卡车……

就写到这吧，我还想去医院看看将军，然后再回来。

一个极富经验的医疗团队第一时间赶往医院为巴顿治疗。格伦·斯珀林——世界著名的神经外科医生与比阿特里丝一起从美国起程；凯恩斯——牛津大学神经外科主任也赶往海德尔堡。巴顿虽然受伤严重，但他仍然意识清醒不乏幽默。神经外科主任杜安写道：“不论那些惊慌的护士怎么说，我始终不认为将军的实际状况有她们口中描述得那么糟糕，但确实很难彻底恢复。将军心情低落，他一直担心自己会终身瘫痪。”

12 月 10 日，巴顿感觉好了很多，右手手指甚至已经有了知觉，但斯珀林不无担心地写道：“将军颈部以下完全瘫痪；身体、腹部肌肉和呼吸系统肌肉毫无知觉；两条手臂出现不同程度的瘫痪；呼吸不畅，大部分空气需要经过胸膈膜引导；膀胱和肠子已经停止工作。唯一的好消息是脊椎附近的肌腱还有反应，通常在这么严重的事故下是不可能的。希望脊椎仅仅是受到损伤，没有彻底瘫痪。

“因此从医学的角度看还不能确定他的病情。目前较大的可能是在呼吸系统衰退的情况下，将军也许还没有性命之忧。但肌肉组织彻底恢复甚至是恢复到很理想的状态几乎不可能。从以往的经验看，脊椎受到如此严重的损伤，彻底恢复的可能微乎其微。”

会诊时，巴顿说：“这样的死法真是太绝了。”床边的专家记录道：目前还不能做手术，也没有其他能做的。随后，巴顿要求与斯珀林单独谈话。

巴顿：上校，你我在打仗的时候就很熟了。我要你像男人对男人那样对我说实话，我康复的机会究竟有多少？我还有可能重跨战马吗？

斯珀林：没有。

巴顿：也就是说我能希望最好的结果就是半身不遂吗？

斯珀林：是的。

巴顿：谢谢你的诚实。上校，我知道现在你正被一大堆七嘴八舌的人包围着呢。很多将军都认识这里的护士和医生，但我只是想告诉你，你才是这里的头儿，不论你说什么他们都会照办。

斯珀林：很多你的朋友在外面吵着要见你。

巴顿：这由你来决定。

斯珀林：很好，除了你夫人、凯伊斯将军、盖伊将军和值班的医生护士以外，谁也不许见你。

巴顿：一个很明智的决定。就算不考虑治疗的需要，我这样几乎全身瘫痪地躺在这里见那些老朋友也实在太难堪了。

比阿特里丝到医院后静静地陪伴在巴顿身旁，当她没和丈夫在一起时就回复那些成堆的慰问信。12月14日，巴顿的病情有了明显好转，医生开始考虑是否可以把巴顿送回美国治疗。

凯伊斯写给妻子，1945年12月14日

将军的进展令人满意，但最终能得到什么结果还不能确定。只有前天没什么进展，昨天和今天将军好了很多，大家都很高兴。我真希望你能看看这些来自世界各地的电报。

16日，斯珀林写道："通过颈部牵引将军的病情有所好转，他也完全理解并配合医护人员的要求。刚睡醒时偶尔会有意识不清醒的时候，其他时间将军的思维还非常敏捷。"

凯伊斯写给妻子，1945年12月16日

从事故发生到今天不过一周的时间，但对我而言仿佛经历了几个世纪……不管怎样，今天的气氛比一周前轻松了许多，医生们也表现得非常乐观。虽然能恢复到什么程度还不知道，但如果没有并发症的话，将军至少已经脱离了危险。现在每天都有令人欢欣鼓舞的进展。

巴顿夫人比以往任何时候都要优雅、有生气，她赢得了所有人的尊重，从宪兵到医生护士。前几天，她的哥哥弗雷德里克·艾耶尔也来了，也表现得十分优雅。我不知道将军还要在医院里待多久，考虑到目前的恢复情况，我认为应该不会太久。

12月17日，巴顿的病情突然恶化：呼吸困难、无法进食、皮肤出现青紫。但他仍然表现得心情愉悦，还不停地与来访者开玩笑。

3天后，当比阿特里丝给丈夫读报时，巴顿说道："我感觉自己快无法呼吸了。”此时巴顿出现了严重的呼吸困难，差一点死亡。X光片显示他的右肺叶出现了栓塞。21日傍晚，巴顿的病情暂时缓和，比阿特里丝和斯珀林前往医院食堂吃晚饭。饭间，他们收到信息让比阿特里丝立刻赶往巴顿病房。当他们赶到病房时，巴顿已经停止了呼吸，死于肺水肿和心脏衰竭。

凯伊斯写给妻子，1945年12月23日

我一回到家电话就响了。是将军的副官从医院打来的，他让我立刻回医院。巴顿将军刚刚与世长辞了。将军夫人的表现令人钦佩。

斯珀林的记录，未署明日期

和活着的时候一样，巴顿离开时很勇敢。在整个治疗期间，他从未对医护人员和治疗有过一句怨言，他用最友善的仁慈之心对待每一个人。他毫无异议地服从，他确实是一个模范病人。

威利斯顿·B·帕尔默致露丝·艾伦·托滕，1945年12月22日

他在人生最顶点时驶离了暴风雨，摆脱了衰老对自我的摧残。他无须强调个人的职位级别，仅仅因为人格魅力与所实现的功绩就吸引了全世界的目光，全世界再无第二人能够做到这一点。

驻扎在德国的一名士兵写给父母的家书，1945年12月22日

昨天晚上一位伟人溘然而逝，他就是巴顿。对普通百姓而言，他的形象也许仅仅是肩章上有几颗星而已，但对于在他手下服役的士兵而言，他是一位伟大的将军。我可以自豪地告诉别人我曾经在第3集团军在他的指挥下战斗。

现在整个地区的氛围都因将军去世与往日不同。我们降半旗以示悼念，并要求市民驻足脱帽默哀。他们显然无法理解我们的感受，正如同你们也无法理解一样。

舰长查尔斯·W·克拉克致比阿特里丝·巴顿，密西西比号，1945年12月22日

他是最伟大的军人。

凯伊斯写给妻子，1945年12月23日

昨天，海普开车把将军夫人和她的哥哥送往巴德瑙海姆，带他们参观了将军最后工作过的司令部和起居室。他们昨晚在那过了一夜，估计会在今天中午返回。

宗教悼别仪式定在今天下午3点，之后我们乘火车赶往卢森堡，将军遗体明天早晨10点在那里下葬。

准备工作千头万绪。人们从四面八方涌到这里；有好几个大人物被邀参加葬礼，得负责他们的接待和食宿；我们从巴黎、里维埃拉和其他好几个地方预订了鲜花，因为这个时节在当地无法找到全部品种；最后我们还准备了负责接送的飞机。所有这些组织工作都由我们完成，想象一下我现在有多忙吧。

将军夫人和她哥哥会从巴黎返回美国，如果我把他们送到巴黎，我很有可能无法及时赶回去过圣诞节。

覆盖着旗帜的巴顿遗体被搬到医院的一间地下室，一个负责运送的仪仗队已在前一天抵达。接着他的遗体被安放在海德尔堡的赖因纳尔别墅里供人瞻仰。除了数千美军，英、法、苏、瑞典、比利时和卢森堡也派代表团前去做最后的悼别。两天后，遗体被护送到火车站。火车开动时，仪仗队鸣17响礼炮送行。

12月24日，按巴顿遗愿他的遗体被葬在卢森堡哈姆区的美军公墓，与第

3集团军的阵亡将士永远待在了一起。

凯伊斯写给妻子，1945年12月26日

扶灵柩的队伍大约中午到的，我和他们打完招呼后就回了自己的住所。中午，和巴顿夫人、艾耶尔先生、海普以及他的副官在我的住所一起吃了顿午饭。接着我们一同赶往教堂，那里举行的仪式庄严肃穆让人印象深刻。海普和我一直陪着巴顿夫人，我们坐在她的左右两侧。随后我们从教堂前往火车站，路边随处可见为将军送行的军人和市民，这是真正的荣誉。

火车上，护旗队、灵柩护送队、荣誉送行人员以及将军的亲友们陪伴在放满鲜花的棺木旁。晚上7点，火车进入法国境内。一直到晚上11点，为了接受当地政府和民众的送行，我们不得不在好几个火车站一共停车6次。巴顿夫人每次都会下车检阅仪仗，并坚持用法语与当地代表交谈。在最后一站，师长卡耶将军代表送行的队伍为灵柩献上一大把花。

当我们到达卢森堡时，当地下着雨，气氛凄凉。一辆运送灵柩的汽车和一队由卢森堡士兵组成的仪仗队已经在车站等着我们了。护送队伍穿过市区，路两旁挤满了送行的士兵和平民。大约半小时后我们到达墓地，并举行了感人的下葬仪式。最后，将军夫人走进一辆汽车，接受所有人的吊唁。

后 记

如同古希腊战士一样，巴顿被世人铭记。如同德摩比利战役的胜利者一样，巴顿的名字永远在军事史上闪耀光芒。他的功绩绚烂夺目却又转瞬即逝。

这位英雄的逝去让整个美国陷入巨大的悲痛之中，西点军校与弗吉尼亚军校降半旗默哀，到处都有人自发地悼念这位将军。

与巴顿交往37年的老朋友查诺韦思准将在《华盛顿邮报》上写道："我还从来没有见过在战斗时比巴顿还要专心致志的人……他在艺术方面也有很高的造诣和丰富的经验。那种持之以恒、不达目的不罢休的精神与他在钻研武器、战术战略、军事史和战争心理学时一模一样。

"你们都说'巴顿这个人与巴顿这个战士不能画等号'。在我看来，你们还没有真正认识巴顿。不论在和平还是战争时期，他都故意不断地面对种种危险，为了消除心中的胆怯。因为他知道，在战斗中胆怯才是最大的敌人。

"你们还说过'巴顿只是为了战争而生'。请让我来告诉大家，他也是为了友情，为了仁慈，为了同情弱者而存在的。他是我遇到的唯一一个在你遇到困难时，会给你不懈帮助的朋友。

"这位战士、这个人已经离我们而去，离开了他的朋友和为之奉献终身的国家；除非再有一个向他那样英雄的人物，否则这个空缺无法填补。"

查诺韦思准将的这段话很好地总结了巴顿的性格特点。出于对衰老的恐惧，巴顿不停地寻找着生命的价值不断地去冒险，让自己始终保持活力。加利福尼亚加布利埃尔教堂的史蒂文斯主教写道：“与大多数伟人一样，巴顿将军拥有一颗年轻的心，他的急躁以及时而没有耐心正从一个侧面反映了他孩子般的性格。”对此，神甫斯垂德也补充道：“那些被诸神偏爱的人总是会英年早逝。我们都记得巴顿将军的样子：他总是腰间别着两把手枪，经常发誓，动不动就会夸夸其谈。人们总是以此来取笑他。但这恰好说明了他那颗年轻的心从未变老。他始终呵护、培养、有时甚至夸大这份情怀，让自己成为一名优秀的将军。”

即使逝世多年，人们对巴顿的敬意也有增无减。他的形象已经被神话，他是美国人心目中的英雄。一提起巴顿，人们就会想到一个率直的男人手握柯尔特手枪，精神上很年轻时而鲁莽。科德曼写道：“他如同是让人肃然起敬的孩子一般。说他像孩子是因为他的直率、喜欢凭直觉和毫无心机，让人肃然起敬是因为他坚定的信念、自律、拥有所有斯巴达式的美德以及与众不同略带悲剧性的天赋。”

从巴顿身上我们可以看见他的旧南方精神，略带过时的贵族特点、专制、富有、传统、盎格鲁-撒克逊以及新教徒气质。无法抑制的求胜欲望以及不可战胜的信念让士兵们紧紧地团结在巴顿周围。每个人在战场上的怀疑和恐惧都会被巴顿一扫而空，美国也需要巴顿这样坚忍不拔、对胜利有着坚定信心的将军。正如作家怀廷在1945年对巴顿描述的那样，他是一位与其他将军截然不同的英雄人物。

巴顿不停地让自己成为领头羊的角色。为此，他创造了一个不可战胜的形象，并始终表现出军人的气质。我们可以从他在诺曼底战役期间对科德曼说的话中找到原因：“在时间这面镜子面前，我希望自己能表现出足够强势的形象。但我失败了，也许我天生就没有一张战神的面孔。”

巴顿努力让自己表现得冷酷严厉，达到一直以来苦苦追求的略带夸张的形象。在刻意做出的夸张行为和粗鲁的语言下，隐藏着由怀疑疑虑笼罩的脆弱的巴顿。哈森·艾耶尔写道："实际上，巴顿挑剔而且严格，经常表现得不理智，容易激动，有时三心二意甚至是反复无常。他有时会像孩子般虚荣。他很善于模仿，以至于我们一直弄不清楚他的某个举动或是某句话是发自内心真实的反应还是源自模仿。他的两把手枪和他擦得锃亮的头盔是他的标志，但在这炫目的外表下隐藏的是一颗紧张和敏感的心、一个充满智慧的灵魂、一个酷爱历史的将军和一个极富才华的战士，他勇敢、大方、虔诚。"

由于长年沉浸在骑士文学以及描写历史、战争、人物传记的作品中，巴顿的性格中带有浓郁的浪漫主义色彩。在所有被他钦佩的伟人中，拿破仑占据着一个极其重要的地位。他对自己成为自拿破仑后首个跨过莱茵河抵达奥本海姆的将军感到十分满意。德军指挥官布鲁门特里特给了巴顿很高的评价："我们认为巴顿是盟军装甲指挥官中最富有进攻性最积极主动的将军。他很像我军的古德里安……他还在拿破仑的基础上完善了作战原则：主动，快速，快速。"

战后不久乔治·马歇尔对巴顿评论道："早在 1918 年的默兹 - 阿尔贡战役中我就注意到他了，他是一个决定性的指挥官，一往无前。这也是我选择他带领我军于 1942 年 11 月在卡萨布兰卡登陆的原因之一。通过北非和西西里的战斗，巴顿展现出优秀的军事能力和战术素养。第 3 集团军在诺曼底的突破性攻势以及解放法兰西更是他的巅峰之作。接着，在巴斯托涅的反击、突袭科布伦茨、突然地强渡莱茵河以及一系列在德国的军事行动都说明了他是我军历史上最优秀的将领之一。"

从德军将领的言论中可以看出，他们中的大多数人都认为巴顿是一个可怕的对手，因为巴顿行动迅速，常常给敌人意想不到的打击。古德里安评价道："巴顿的速度十分快。对一个装甲指挥官而言最重要的一点就是速度。"谈起第 3 集团军在阿夫朗什的突破，约德尔说这让他想起了 1940 年隆美尔在瑟堡的闪电进攻。

巴顿将许多战场要素理论化并付诸实践，比如：进攻的突然性、炮兵火力集中、机动、无线电使用、步兵集中突击、战术轰炸机的战场支援、进攻纵队混编以及宽大战线的装甲快速突破。在指挥第3集团军期间，巴顿通过远距离的大规模调动部队达到了战略突然性。事实上，巴顿是西线战场唯一一个做到了长距离集群突击的指挥官。

巴顿既是集团军司令也是战场上的主宰者。德弗斯曾这样评价巴顿："不论身处何地他都能让士兵紧随其后。"科德曼也说道："巴顿天生就有一种训练士兵的能力，通过训练这些士兵们会去完成那些他们原以为是不可能完成的任务，也可以说是士兵们不愿意去完成的任务，或者说如果不是在巴顿人格魅力和天才能力的照耀下，士兵们就不会去行动的任务。巴顿不仅仅了解自己的职业，也热爱这份职业。"

巴顿因为战争的激动人心因为战争要求人们必须具备的素养和责任心而热爱战争，也因为战争带来的破坏和死亡而厌恶战争。

巴顿渴望获得荣誉、声望以及军衔，战争为他提供了获得这一切的可能。巴顿似乎为了战争而生。战场之外的他烦躁不安，完全没有政治和外交的敏锐感，而政治和外交正是战争的一部分。战争结束后，巴顿显得被时代抛弃，他没能在战后骤变的世界中找到自己的位置，还停留在旧南方情怀下的世界观与现实格格不入。

尽管巴顿获得尊重收获认可成功地塑造起英雄的形象，但他最终没有像艾森豪威尔一样成为五星上将。对此巴顿很可能并没有耿耿于怀。尽管俩人性格不同，巴顿也时常在日记中辛辣地批评艾森豪威尔，但这并未影响到双方的友谊。巴顿也深知第五颗星意味着什么，他既不愿意涉入政治也不想任参谋一职。他只想与士兵们共同战斗，体验硝烟的味道。事实上四星就是他职业生涯的顶峰，也完成了儿时的梦想。

巴顿既没有像他想象的那样"在最后一场战斗中死于最后一颗子弹"，也没有像他崇拜的祖父那样死于某一次战役。但那一场离奇的车祸以及治疗过程中的病情急转直下给巴顿传奇的一生画上了神秘的句号。也正是这样，巴顿的一生才变得不朽。

附录1　第3集团军步兵作战训令（1944年）

a. 为了靠近敌步兵必须运动作战，运动时必须保持射击。如果无法看清具体目标，步兵就必须用各种武器扫射敌人可能隐藏的区域。要边行进边射击，这样可以削弱敌军火力提高我军信心。应该出其不意地射击，各种子弹会发出令人胆寒的声音并给敌军造成伤亡。遭到敌人射击时停止脚步是愚蠢的。遭到射击停止脚步而且还不进行回击无异于自杀。前进时应避开敌军火力。军官必须身先士卒。

b. 应用各式重型武器配合前进节奏。营级单位中，重武器连配合该营的节奏。在团一级，由该团的加农炮连配合该团进攻节奏。步枪、轻机枪的火力给重武器提供移动的机会。换言之，步枪、轻机枪的射击能增强重武器的杀伤力。

c. 迫击炮会消耗大量的弹药。24 小时内 81 毫米迫击炮消耗 800 发炮弹；60 毫米迫击炮 500 发。为了维持如此大量的消耗必须尽一切可能用上所有的运输工具，迫击炮阵地附近的每个士兵都应该扛一发炮弹堆放在前往战斗途中的预定位置上。当步兵停止前进时应据守阵地，用所有的迫击炮、机枪和反坦克炮打击敌人。

d. 除非把反坦克炮当轻火炮使用，否则反坦克炮应该部署在不易被敌军发现而我方在反坦克炮有效射程之外就能够发现敌人的地方。

e. 死于白刃战的士兵寥寥无几，但许多人害怕拼刺刀。战斗打响时就应该装好刺刀，把刺刀擦得锃亮。德国人厌恶白刃战，他们拼刺刀的技术也远逊于我军。我们的士兵必须知道这一点。

f. M-1 步枪是世界上最好的。如果你看不见敌人，至少可以向敌人可能隐蔽的地方射击。

g. 必须在接近敌火力点或是在与敌机枪射击弹道平行的位置上对敌机枪阵地不断射击。这样可以牵制、覆盖敌火力，直到我军爆破兵用炸弹和刺刀将其歼灭。

h. 我军从未考虑过火力分配问题。一部分被发现的敌军就会牵制我军全部火力，未被发现的敌军借机毫无顾忌地向我军开火。这种错误必须纠正。

i. 步兵营是可以单独执行任务的最小单位。当一个营执行任务时，应为其配备火炮、反坦克炮和高射炮；如果可能的话，还应配备坦克和工兵。

j. 装甲兵不应搭乘车辆进攻。步兵应使用车辆进行机动和集中。

k. 夜战是指在夜间利用微弱的光线或利用月光进攻。如果夜晚没有月光，攻击行动应在黎明前两个半小时发起；在有月光的夜晚，则乘月光进攻。夜战前必须在白天进行周密的侦察和充分的准备。应避免夜战目标过多，而且目标在夜晚应便于识别。进攻队形可采用纵队或多个并列纵队。纵队间的距离和间隙应缩短。进攻时应有纵深。

l. 火力覆盖要注意相互交叉，这样既可以保证在我步兵被敌发现后发动进攻又可以粉碎敌人在凌晨发起的反攻。突击纵队前应有警戒分队，警戒分队前应有巡逻队。一旦与敌军交火，巡逻队与警戒分队随即撤销。必须留有预备队，目的是在天亮后扩大战果。必须使用口令，并且袖子和钢盔上应做出相应的识别符号。战斗中应使用手榴弹。一旦被敌军发现，应迅速开火并尽可能地高声喊杀，立刻冲入敌阵拼刺刀。

m. 防御时应采用能相互支援的小分队纵深部署，四周应架铁丝网、埋地雷。

n. 步兵军官必须能观察战况和指挥火炮射击。

美国陆军第3集团军参谋部，陆军邮政403信箱，1944年4月3日

第2号作战训令，下发各军、师以及独立部队

附录2　装甲战准则

装甲部队

a.　装甲部队的首要任务是摧毁敌步兵和炮兵。敌身后是装甲部队发挥威力的理想区域，应想尽办法迂回至敌后方。

b.　我军装甲部队的战术与训练是正确的，但还应加强培养我军坦克手的进攻意识。

c.　面对敌军反击，我装甲部队对敌侧翼的攻击是成败的关键。故步兵纵深突进时，坦克应承担后侧的守卫任务。

d.　所谓“坦克地带”严格来说并不存在。某些地形会相对适合坦克作战，但坦克必须而且也能够在任何地形作战。

e.　应保持装甲师的完整建制，可以通过“大参谋部”坦克营的办法达到这一目的。完整建制的装甲师可以对步兵提供专门、密切的支援。执行上述任务时，坦克应跟随步兵纵队隐蔽前进。直到战局需要坦克介入时才允其撤去伪装。战斗时，坦克应密切协同步兵进攻。

侦察

f. 侦察尤其是步兵的夜间侦察必须得到重视。每天晚上必须通过抓获俘虏和观察敌情获得情报。巡逻队必须由得力人员领队。从安全角度考虑不应部署机械化侦察队，除非不得不如此。

g. 侦察部队的基层官兵必须经验丰富，他们的报告应准确且有根据。负面情报与正面情报同样重要。情报必须立刻用无线电清楚无误地发出去。如果可能，发报侦察队的方位也应由密码发出。敌军方位可通过磁力方位角和观察点的距离测定。侦察队的组员都应该完全了解他们的任务。一个师取得的前线情报必须告知友军。

h. 侦察时切记不可失去联络。夜间一旦失去联络，各监听站应向前挪动 8 公里，同时加强日间侦察直至取得联系。夜间使用轻坦侦察可以诱使敌军开火，从而暴露其位置。

美国陆军第 3 集团军参谋部，陆军邮政 403 信箱，1944 年 4 月 3 日

第 2 号作战训令，下发各军、师以及独立部队